In großer Dankbarkeit

für meine Lehrer

Irina Tweedie und Ralph Jordan

Christine Lemmen

Ein Ruf von weit her ...

Mein Weg aus Kloster und Kirche in die Weite

Autobiographie

„Wir wenden uns Gott zu,
weil Er uns ruft,
und unsere gesamte spirituelle Reise
ist ein Aufdecken
Seiner Liebe zu uns.“

Llewellyn Vaughan-Lee, Sufi Sheik

Herstellung und Verlag:
BoD – Books on Demand
2012

Titelfoto: © 2008 Helmut Krackenberger
Lektorat: Ursula Richard
Gestaltung Buchcover: Othmar Anselm
Gestaltung Buchinnenseiten: Othmar Anselm
Druck und Bindung: Books on Demand, Norderstedt

ISBN 978-3-8448-3993-7

Inhalt

Geleitwort

Ich erinnere mich gar nicht mehr genau, wie das Manuskript von Christine Lemmen zu mir kam, ob wir vorher telefonierten oder sie mir Auszüge oder den gesamten Text einfach zuschickte, vielleicht in dem Vertrauen, dass ich damit etwas anzufangen wüsste. Sie schien mich gut zu kennen, obwohl wir uns nie zuvor gesehen hatten, denn ich wusste etwas damit anzufangen. Der Text zog mich sofort in seinen Bann, sowohl wegen der Lebensgeschichte und des Erfahrungsreichtums, die sich da vor mir entfalteten, als auch wegen der Sprache, in die das gekleidet war. Durch die Lektüre wurde Frau Lemmen mir auf eine Weise sehr vertraut, und als wir uns dann trafen, um über das Manuskript zu sprechen, verstärkte sich dieses Gefühl. Ich denke sehr gern daran zurück, wie wir uns in meinem Büro gegenüber saßen und uns in den Text, in ihr Leben in großer Ernsthaftigkeit, aber auch mit viel Humor vertieften. Frau Lemmen war so wunderbar uneitel und so wenig selbstbezogen und konnte über sich lachen – das mochte ich.

Dass ihr Lehrer sie aufgefordert hatte, über ihr Leben vom Katholizismus zum Universalismus zu schreiben und sie es deswegen tat, glaubte ich ihr aufs Wort und war sicher, es würde ihr gelingen, das Buch so fertigzustellen, dass auch sie zufrieden damit war.

Als ich den Text nun noch einmal las, hatte er wieder diese Sogkraft für mich, und ich fühlte mich tief berührt, sehr dankbar und reich beschenkt.

Ich bin sicher, dass viele Leserinnen und Leser diese Erfahrung machen werden und sehr zuversichtlich, dass das Buch seinen Weg zu ihnen finden wird.

Ursula Richard
Literaturmanufaktur Berlin
Juni 2012

Einführung: Eine Aufforderung

Er saß lächelnd vor mir: „Ich sehe dich vor einem Notebook sitzen. Du schreibst ein Buch." „Aber worüber soll ich schreiben?" „Du schreibst über deinen Weg vom Katholizismus zum Universalismus. Es geht um dein Leben, die Kämpfe, Zweifel, Irrwege, um die Einsichten und Belohnungen."

Mein Lehrer[1] sagte das mit Überzeugung. Das war 2001. Ich staunte. Spontan erinnerte ich mich an einen Traum. Darin schenkte mir Mrs Tweedie[2], meine erste Lehrerin, ihren Füllfederhalter. Im Traum wusste ich: „Das ist ihr Füller. Damit hatte sie ihr Tagebuch und ihr Buch geschrieben." Die Aufforderung, über meinen Weg zu schreiben, war da! Doch: mich drängte gar nichts, noch einmal in meine Vergangenheit einzutauchen, in all die „Kämpfe, Zweifel und Irrwege." An die möglichen Einsichten und Belohnungen dachte ich bezeichnenderweise zunächst nicht.

Andererseits: konnte ich mich nach diesen Aufforderungen noch länger verweigern? Und dann entdeckte ich – scheinbar ganz zufällig – in einem Buch von Llewellyn Vaughan-Lee[3] einen wegweisenden Satz:

„Wir wenden uns Gott zu, weil Er uns ruft, und unsere gesamte spirituelle Reise ist ein Aufdecken Seiner Liebe zu uns."

Das machte mir Sinn: Gottes Liebe aufzudecken und wieder zu erkennen in allen Phasen meines Lebens.

Woran aber würde ich diese Liebe Gottes erkennen können?
Viele Episoden tauchten auf in meiner Erinnerung und standen in meinen Tagebüchern. Ich erkannte: Da war Führung. Ich wurde unübersehbar durch mein Leben geführt.

Wie aber habe ich diese Führung wahrgenommen?

Schon früh war eine zunächst noch ganz unverständliche Sehnsucht nach Weite und Licht in mir. Mit der Zeit konnte ich sie als eine Sehnsucht nach Gott erkennen, die mich zunächst in die Stille von Kirchen aber auch in die Stille der Natur zog. Die Sehnsucht wurde deutlicher spürbar wie ein Ruf von weither und schließlich eine ständige Begleiterin, mitunter ruhig und gleichmäßig, heftiger und drängender, wenn neue Entwicklungsschritte an standen.

Diese Sehnsucht machte mich offener für die Begegnung mit Menschen, die mir auf diesem Weg weiter zu helfen vermochten, und sie förderte meine Wahrnehmung für die Zeichen am Weg.

Mit 27 J., gegen Ende meines Studiums, kam mir schließlich die Bedeutung von Träumen auf dem Weg zu.

„Träume – und auch die „aktiven Imaginationen" – sind für die innere Reise von unschätzbarem Wert, weil sie den Weg zeigen, der sich in uns entfaltet. Sie führen uns durch das Labyrinth der Psyche und lenken unser Augenmerk auf das Ziel, das Selbst. Das Selbst...führt uns entlang unseres Weges. Es bietet uns stets Führung an ... Wenn wir schlafen, halten das Ego, der Verstand und die Emotionen uns nicht länger gefangen, und das Selbst kann sich durch Träume mit uns in Verbindung setzen."[4] So formuliert es L. Vaughan-Lee, ein Sufi Sheik unserer Zeit, ganz im Sinne C.G. Jungs. Immer wieder beim Übergang in neue Phasen kamen mir im Traum erhellende Botschaften zu, die mir den Weg wiesen und mich ermutigten in meinen Entscheidungen.

Die Träume und Imaginationen wurden so zur Sprache zwischen dem Unbewussten und mir. Sie wiesen den Weg, gewannen aber bald auch eine herausfordernde Bedeutung:

Zuerst konfrontierten sie mich mit meinem Schatten. Ich erlebte meinen Schatten mit bedrohlicher Intensität. Er stürzte mich in Abgründe, aus denen ich oft nur mit großen Anstrengungen wieder heraus kam. Diese Konfrontation und die Notwendigkeit, mich mit meinen persönlichen Dunkelheiten auseinanderzusetzen, allein oder mit Hilfe wissender Menschen, begleiteten mich durch alle Lebensabschnitte. Hatte ich mir zu Beginn meines spirituellen Weges doch möglichst bald tiefe und wunderbare Erfahrungen erhofft, erwartet, gewünscht und gemeint, diese schon durch lange und intensive Meditationen zu erlangen, so musste ich zunehmend erkennen, dass der Weg zur Begegnung, zur Einswerdung mit dem Gott, den meine Seele ersehnt, in mir bereitet werden muss. Durch Bewusstwerdung der emotionalen und mentalen Hindernisse und unbewussten Verweigerungen muss gleichsam Licht gemacht und Raum geschaffen werden für diesen Weg. Möglich wurden dann nach diesen „Schattenträumen" Träume und Imaginationen, die als archetypisch bezeichnet werden können und die deutlich die Weisung eines inneren Führers zeigten. Seit der Begegnung mit meiner Lehrerin Irina Tweedie und später Ralph Jordan zeigte sich dann sehr klar eine neue Art von Träumen: die Lehr- und Unterweisungsträume, wie sie vor allem auf dem Sufi-Pfad erlebt werden können und Begegnungen mit dem spirituellen Lehrer sind.

Nach diesem Auftrag meines Lehrers zögerte ich noch eine Weile mit dem Schreiben zu beginnen. Doch schließlich wagte ich es, die einzelnen Phasen meines Lebens neu zu betrachten, zu erforschen und auch mit meinem jetzigen Verstehen, Begreifen zu konfrontieren und zu reflektieren: die Kindheit und Jugendzeit bis zu meinem 16. Lebensjahr, die 23 Jahre meines Klosterlebens, die Aufbruchszeit nach meinem Austritt und schließlich die Jahre der spirituellen Begegnung und Schulung mit meinen Lehrern.

Mein Weg führte dabei nicht nur durch die verschiedenen Entwicklungsphasen, sondern brachte mich auch in intensive Berührung mit den spirituellen Wegen verschiedener Weltreligionen: Vom exoterischen Christentum ausgehend begegnete ich der Zen-Meditation (Buddismus), dem Sufi-Pfad (der mystischen Seite des Islam), einem universellen, esoterischen Christentum und schließlich im Hinduismus, dem Avatar Sathya Sai Baba.

Heute, noch nicht am Ende meines Weges, aber dem Ende doch etwas näher, vermag ich dankbar auch „Belohnungen und Einsichten" zu erkennen.

Ich wünsche und hoffe, dass die Schilderung meines Weges durch all die „Irrwege und Zweifel" hindurch den Leser ermutigt, aufmerksamer zu werden auf die liebevolle Führung im eigenen Leben und so auch die notwendigen Konfrontationen mit den persönlichen dunklen Schattenseiten zu wagen, um die klare Führung und Weisung in der eigenen Seele zu erfahren und dem „ersehnten Licht" so näher zu kommen.

I

Kindheit und Jugend
(1936 – 1952)

„Seine Engel hat Gott ja
zu deinem Schutz befohlen;
sie sollen wachen über dich
auf allen deinen Wegen.“

Psalm 90, 28 – 29

1. Die Wurzeln

Die Wurzeln eines Menschen können tief und weit verzweigt sein wie die Wurzeln eines Baumes. Viele Jahre meines Lebens habe ich versucht, dem Ursprung meiner Wurzeln, ihren Verzweigungen, aber auch ihren Verwicklungen und überflüssigen Verhaftungen im Erdreich nachzugehen. Natürlich habe ich zunächst auch geglaubt, meine Wurzeln hätten ihren Ursprung bei den Eltern, in den von ihnen geerbten Genen, in den frühen familiären und sozialen Umständen. Erst die Begegnung mit meinen spirituellen Lehrern, mit der indischen Philosophie und schließlich mit der Lebens-Grundsatz-Arbeit ließen mich erfahren, dass meine Seele schon zu Beginn des erneuten Eintritts in diese Welt die Eltern gleichsam gewählt hat, um der eigenen Lebensaufgabe entsprechen zu können. So konnten bestimmte Charakterprägungen meiner Eltern mich in Resonanz bringen mit den für mich wichtigen Aspekten meines Charakters.

Bevor ich einigen dieser für mich wichtigen Aspekte nachgehe, möchte ich meine erste Kindheitserinnerung schildern. Dieses Erinnerungsbild ist mir aus meiner heutigen Sicht wie ein symbolischer Vorentwurf meines späteren Lebensweges und meiner Lebenssehnsucht.

In dieser frühen Erinnerung bin ich ein 4jähriges Mädchen. Ich trage einen roten Trainingsanzug. Gerade sind wir, meine Mutter, einige Bekannte und ich, aus Berlin zum Sommerurlaub an der Ostsee angekommen. Wir gehen gleich zum Strand. Vor mir liegt das weite Meer. Die untergehende Sonne spiegelt sich in einer goldenen Straße, die ins Unendliche zu führen scheint. In mir muss damals das gleiche sehnsüchtige Gefühl gewesen sein, das mich noch heute immer wieder ergreift, wenn ich am Meer stehe; denn ich laufe und laufe hinein in diese goldene Straße zu der untergehenden Sonne am fernen Horizont. "So viel Wasser!" soll ich gerufen haben. Meine Mutter konnte mich erst wieder einholen, als das Wasser für mich zu tief geworden war und ich lang in den sanften salzigen Wellen lag und unter mir den geriffeltem Sandboden spürte.

Es war wohl immer in meinem Leben die Sehnsucht nach Weite und Licht, die mich zog und die eine Ahnung von Erfüllung mit sich führte. Nie war es nur eine äußere Weite und Freiheit, die mich laufen ließen. Seltsamerweise nahm ich Enge, Einengung, ja sogar Arten von Gefangenschaft in Kauf, wenn ich hinter ihnen Weite und Tiefe des Innenraumes, der Seele – heute würde ich auch sagen: der unbewussten Seele – vermuten konnte, wenn da die Verheißung war von größeren Erfahrungen. Für diese Sehnsucht nach einer größeren Weite und Freiheit als die alltäglich erfahrene war ich bereit, Kraft, Energie zu geben, wohl auch mein Leben, soweit es mir bewusst war.

Die Mutter

Noch eine zweite Kindheitserinnerung hat sich tief eingegraben und mein späteres Erleben bestimmt: das Abendgebet mit meiner Mutter. Es ist ein sehr schlichtes, überhaupt nicht kirchliches Gebet, das meine Mutter wohl aus der Humperdingschen Oper „Hänsel und Gretel" übernommen hatte:

„Abends, wenn ich schlafen geh,/ 14 Engel mit mir gehn:/ Zwei zu meinen Häupten,/ zwei zu meinen Füßen,/ zwei zu meiner Rechten, zwei zu meiner Linken,/ Zweie, die mich decken,/ zweie, die mich wecken,/ zweie, die mich führen zu den Himmelstüren."

In mir hat dieses allabendliche Gebet ein Urbild von Schutz und Geborgenheit ins Bewusstsein gehoben: Ich bin umgeben von schützenden Lichtwesen, und das Ziel meines Lebens ist das Öffnen von Himmelstüren. Noch heute sehe ich die mir damals ungeheuer groß erscheinenden Flügeltüren, die von meinem Kinderzimmer ins sogenannte Herrenzimmer, dem Zimmer der Erwachsenen, führten und die damals gewöhnlich verschlossen waren, nur an Weihnachten weit geöffnet wurden.

So wie das Gebet, das sie ausgewählt hatte, war auch die Frömmigkeit meiner Mutter. Aus einer protestantischen ostpreusischen Kaufmannsfamilie stammend, in der man lediglich am Karfreitag und an Weihnachten in der Kutsche zur Kirche fuhr, hatte sie keine kirchliche Ausrichtung oder gar Einengung erfahren, aber in sich eine tiefe Frömmigkeit genährt. In der Not, wenn z. B. während des Krieges in Berlin die Sirenen heulten und einen Bombenangriff ankündeten und sie mich nervös und eilig anzog – wir wohnten immerhin im 4. Stock – und wir dann mit Koffer und Gasmasken beladen stolpernd die dunklen Treppen hinunter in den Luftschutzkeller hasteten, dann ermutigte sie mich: „Christelchen, lass uns beten! Vater unser..." Auch in anderen Notsituationen hörte ich sie so sprechen: als wir uns z. B. nach dem Krieg nachts „schwarz" durchs Niemandsland und über die russische Grenze schlugen, um wieder nach Berlin zu gelangen, oder in den kalten Wintern in Berlin während der Blockade. Wir hatten damals weder Kohlen, noch Holz, noch genügend Lebensmittel und saßen oft frierend nur beim flakernden Licht eines Kerzenstummels während der Stromsperre in dem uns verbliebenen einen Zimmer unserer Wohnung.

Wenn aber die Sonne schien und die „Blumen blühten und die Bienen summten" – ach, meine Mutter liebte es, sich immer etwas poetisch auszudrücken – und wir während unserer Evakuierung im Bregenzerwald durch die grünen Wiesen wanderten oder wenn wir in den kalten Wintern in Berlin doch etwas Holz errungen hatten und der kleine Kanonenofen glühte und wir etwas Brot darauf rösten konnten, dann sagte sie wohl: „Christelchen, lass uns dem lieben Gott danken..". So weckte meine Mutter in mir sehr früh ein selbstverständliches vertrautes Bild, ja Bewusstsein von der Anwesenheit eines sorgenden und schützenden Gottes.

Diese trostvollen und positiven Erfahrungen zwischen meiner Mutter und mir, gleichsam auf einer feineren Ebene, schlossen allerdings nicht aus, dass es im alltäglichen Leben „von dem Augenblick an, als ich denken konnte", so formulierte es meine Mutter oft, zu heftigen Schwierigkeiten kam in unserer Mutter- Tochter- Beziehung, nämlich zu Trotz, Rebellion, Provokation und Ausbruchsversuchen meinerseits, zu frühen Distanzierungsbemühungen und Versuchen, mich ihren zu heftigen Versorgungs- und Liebesansprüchen zu entziehen. „Eigentlich hätte ich sechs Kinder gewollt", hörte ich sie mitunter sagen, aber ein Kind meiner Art war zu viel für sie. Erst viel später während meines Universitätsstudiums, dann während meiner ersten Analyse noch als Lehrerin im Kloster, schließlich während meiner Ausbildung am C.G. Jung-Institut begann ich die tieferen Ursachen dieser unserer Mutter-Kind-Beziehung zu erforschen, zu verstehen und noch sehr viel später auf meinem spirituellen Weg auch aufzulösen und mir und meiner Mutter zu verzeihen.

Der Vater

Das Besondere in der Beziehung zu meinem Vater liegt wohl darin, dass er mir bewusst nur sehr selten wirklich, d. h. real in der Außenwelt begegnet ist. Als aktiver Offizier der Luftwaffe, als Ausbilder und Kommandeur eines Fliegerhorstes in Pommern lebte er während des Krieges natürlich nicht mit Mutter und mir zusammen, lediglich während der Sommerwochen wohnten wir mitunter in der Nähe seines Standortes in einem Gasthaus. Tagsüber konnten wir dann in seine Dienstwohnung kommen. Abends ging meine Mutter oft mit ihm ins Kasino, und ich blieb allein in dem engen und ungemütlichen Gasthofzimmer mit vielen Verlassenheitsgefühlen. Nach dem Krieg trennten ihn zunächst Gefangenschaft und dann die Ost-West-Grenze von uns, bis wir nach einigen Umwegen schließlich wieder in Berlin lebten. Als er 1949 endlich zu uns stieß, war er krank, „ein gebrochener Mann", wie es später ein befreundeter Graphologe formulierte. Zwischen ihm und mir, einer inzwischen 13jährigen Berliner Göre, die sich keineswegs erziehen lassen wollte, zumindest nicht von diesem recht fremden Mann, konnte keine wirkliche Beziehung mehr entstehen.

Schon in den Jahren vor seiner Rückkehr, aber vor allem nach seinem Tod 1950 prägten die Vorstellungen und Aussagen meiner Mutter über meinen Vater mein Vater- und, wie mir erst sehr viel später deutlich wurde, auch mein Männerbild, in gewisser Weise auch einen Teil meines Selbstbildes: „Du bist wie dein Vater. Du bist eine Lemmen. Die Lemmens sind kalt und herzlos. Die Krawielitzkis – also Mutters Herkunftsfamilie – sind warm und herzlich." So konnte meine Mutter wohl ausbrechen in ihrer Enttäuschung über meine frühen Ausbruchsversuche aus unserer symbiotischen Beziehung und die Andersartigkeit meines Vaters, die sie in mir wiederzufinden glaubte.

Die Auseiandersetzung mit dem Männlichen außen und in mir selbst, ebenso wie Entwicklung meines Gefühls wurden im späteren Leben deutlich Lebens- und Entwicklungsaufgaben und waren so schon früh durch meine Mutter in mir in Resonanz gebracht.

Wenn also frühe und früheste Erinnerungen durch ihren Symbolgehalt in der Seele wirken und Anlagen in Resonanz bringen, dann sind auch durch meinen Vater in den wenigen Sommermonaten, die wir zusammen verbringen konnten, grundlegende und wohl auch lebensbestimmenden positive Erfahrungen in mir geweckt worden.

Mein Vater war ein begeisterter Segler. An den Wochenenden ging es hinaus auf die Ostsee oder in den pommerschen Bodden. Ich war damals gerade 5 Jahre alt und turnte glücklich auf dem Boot herum. Natürlich wollte ich auch ins Wasser, konnte aber noch nicht schwimmen. Zum Entsetzen meiner besorgten Mutter, aber zu meiner größten Freude fand mein Vater eine Lösung. Er band mir kurzerhand einen „Tampen" (ein Tau) um den Bauch und ließ mich ins Wasser springen. Beglückt und voll Vertrauen konnte ich nun bei Flaute im Wasser herum strampeln oder bei Wind mich hinter dem Boot herziehen lassen.

Heute glaube ich, dass die nicht allzu häufigen, aber doch für mich damals so eindrucksvollen Erfahrungen mit meinem Vater in mir Vertrauen in die Möglichkeit väterlicher Führung nicht nur durch die Schwierigkeiten des Lebens, sondern auch durch die Tiefen des Unbewussten wach werden ließen. Konkret bedeutete dies, dass es in mir eine Grundlage gab, die Vertrauen in einen Vater Gott erlaubte, aber auch später in den verschiedensten therapeutischen Situationen und bei meinem Weg durch das Unbewusste positive Übertragungen auf Therapeuten und Lehrer ermöglichten.

2. Annäherung an die katholische Kirche

Im Sommer 1943 wurden die Luftangriffe auf Berlin heftiger, und so verließ meine Mutter mit mir Berlin. Nach einigen Fehlentscheidungen und Umwegen fassten wir endlich Fuß in einem kleinen Dorf im Bregenzerwald in Österreich.

Hier in Andelsbuch konnte ich mich langsam einleben in die Gemeinschaft der anderen Kinder, die mich zunächst ja doch mehr oder weniger als „Heidenkind" betrachteten, da ich nicht katholisch, sondern evangelisch war. So wie wir miteinander zu spielen begannen und ich an ihren Ausflügen auf Skiern teilnahm, so begann ich auch an ihrem kirchlichen Leben teilzunehmen. War es nur ein Anpassungsbemühen, das mich jeden Sonntag mit zur Kirche gehen ließ? Schließlich sehe ich mich, wie die andern Kinder aus Langeweile während des Gottesdienstes Bildchen getauscht und nach der Uhr in der Sakristei geschielt zu haben. Aber es muss doch noch etwas anderes gewesen sein, das mich in die Kirche und sogar in den katholischen Religionsunterricht zog. Ich erinnere vor allem noch den tiefen Eindruck, den die Augenblicke der Wandlung während der Messe in mir hinterließen. „Jetzt kommt Gott", hatte mir meine katholische Patentante einmal beim Klang der Schellen zugeflüstert. Diese schlichte Information war in mein Herz gesunken, hatte etwas zum Klingen gebracht und ließ mich jedes Mal mit Ungeduld auf den Augenblick warten, in dem die Schellen erklangen, um die Wandlung anzukünden.

Unvergesslich leben auch heute noch in mir die Bilder der Fronleichnamsprozession, die ich, ebenfalls in weißem Kleid, mit weißem Stoffblumenkranz, mit Rosenkranz und perlmutternem Gebetbuch, mitmachte, so als wäre ich ein ganz katholisches Kommunionkind. – Welche Bemühungen meine Mutter hatte anstellen müssen, um all die wichtigen Accessoires in Kriegszeiten zu erringen, kann ich heute nur vermuten. – Die Prozession zog singend, begleitet vom Klang der Posaunen durch die früh sommerlichen Wiesen. Die Sonne schien hell, der Himmel war blau und etwas ließ mich spüren, was ich gehört hatte: Gott segnet das Land. Er geht mit uns.

So erlebte ich Katholizismus in dieser Zeit als etwas zum Leben Gehörendes, etwas, was verbunden war mit Gesang, mit Sonne,

Licht, Natur und Gemeinschaft, und vor allem auch mit der Ahnung eines gegenwärtigen Gottes.

Nach Kriegsende zogen die „Marokkaner" in langen Kolonnen durch das Dorf. Mutter verbrannte in ihrer Not alle Bilder, die sie von Vater in Uniform in Alben bewahrt hatte, um nur nicht bei einer plötzlichen Untersuchung den Zorn der Sieger herauszufordern.

Unsere Situation veränderte sich zudem schlagartig. Wir waren nicht mehr zahlende Gäste, sondern „Preußen", Eindringlinge. Sehr bald kam die Anordnung, dass alle Deutschen Österreich innerhalb 24 Stunden zu verlassen hätten.

Was dieser plötzliche Umschwung, dieses plötzliche Herausgeworfen-Werden aus einer doch verhältnismäßigen Geborgenheit und Ruhe in mir auslöste, kann ich heute nicht mehr erinnern. Bilder und Gefühle stellen sich erst wieder ein im Zusammenhang mit der sehr verwirrenden und verworrenen Ausreise.

3. Auf Umwegen zurück nach Berlin

Ich weiß nicht mehr genau, in welchen Verkehrsmitteln man uns Deutsche am Kriegsende aus Österreich heraus schaffte. Auf diesen langen Wegen bis zurück nach Berlin erinnere ich nur Güterwagons, Lastwagen, Rangierhäuschen an Güterzügen und manchmal überfüllte Zugabteile, in die Gepäck und manchmal auch ich durch die Fenster gereicht wurden.

Unsere erste Etappe endete in Lindau, wo die österreichischen Behörden uns unserem Schicksal überließen. Mutter besaß noch eine Adresse von Bekannten in Ravensburg. Nach vielen Bemühungen ergatterte sie für uns beide und unsere zahlreichen Gepäckstücke einen Platz in einem Lastwagen, der uns dorthin bringen sollte. In Ravensburg jedoch waren die Bekannten nicht mehr aufzufinden. So standen wir buchstäblich auf der Straße in einer unbekannten Stadt. Und dann geschah das Unerwartete, was heute kaum mehr vorstellbar ist. Ein unbekannter Mann auf der Straße, den Mutter nach einer möglichen Unterkunft befragte, nahm uns mit in sein Haus und in seine Familie. Es war ein einfaches Reihenhaus in einer sogenannten Arbeitersiedlung und seine Bewohner erwiesen sich als unvoreingenommen, als gastfreundlich und nahmen uns auf. Wir bekamen das Zimmer der gerade ausgezogenen Tochter und lebten nun für eine ganze Weile mit in ihrer Wohnküche, in der sich das tägliche Leben vom Frühstück mit großer Bratkartoffelpfanne in der Mitte des großen Tisches bis zum Abend mit dem Waschen der Kinder vor dem Herd abspielte.

Im Herbst erfuhr meine Mutter, dass Vater noch lebte und in englischer Gefangenschaft war. So beschloss sie, sich schwarz über die Grenze, was erfahrungsgemäß mit Gefahren verbunden war, nach Berlin zu wagen, um nach unserer Wohnung zu sehen. Mich wollte sie erst später nachholen. Bis zu ihrer Rückkehr kam ich, dank mancher Vermittlungen und Beziehungen, in ein von Diakonissen geleitetes Kinderheim für elternlose Kinder zwischen 2 und 6 Jahren, die man damals noch Waisenkinder nannte.

Eigentlich könnte ich diesen ganzen Lebensabschnitt der Umwege bis zur Rückkehr nach Berlin kürzer fassen, wenn nicht dieser Aufenthalt bei den evangelischen Schwestern gewesen wäre, der für mich doch in mancher Hinsicht prägend, wenn nicht gar auch lebensbestimmend wurde.

Zunächst erlebte ich mich hier ganz neu in einer Reihe jüngerer Kinder, gleichsam jüngerer Geschwister, für die ich als 9jährige dank der energischen Anleitung der betreuenden Schwestern mit zu sorgen hatte, also Hilfe zu leisten hatte beim Anziehen, Ausziehen, Essen, Spielen, Spazierengehen, beim Aufräumen und Putzen. Noch nie hatte ich Pflichten zu erfüllen gehabt, eigentlich kaum je ein ganz geordnetes Leben erfahren. Ich erinnere gewisse anfängliche Proteste meinerseits, die sich jedoch mit der Zeit auflösten in dem Bewusstsein, als Ältere „wichtig" zu sein und auch Verantwortung zu haben. Ich begann vor allem die Kleinen 2 – 3 jährigen als jüngere Geschwister zu adoptieren, erinnere heute nach so vielen Jahren noch ihre Gesichter und Namen. Da war Willi mit dem von Ausschlag geröteten Gesichtchen, der so herzzerreißend weinen und schreien konnte. Da war der stille blonde Toni, und da war das „Herbertle", den ich besonders liebte, vielleicht auch, weil er mir in einer mir bis dahin ganz unbekannten Weise seine Zuneigung zeigen konnte, wenn er sich durch die andern Kinder durch boxte zu mir hin und „Meine Dittel" rief. – Seltsamerweise erwachte in mir damals schon der Gedanke und Wunsch an einen späteren Beruf, nämlich mit „armen Kindern" zu arbeiten, ein Wunsch, der in den späteren Jahren wohl ein wenig variierte: Kindergärtnerin oder Lehrerin, Kinderkrankenschwester oder Kinderärztin, kranke Kinder oder gesunde, elternlose oder unverstandene Kinder..., dem ich aber in seiner Grundtendenz bis heute treu geblieben bin und den ich entsprechend meiner Entwicklung zunehmend intensivierte.

Prägend wurde für mich auch das religiöse Leben der Schwestern mit den gemeinsamen Betzeiten und den vielen religiösen Liedern. „Jesu geh voran auf der Lebensbahn" wurde mit all seinen 8 Strophen eines meiner Lieblingslieder.

Weiß die Seele um ihre innere Bestimmung? Ich bin inzwischen davon überzeugt, wie ich schon zu Anfang andeutete. Der Lebensplan ist schon mit der Geburt in der Seele angelegt, und es kommt nur darauf an, dass das Ich, also die heranwachsende und bewusster werdende Persönlichkeit diese aus der noch unbewussten Tiefe der Seele auftauchenden Impulse wahrzunehmen vermag.

Sechs Monate konnte ich in diesem oberhalb von Ravensburg gelegenen Kinderheim „Ober alle Winden" verbringen. Mein erstes Weihnachten ohne meine Mutter ging vorüber, der Frühling kam, wir rollten die grünenden Wiesen hinunter, entdeckten Veilchen, Magnolien blühten, ich bekam mehr Verantwortung, durfte alleine Botengänge in die Stadt machen, in meiner Erinnerung ein langer mühsamer, aber auch aufregender Weg.

Und plötzlich eines Tages stand meine Mutter da, um mich wieder abzuholen.

Ich war glücklich, nach dieser für mich unendlich langen Zeit wieder von meiner Mutter umarmt zu werden. Und doch war da auch ein Gefühl von Bedauern, von Trauer über den Abschied aus diesem Leben in Gemeinschaft mit den vielen „Geschwistern", aus diesem Leben der Geborgenheit und Ordnung.

Mutter hatte unsere Wohnung in Berlin-Halensee zwar unzerstört, aber in einem üblen Zustand mit 15 eingewiesenen Bewohnern vorgefunden. Immerhin ein Zimmer, das früher zum Hinterhof hinausgehende Schlafzimmer, sollte für uns beide freigemacht werden.

Nach einigen Vorbereitungen wagten wir die Heimreise mit unseren buchstäblich „Siebensachen", die ich immer wieder zählend zusammen zuhalten versuchte. Zunächst kamen wir – erneut auf der Ladefläche eines ruckelnden Lastwagens sitzend – bis Karlsruhe, hatten dort kurz die Hoffnung, bleiben zu können. Aber Mutter hätte, was ich deutlich erinnere, „lügen" müssen, – um welche „Lüge" es sich handelte, weiß ich natürlich nicht mehr – und auf einer Lüge wollte sie ihre Existenz nicht aufbauen. So war sie: Chaotisch mitunter, unfähig mir Grenzen zu setzen und mich, wie man so schön sagte, zu erziehen, aber lauter, ehrlich und gradlinig in ihren moralischen Prinzipien bis zum Heroischen.

Für die Weiterfahrt gab es nun inzwischen Züge, bis zur Grenze zwischen der West- und Ost-Zone wohlgemerkt, und natürlich nur Güterwagons. Ich entdeckte noch zwei freie Plätze in einem sogen. Rangiererhäuschen an einem der Wagons, was uns dann eine verhältnismäßig luftige Reise auf unseren vielen Gepäckstücken ermöglichte. An der Grenze ergatterten wir ein klappriges und quietschendes Wägelchen mit dem wir uns zu Fuß zur Grenze schleppten. Mehrfach wurde uns der Übergang verwehrt. Wir verbrachten die Nacht im Niemandsland in einer verlassenen Scheune, in die bei zunehmender Dunkelheit immer mehr Zufluchtsuchende hineindrängten. Mutters Gebetsaufforderung: „ Christelchen, lass uns beten: Vater unser.." erfüllte wie in allen Notlagen auch diese Stunden der Angst und half uns, sie durchzustehen. Am nächsten Morgen dann musste an der Grenze eine freundlichere Mannschaft die Aufsicht übernommen haben. Dank Mutters Ehering, den sie bereitwillig als Tausch anbot, durften wir die Grenze überschreiten und unsere Fahrt, erneut in Güterwagons, nach Berlin fortsetzen, wo wir schließlich im Spätsommer 1946 ankamen und unsere Wohnung mit den 15 Mitbewohnern aufsuchten.

4. Jugend in Berlin

Im Spätsommer 1946 begann mein deutlicher erinnerbares Leben in Berlin; denn an die Jahre vor der Evakuierung erinnere ich mich begreiflicherweise wenig. Da mein Entwicklungsweg, wie ich erst sehr viel später entdeckte, in Dekaden abläuft, endet nach diesen ersten zehn Jahren meine Kindheit, die ich doch trotz allen Umherziehens recht sorglos, verwöhnt und ohne Kriegsbedrohung verbringen konnte.

Nicht dass ich diese kommende Zeit in Berlin als bedrohlich erleben musste. „Irgendwie" schaffte es meine Mutter immer, sich und vor allem mich „durchzubringen". Aber es war eine schwierige Zeit, die in mir, der 10jährigen, Überlebensinstinkte und praktischen Sinn für die Realitäten eines schwierigen Lebens weckten und stärkten.

Unsere Wohnverhältnisse waren bedrängend eng mit 17 Personen in einer 4-Zimmerwohnung mit nur einer Küche und einem Bad. Erst mit der Zeit konnten die meisten Personen ausziehen, und wir bekamen die beiden vorderen Zimmer.

Viel eindrücklicher aber sind in meiner Erinnerung die kalten, sehr kalten Winter, in denen Mutter als Küchenhilfe beim Engländer arbeitete, die Schule wegen Kohlenmangels häufig ausfiel, ich den Tag über mir selbst überlassen war und wir uns erst abends bei Freunden trafen. Sie hatten die Kohlen für einen kleinen Herd in der Küche organisiert, und Mutter brachte versteckt in vielen Schürzentaschen Essensreste aus der Küche des englischen Casinos mit, abgeschnittene Brotkanten, ein kleines Stück Butter, etwas Wurst, etwas Tee oder gar in einem Wehrmachtsgeschirr Eintopfreste, so dass ich mich eigentlich nicht erinnere, wirklich Hunger gelitten zu haben. Unangenehmer war die Tatsache, dass die Wasserleitungen einfroren. Nur an der Straßenecke gab es eine öffentliche Leitung, an der wir Wasser in Kannen für den nötigsten Gebrauch holen konnten. Ebenso froren die Abflussrohre ein. Die Notdurft wurde einfach vor dem Haus auf den nächsten Schneehaufen geschüttet.

Seltsam: Und doch gab es in diesen kalten Wintern Augenblicke, in denen Mutter und ich zutiefst dankbar waren, wenn nämlich einige Scheite Holz das Kanonenöfchen, das die großen

Kachelöfen ersetzte, zum Glühen brachten, wir etwas Brot darauf rösten und vielleicht sogar ein wenig braunen Zucker darauf streuen konnten und ein kleiner Kerzenstummel das Stromsperrendunkel erhellte. Selbst die Erinnerung an die vielen Schüsseln und Eimer, die wir aufstellen mussten, um das herein regnende Wasser – wir wohnten ja im vierten, also im obersten Stock – aufzufangen, vermag in mir nicht das Gefühl auszulöschen, dass der „liebe Gott uns behütete", wie meine Mutter es ausdrückte. Beunruhigender wird die Erinnerung, wenn Situationen in mir auftauchen, in denen meine Mutter z. B. ihre Handtasche verloren hatte, was ihr in der damaligen Zeit mehrfach passierte und was natürlich Verlust der Lebensmittelkarten und ähnlicher Werte bedeutete. „Christelchen, jetzt können wir den Gashahn aufdrehen." Aber – ach, meine Mutter war irgendwie doch zu lebensbejahend – denn sie fügte bald hinzu: „Geh doch vorher noch zu Frau Krüger – das war die Besitzerin eines, wie wir heute sagen würden, Tante Emma-Ladens – und schreibe für jeden 10 Schweineohren, das waren die ersten kleinen Gebäckteilchen, die es gab, an." Nachdem wir die dann genüsslich verspeist hatten, erwachte ihr Gottvertrauen wieder: „Ach, Christelchen, vielleicht lässt uns der liebe Gott morgen die Tasche wiederfinden", was Er übrigens im allgemeinen tat.

Heute wundere ich mich, dass ich diese Episode so unbeschwert in Worte fassen kann. War ich nicht betroffen, geängstigt bei diesen Absichten meiner Mutter, ihrem und u. U. auch meinem Leben ein Ende zu setzen? Ich glaube, ich war solche Äußerungen meiner Mutter irgendwie gewohnt. Mutter wollte öfter sterben. Gewöhnlich begann sie dann mit einer Aufräumaktion, bei der sie sich abreagieren konnte. Tatsächlich hat sie nur einmal eine Überdosis Schmerztabletten – noch heute weiß ich den Namen: Phanodorm – genommen. Aber da hatten sie unerwartet heftige Nierenkoliken angefallen. Ich konnte rechtzeitig den Notarzt herbei holen und Mutter ins Krankenhaus bringen. – Vielleicht haben diese äußerlich gesehen beängstigenden Handlungen und Äußerungen meiner Mutter schon sehr früh in mir die Fähigkeit entwickelt, in bedrängenden Situationen mich gleichsam wie eine Schildkröte unter einen Schutzpanzer zu verkriechen und aus diesem sicheren Schutz heraus nur noch zu beobachten, ohne mich berühren zu lassen.

Die Sommer dieser Jahre waren sonnig, warm und hell. Ich verbrachte sie, je nach dem, ob wir vormittags oder nachmittags Schule hatten, in meiner freien Zeit im Halensee-Freibad, in dem der Schwimmclub, dem ich angehörte, eine kleine Umkleidehütte mit vorgebauter Terrasse besaß. Hier war mein Zuhause, hier machte ich – mehr oder weniger oberflächlich – meine Schularbeiten, aß die mitgebrachten „Klappstullen" und verbrachte mit Gleichaltrigen die meiste Zeit im Wasser. Mein Selbstwertgefühl bezog ich in dieser Zeit aus dem Erfolg beim Training und in den Wettkämpfen und aus der damit verbundenen Anerkennung durch meine Trainer und Clubkameraden.

Mutter verlor nach den beiden schwersten Jahren 1947 ihre Stelle als Küchenhilfe beim Engländer, „verdiente" zeitweilig unseren Lebensunterhalt mit Schwarzmarktgeschäften, wobei sie mehr die Botengänge für die von ihrer geschäftstüchtigeren Schwester organisierten Aktionen unternahm. Schließlich machte sie einen Schwesternhelferinkurs und konnte nun in einem Krankenhaus als Pflegerin arbeiten, was sie offensichtlich erfüllte und stärkte, jedenfalls erinnere ich diese Zeit als die ausgeglichenste in unserer doch immer wieder recht schwierigen Mutter-Tochter-Beziehung.

Im Sommer 1949 endlich gelang es meinem Vater, alle Formalitäten zu überwinden und aus dem Westen, wo er schon nach der Gefangenschaft eine Weile gelebt hatte, zu uns nach Berlin zu kommen. Ich hatte mich unendlich auf diese Rückkehr gefreut. Seit den Sommermonaten im Fliegerhorst hatte ich ihn nicht mehr gesehen. Und dieser Vater in Uniform, an dessen Hand ich durch den Fliegerhorst gegangen oder auf dessen Schultern ich ins Meer getragen worden war, lebte noch in meiner Seele. Nun aber kam ein ganz anderer Vater zurück in die zerbombte Stadt. Noch heute sehe ich deutlich am grauen, lauten Lehrterbahnhof das Bild meines zurückkehrenden Vaters vor mir: Gebückt unter der Last eines alten Feldrucksackes kam da ein alter, grau und elend gewordener Mann mir entgegen.

Aber diesen Anblick vergaß ich schnell in meiner großen Freude. Doch was ich nicht übersehen, nicht verdrängen konnte, war die bald spürbare Tatsache, dass mein Vater sich in seinem Wesen sehr verändert hatte. Spürbar war mir vor allem, dass ich ihm als inzwischen 13jährige Berliner Göre, die bis dahin niemand wirklich zu erziehen vermocht hatte und die eigentlich tat, was ihr gefiel, nicht geheuer war. Er wollte mich erziehen, was in mir Widerstand auslöste. So war unsere Beziehung bald sehr gespannt. Hinzukam, dass auch meine Mutter sich nicht mehr recht an einen Mann, an diesen ihren Mann zu gewöhnen vermochte. War ihre Beziehung schon früher offensichtlich nicht sehr innig gewesen, so konnte sie unter all diesen Umständen gar nicht mehr gelingen, so sehr sich meine Mutter auch, wie ich heute glaube, Mühe gab, da sie es als ihre Pflicht ansah, ihrem „heimkehrenden" Mann das Leben nicht noch schwerer zu machen. Vater fand eine Stelle als Hilfsgärtner, die er aber nur kurze Zeit beibehalten konnte. Er wurde bald krank und starb im April 1950.

Damals glaubte ich zunächst, dass sein Tod mich nicht sehr berühren würde, ja, ich fühlte mich fast erleichtert. Andererseits bekam ich „es mit der Galle", eine Beeinträchtigung meiner sonst ausgezeichneten Gesundheit, die, wie ich später erkannte, immer dann auftrat, wenn ich aufs heftigste meine Gefühle, vor allem Enttäuschung und Traurigkeit, zu verdrängen suchte.

Erst sehr viel später konnte ich im Rückblick und im Verstehen dieses Symptoms begreifen, allerdings noch viel später erst fühlen, wie sehr mich sein frühes Gehen betroffen hat.

5. Erste Erfahrungen und Schritte auf dem Weg

An die ersten Monate nach Vaters Tod kann ich mich seltsamerweise nur sehr vage erinnern. Da war einerseits Erleichterung: endlich war ich wieder mit Mutter allein. Andererseits muss es eine sehr emotionslose Zeit gewesen sein. In mir ist nur noch eine ganz graue Nebelwand, wenn ich zurückzuschauen versuche. Ich bin wohl häufiger krank gewesen – ganz entgegen meiner sonst recht robusten Natur. Jedenfalls kam ich im Oktober 1950 ins Franziskuskrankenhaus. Die Entfernung der Mandeln und Polypen schien notwendig zu sein, da ich häufig an Erkältungen und Mandelentzündungen litt.

An diesem Punkt des Lebensweges stellen sich wieder Bilder ein und Gefühle werden wach. Ich sehe mich allein in einem Krankenzimmer mit hoher Decke und hohen Fenstern liegen. Es ist Nacht. Der Schein der Straßenlaterne fällt auf die mir gegenüber liegende weiße Wand, und ich sehe ein schwarzes Holzkreuz mit weißem Christuscorpus darauf, – wohl nicht sehr schön, kunstvoll oder gar erhebend, so wertet mein Denken heute, – und doch geschah etwas sehr Berührendes in mir in dieser Nachtstunde: Ich erinnerte mich plötzlich wieder an den „Heiland" meiner Kindheit, erinnerte, dass er für uns gelitten hat und uns liebt. Irgendwie fühlte ich mich wahrgenommen, angesprochen, ja fast gerufen.

Mit der emotionalen Intensität meiner 14 Jahre wollte ich dieser nächtlichen Erfahrung folgen. Oder wollte ich sie prüfen? Ich glaube nicht. Damals fühlte ich etwas, und diesem Gefühl wollte ich folgen.

Mein „Schicksal" hatte mich in ein katholisches Krankenhaus geführt. So ging ich am kommenden Sonntag mit in den Gottesdienst und freundete mich bald mit einer jüngeren weltlichen Krankenschwester an, so dass ich auch nach meiner Entlassung weiter Kontakt zu diesem Krankenhaus und der Kirche behalten konnte.

Ein halbes Jahr vorher, wohl kurz nach Vaters Tod hatte der Konfirmantenunterricht für meinen Jahrgang begonnen. Dieser Unterricht beeindruckte mich nicht sehr. Da es gefordert wurde, ging ich jeden zweiten Sonntag in den evangelischen Gottesdienst, der mich ebenfalls langweilte. Die Predigt war lang, und ich vermisste den Klang der kleinen Glocken, die mir ankündigten, dass „Gott kommt", wie ich es in meiner Kindheit in Österreich erlebt hatte. Gedrängt von meiner neuen Erfahrung suchte ich jetzt an den kommenden freien Sonntagen die für mich nächste erkennbare katholische Kirche auf, die Ludwigskirche in Wilmersdorf. Hier fühlte ich mich auf einmal wieder zu Hause, hier spielte die Orgel, erklangen die mir noch ganz unverständlichen, aber so vertrauten lateinischen Gesänge: „Dominus vobiscum – Et cum spiritu tuo" und vor allem: ich hörte wieder die kleinen Schellen, die den heiligen Augenblick der Ankunft Gottes in der Stille ankündigten.

In den kommenden Monaten wuchs in mir ein Entschluss: Ich will katholisch werden. Ich muss wohl in meinen Erzählungen, in der Schilderung all dessen, was mich bewegte, „irgendwie" überzeugend gewesen sein; denn meine Mutter stimmte nicht nur meinem Entschluss zu, sondern erklärte sich sogar einverstanden, mit mir den Konvertitenunterricht bei einem älteren Pfarrer der Ludwigskirche zu beginnen.

Stillte dieser Unterricht meine Sehnsucht nach dem Gott der stillen Augenblicke in der Kirche? Ich weiß es nicht mehr, kann nur vermuten – eben weil ich mich an gar nichts mehr erinnere -, dass er mich nicht zu sehr bewegte, aber doch meine Sehnsucht nach dem Tag der Konversion stärkte.

Eigentlich hätte nun alles gut sein können in meinem Leben, in der Beziehung zu meiner Mutter, eigentlich auch in der Schule. Aber seltsamerweise häuften sich gerade dort die Schwierigkeiten. Wahrscheinlich hatte ich zu lange nicht wirklich gelernt, so dass meine Leistungen schlechter und ich entsprechend „aufmüpfiger" wurde. Nicht einmal meine offensichtlich besondere Fähigkeit, Balladen in der großen Schulaula eindrucksvoll zu deklamieren, konnte meine Klassenlehrerin davon abhalten, meiner Mutter nahe zu legen, mich von dieser Schule zu nehmen.

Wieder spielte ein „Zufall" – heute weiß ich: Zufälle gibt es nicht – eine Rolle: Meine Mutter traf einen „Herrn" – offensichtlich völlig unbekannt, aber doch so zugewandt, dass er den Klagen meiner Mutter über ihre so „ungebärdige" Tochter zuhörte und ihr den Rat gab: „Geben Sie sie doch mal zu Nonnen, die werden noch mit allen fertig". Und tatsächlich: Mit finanzieller Unterstützung meiner katholischen Patentante aus dem Westen fand meine Mutter die katholische Liebfrauenschule in der Ahornallee in Berlin-Charlottenburg. Und die „Nonnen" waren offensichtlich bereit, es mit mir zu wagen. Und tatsächlich: Sie wurden mit mir fertig. Meine Leistungen besserten sich zusehends, und ich wurde, was ich vorher nie gewesen war, eine sogenannte „gute Schülerin".

Nun stand meiner Konversion und Erstkommunion am 8. Dezember 1951 nichts mehr im Wege.

Auch meine Mutter wollte diesen Schritt tun. An dem Nachmittag nach der Feier in der Kirche hatte sie sogar unsere nächsten Verwandten und Freunde eingeladen zu einer Familienfeier in unserem kleinen so eingeschränkten Wohnzimmer, das eigentlich früher mein Kinderzimmer gewesen war. Es gab Kuchen und vor allem viel Kerzenschein, Blumen und menschliche Wärme. Doch wirklich bedeutsam für mich und unvergesslich war der Vorabend in dieser kleinen, sehr provisorischen Albertus Magnus-Kirche in Berlin-Halensee, zu der wir von nun an gehörten. Ich ging zum ersten Mal zur Beichte, wurde noch einmal bedingt getauft, sprach das Glaubensbekenntnis und wurde aufgenommen in diese Kirche, die mir von meiner Kindheit in Österreich so nah und vertraut geworden war. Das Harmonium spielte, und ich jubelte mit der Gemeinde mit: „Fest soll mein Taufbund immer stehen". – Noch heute berührt mich diese Erinnerung, während ich schreibe. Ich ahne, dass hier gleichsam ein Sehnsuchtssame in meinem „Herzen" berührt wurde, den alle späteren Enttäuschungen in und durch diese Kirche nicht mehr zunichte machen konnten. – Der Höhepunkt der Feier aber war meine Erstkommunion am folgenden Sonntagmorgen. Viele Jahre noch erinnerte und wiederholte das am Schluss gesungene „Großer Gott, wir loben dich" das unbeschreibliche Glücks-, ja fast Seligkeitsgefühl in mir, das ich damals empfand und das verbunden war mit einer ersten noch ganz ungenauen Ahnung, angekommen zu sein, und dem Erleben: Gott ist in mir.

Diese Erinnerungen kommen mir heute sehr authentisch aus der Tiefe meines Unbewussten zu, und doch, wenn ich sie mir jetzt anschaue aus der Distanz von mehr als 50 Jahren und verbunden mit den Erfahrungen mit mir selbst, aber auch mit den zahlreichen Jugendlichen in der Schule und in meiner therapeutischen Praxis, dann bin ich irritiert, vielleicht auch verwundert. War ich das wirklich? Eine 15jährige Berliner Jugendliche, ein halbes Jahr vorher noch gewissermaßen von der Schule verwiesen und lediglich beschäftigt mit Sport und den bevorstehenden Wettkämpfen? Eigentlich war ich ein „ganz normales", wenn auch, entsprechend den familiären Umständen, ein etwas schwieriges Kind. Und nun war mein Herz bewegt und erfüllt von der Erfahrung, dass „Gott bei mir eingekehrt" ist und von der Sehnsucht, Ihm näher zu kommen, Ihn intensiver zu erfahren. Ich hätte ihn vergessen können diesen 8. Dezember 1951 als den Tag eines emotionalen Überschwangs im Leben einer Pubertierenden, wenn, ja wenn die Erfahrungen dieses Tages nicht von so weitreichenden Folgen für mein ganzes weiteres Leben gewesen wären .

Äußerlich veränderte sich zunächst nicht viel in meinem Leben. Ich ging zur Schule, stritt mich weiter mit meiner Mutter, trotz all unserer Bemühungen, es nicht zu tun, machte meine Schularbeiten und ging, was neu war, einmal in der Woche zum Reiten. Meine Mutter ermöglichte es mir, wohl, weil es sie mit ihren Jugendträumen verband und weil es für meine Gesundheit besser als der Schwimmsport im Winter sein sollte. Außerdem bekam ich Sprechunterricht bei einer Schauspielerin; denn Schauspielerin zu werden war „mein großer Wunsch" zu diesem Zeitpunkt und laut Urteil der Schauspiellehrerin auch nicht ganz unrealistisch, da meine Stimme sich weiter entwickelte in ihrer Ausdrucksmöglichkeit und Stärke. Wenn ich zu Hause Balladen aufsagte oder Stellen aus Schillers „Jungfrau von Orleans", die wir in der Schule gerade lasen, deklamierte und meine Mutter mir zuhörte und mich nach ihrem Empfinden korrigierte, dann gehörten diese Stunden zu den sehr innigen und harmonischen in der Beziehung zu meiner Mutter. Im Grunde war dies eine Zeit der verhälnismäßigen Ruhe und Ausgeglichenheit in unserem Leben. Mutter brauchte zudem nicht mehr zu arbeiten, da inzwischen Vaters Pension herausgekommen war.

Innerlich aber begann sich mein Leben auf recht seltsame Weise zu wandeln. Es zog mich in die Kirche, vor allem in die Anbetungskapelle der sogen. „Rosanen Schwester", wie sie in Berlin genannt wurden. Was machte ich dort, wenn ich mitunter länger als eine Stunde vor dem Allerheiligsten saß? Ich erinnere mich nicht, Gebete aus einem Gebetbuch gelesen oder gesprochen zu haben. Ich saß da, still und war irgendwie glücklich und geborgen. Manchmal fuhr ich mit dem Fahrrad hinaus in den Grunewald, um einen stillen Ort in der Natur zu finden, was allerdings in dem eingeengten Westberlin im allgemeinen nicht möglich war. Am Ende meines Ausflugs kehrte ich dann doch wieder zurück in diese Kapelle. Oder nach dem Schwimmtraining im Olympiastadion zog es mich, von meinem Heimweg abzubiegen und dort einzukehren.

In diesem Frühjahr 1952 kam es erneut zu Krankenhausaufenthalten. Das erste Mal zog ich mir beim Sprung vom Pferd einen Gelenkkapselriss zu, und die Umstände brachten mich ins St. Hildegard-Krankenhaus, das von Steylerschwestern geleitet wurde. Bücher über das Leben von Ordensschwestern fielen in meine Hände und bewegten, berührten mich, ließen mich irgendwie nicht mehr los.

Zu Pfingsten plagte mich eine Blindarmentzündung, die mich ein zweites Mal ins Franziskuskrankenhaus führte. Diesmal sprach ich mit einer Ordensschwester, einer Nonne, über meinen Wunsch ins Kloster zu gehen. Ich „outete" mich, wie wir heute sagen würden, und zwar bei diesen Franziskanerinnen, nicht bei den Liebfrauen, bei denen ich zur Schule ging, nicht bei den Steylerschwestern, nein, bei diesen Franziskanerinnen, die ihr Mutterhaus weit weg hatten in einem seltsam kleinen Ort, der sich Thuine nannte und in Norddeutschland lag. Warum gerade bei ihnen? Was zog mich zu ihnen? Ich weiß es auch heute nicht. Da war nur ein Wissen in mir: Zu diesen Schwestern will ich.

Die Dramen, die sich zu Hause abspielten, als ich meiner Mutter nicht nur meinen Wunsch, sondern meinen Entschluss mitteilte, brauche ich hier nicht zu schildern. Sie sind leicht vorstellbar, war ich doch „ihr ein und alles", wie sie so oft betont hatte. Voller Verzweiflung und „schreiend" wollte sie „durch die Gänge des Franziskuskrankenhaus laufen" – ach, Mutter war immer irgendwie dramatisch gewesen – und doch akzeptierte sie am Ende meinen Wunsch, denn schließlich wollte sie mich „glücklich" wissen. – Wahrscheinlich erkenne ich erst heute, wie tief und echt ihre Liebe für ihr einziges Kind gewesen sein musste, dass sie um seines Glückes willen, welcher Art auch dieses Glück sein würde, auf dieses Kind zu verzichten bereit war. Weder ich noch meine Mutter wussten ja, wohin es mich verschlagen würde. Die einzige Bedingung, die sie sehr besonnen und entschieden stellte, war, dass ich zunächst das Abitur zu machen hätte, so dass ich danach auch wieder austreten könnte. Dem stimmten die Schwestern zu, und wir begannen mit den Vorbereitungen, denn schließlich brauchte ich eine Art Aussteuer mit ganz bestimmter (züchtiger) Wäsche, angemessenen schwarzen Schuhen und einem dunkelblauen Kleid, das im Franziskuskrankenhaus für mich genäht wurde.

Am 1. Oktober 1952 schließlich begannen wir unsere Reise nach Norddeutschland, übernachteten in Hannover und kamen schließlich am 2. Oktober, dem Schutzengelfest, im Mutterhaus zu Thuine an.

Vielleicht ist die Entwicklung von der ersten Erfahrung im Oktober 1950 zur Konversion im Dezember 1951 noch nachvollziehbar. Aber der Weg von diesem Tag, mag er auch noch so bewegend gewesen sein, zum Klostereintritt knapp ein Jahr später erscheint mir heute schwer nachvollziehbar. Wollte ich nicht kurz vorher noch Erfolge im Sport erzielen und außerdem Schauspielerin werden? Wenn ich schon als pubertierende 16jährige so „verrückt" war und meine Mutter nicht „Manns" genug, um mir Einhalt zu gebieten, was war mit den Nonnen? Waren die nur auf

Nachwuchs aus um jeden Preis? Nein, das waren sie sicher nicht. Die Oberin des Franziskuskrankenhauses war eine ausgesprochen realistische, bodenständige Person. – Sie wurde übrigens später Provinzialoberin und ermöglichte und erlaubte mir 20 Jahre später, eine analytische Therapie zu machen. – Sie führte die ersten Gespräche mit mir und dann auch mit meiner Mutter. Irgendwie muss ich sie überzeugt haben, so dass ich auf ihre Aussage hin angenommen wurde.

Und was geschah in den kommenden Wochen in mir? Waren da keine Zweifel? – Doch ich er-innere Zweifel, Nöte, Ängste, Abschiedsschmerz, auch von Freundinnen, fühlte mich allein und setzte doch mir selbst gegenüber meinen Willen, meinen Wunsch durch, folgte einer seltsamen Sehnsucht, die mich mein Leben lang nicht mehr loslassen sollte und die etwas zu tun hatte mit einer noch ganz ungenauen Sehnsucht nach „Gott".

War es also wirklich „Seine Liebe", die mich führte, gleichsam zog? Heute kann ich dies nur bejahen, aber ich weiß auch, dass Gott „auf krummen Linien gerade schreiben kann". Psychologisch gesehen spielten nämlich unbewusste Motive auch eine wichtige Rolle. Meine Mutter war eine tief empfindende Frau, durchdrungen von ihrer überschwänglichen Liebe für ihr einziges „Kind". Aber sie war etwas chaotisch, ungeordnet, emotional unberechenbar und geprägt von ihrer eigenen unbehüteten Kindheit. Unbewusst suchte ich im „Mutterhaus" ein geordnetes, befriedetes Zuhause, wohl auch in einer größeren Gemeinschaft mit Gleichaltrigen. Ich suchte Geborgenheit, Mütterliches. Aber ich suchte auch Ordnung und Sicherheit in dieser Ordnung, also Väterliches. Väterliches in einem Mutterhaus? All diese unbewussten Motive, die Suche dessen, was ich „zu Hause" in der Beziehung zu meiner Mutter nicht erfahren konnte, sollten auch mein Erleben in den kommenden Jahren bestimmen.

40

Reflexion zu Kindheit und Jugend

Die erste Lebensphase bis zu meinem Klostereintritt 1952 habe ich – wie auch die folgende Phase – aus der Erinnerung niedergeschrieben.

Heute (2011) nach Jahren mit neuen Erfahrungen und Erkenntnissen drängt es mich, diese Zeit, diesen Weg aus meiner jetzigen Sicht noch einmal zu erforschen, zu verstehen.

Ich wundere mich heute über mich. Als ein 15jähriges junges Mädchen war ich eingebunden in die damals üblichen Aktivitäten wie Schule, Sport, Freundeskreis und auch erfüllt von einem pubertären Wunschtraum, nämlich Schauspielerin zu werden. Dann aber kam mir, diesem Mädchen, bei der altersgemäßen Frage nach dem Sinn des Lebens aus einer zunächst ganz unverständlichen Tiefe eine Art Vision zu, eine Sehnsucht, diesem Gott näher zu kommen, diesem Gott, von dem dieses Mädchen gehört hatte und den sie zu spüren glaubte in ihrem Inneren. Diese Sehnsucht ließ sie einen Schritt wagen, der in dem Berlin der 50ziger Jahre nicht nur als unrealistisch, sondern geradezu als irrational angesehen werden musste. Dieser Schritt jedoch bestimmte ihr ganzes weiteres Leben und erweist sich aus heutiger Sicht als ein „geführter" Schritt.

Was war da geschehen? Wodurch vermochte dieses Mädchen ohne äußere Hilfe zu unterscheiden zwischen Wunschtraum, möglicher Fremdbestimmung und ganz persönlicher Lebensvision? Sollte hier eines der uralten universellen Gesetze, das Gesetz von Ursache und Wirkung[5] zu Hilfe gekommen sein? Sollte also eine in einem früheren Leben errungene Lebensausrichtung auf Gott gewirkt haben? In einem gechannelten Text kam mir eine Bestätigung zu: „Wenn Menschenwesen in diese Inkarnation kommen, dann bringen sie aus den Vorinkarnationen ... ein erworbenes tiefes inneres Wissen mit. Wenn dann der Mensch eine echte Bewusstseinshilfe braucht und darum bittet, dass ihm Bewusstsein und Unterscheidungsfähigkeit zu teil werden mögen, kommt ihm ein großer Teil seiner (in früheren Leben) erworbenen Weisheit zu Hilfe. Es bildet sich dann ein breiter Lichtstrom. Dieser Lichtstrom erfüllt sein Bewusstsein." Der Mensch „bekommt dann Hilfe aus dem Selbst", aus dem Zentrum seines Herzens[6].

Damit wird deutlich, dass das, was ich erlebt habe, nicht nur ein einmaliges persönliches Geschehen war, sondern in jeweils individuellen Ausprägungen jedem Menschen auf dem Weg zukommen kann. Dies kann geschehen in der Jugend, aber auch in jeder Schwellensituation des späteren Lebens, wenn die Frage nach dem „Sinn des Lebens", nach Erfüllung auftaucht und der Mensch nach Antwort sucht und ruft.

Doch hinzu kommen muss offensichtlich das Sich-Bemühen, die Arbeit an sich selbst. In dem genannten Text fand ich auch dazu entsprechende Aussagen:

„Ihr fragt nach der Gnade. Die Gnade ist da, aber sie ist versteckt. Sie kommt.. durch das Sich-Bemühen der Menschen. Er muss diese Gnade als Gold aus dem Erdelement gewinnen. Dazu braucht er...das Wasser des Bewusstseins und der Weisheit," um sie wie Gold aus der Erde heraus zu waschen. Der Mensch „tut das, indem er Unterscheidungsfähigkeit einsetzt und mit wachsamem Blick hinschaut: „Was ist wertvoll, was ist nicht wertvoll?"... „Also tun müsst ihr etwas – da kommt ihr nicht dran vorbei! Doch wir sprechen nicht von Arbeit, wir sprechen von Wandlung durch Erkenntnissuche, von Egoklärung, von Weisheitssuche, die im Herzen des Menschen Freude auslöst. ... Und dann, wenn ihr diese Freude sucht, dann überschüttet Gott euch mit der Liebe und der Gnade..."

Erkenntnis und Egoklärung konnte ich schon in den kommenden zwei Phasen erfahren, und zwar in der Disziplin und Gemeinschaft des Klosterlebens und nach dem Studium in der täglichen Arbeit mit Kindern und Jugendlichen. Vor allem aber die therapeutischen Selbsterfahrungen brachten mir erste Einblicke in meine Bindungen und Verhaftungen. In dieser Arbeit kam mir jedoch auch eine ganz neue Ahnung von Freude zu. Es wurde mir schließlich möglich, die Stimme des göttlichen Selbst im Traum zu hören, dieser Weisung zu trauen und zu folgen.

Im Kloster hatte ich mir so oft verzweifelt die Frage gestellt: Wie wird Wandlung möglich?

Die Antwort erhielt ich Schritt für Schritt beim Gehen des Weges.

Der Sufi-Sheik Llewellyn Vaughan-Lee geht in einem Buch, in dem er über „Anstrengung und Gnade" schreibt, noch einen Schritt weiter:

„Während die Sucherin ihre eigene Anstrengung benutzen mag, um sich selbst von alten Mustern zu befreien und ihre Dienste anzubieten, weiß die Mystikerin, dass wirkliche Transformation nur durch Seine Gnade geschehen kann. Nur durch Seine Gnade kann sich im Herzen etwas öffnen, kann der Pfad sichtbar werden."[7]

Diese Erfahrung jedoch sollte erst 10 Jahre später in mein Bewusstsein dringen in der Begegnung mit meiner Sufi-Lehrerin Irina Tweedie.

II

Im Kloster

(1952 – 1976)

„…Darauf erwiderte ihm Petrus:
´Herr, wenn du es bist,
dann befiehl, dass ich auf dem Wasser
zu dir komme.`
Jesus sagte: ´Komm!´“

Mt 14, 28 – 29

6. Klostereintritt

Mit Kloster, Klostereintritt, Betreten des für Außenstehende unzugänglichen Bereichs der Klausur verband ich, wie es wohl viele Menschen tun, etwa Geheimnisvolles, Ungewöhnliches, erwartete zumindest einen großen Säulensaal mit weiß gescheuerten Tischen und Schemeln. Was ich aber antraf, als ich die Klausur für die ganz jungen Schwestern betrat, war höchst ernüchternd, ja gewöhnlich: Die Präparandinnenmutter führte mich in einen verhälnismäßig schmalen, länglichen Raum mit rotem Bretterfußboden, einem langen Tisch mit einer Linoleumplatte, alles roch noch frisch nach Bohnerwachs, mit einfachen braunen Stühlen für ungefähr 18 „Präparandinnen". Mit mir waren weitere 5 junge Mädchen zwischen 16 und 18 Jahren gekommen. Sie und die älteren standen um den Tisch und erwarteten mich, da ich die letzte war. Gleich würde es Abendbrot geben.

Ich wurde zunächst vorgestellt . Auch die anderen nannten ihre Namen. Alle kamen offensichtlich aus der näheren Umgebung des Emslandes und kannten die Schwestern schon lange. Einige gingen schon zum Gymnasium, das dem Mutterhaus angegliedert war, andere sollten darauf vorbereitet werden, andere standen in der Ausbildung zur Krankenschwester.

Nach einem längeren lateinischen Gebet gab es Abendessen. Auch dies war höchst einfach, unspektakulär. Unvergesslich ist mir allerdings der Geschmack und Geruch des etwas feuchten Schwarzbrotes und der warmen Suppe aus saurer Milch, die es – übrigens jeden Abend – als Abschluss gab. Zur Feier des Tages wurde gesprochen, denn sonst gab es Tischlesung aus einem „erbaulichen" Buch.

Nach dem Abendessen wurden wir Neuen zunächst auf die Klausur unter dem Dach geführt, wo jede Schwester eine schmale durch ungefähr 2m hohe weiße Holzwände und weiße Vorhänge abgetrennte Zelle erhielt. Die dicken Federbetten waren mit bunt-karierter Bettwäsche bezogen und der Bretterrost des Bettes mit ei-nem dicken Strohsack ausgelegt. Zum Waschen gab es eine kleine rote Emailleschüssel, die auf einem Tuch am Boden stand. Kamm und Seife konnten in einem kleinen am Bettpfosten hängenden Beutel untergebracht werden. Die Wäsche fand Platz in einem ge-meinsamen Schrank an der Wand des großen Saales, der durch die genannten Zellen unterteilt war.

Nun hatte ich meine Klosterromantik, wenn auch in einer recht unerwarteten Weise. Aber ich erinnere mich nicht, allzu entsetzt ge-wesen zu sein. Die kalten und eingeschränkten, ja beengten Verhält-nisse der Nachkriegsjahre in Berlin waren noch zu frisch in meiner Erinnerung, als dass die Einfachheit hier mich hätte schockieren können. Zudem wurde uns alles nahe gebracht als ein Ausdruck der Armut, die wir ja nun leben wollten, um Gott näher zu kommen.

Nach dieser ersten Einführung fanden wir uns alle wieder ein im Refektorium zur Rekreation, einer Zeit der sogenannten Erho-lung, in der wir heute einiges erfuhren über unsere besondere Stel-lung in der Präparandie.

Die Präparandie war also gewissermaßen eine Abteilung, eine Gruppe innerhalb der großen Schwesterngemeinschaft des Mut-terhauses mit damals 20 Postulantinnen, ungef. 90 Novizinnen und 100 Professschwestern. Hier sollten die jungen Schwestern neben ihrer Hauptaufgabe der Schule und Ausbildung langsam eingeführt werden in das Ordensleben. Sie nahmen darum auch nur teilweise an der Tagesordnung der anderen Schwestern teil.

So stand die Schule für mich zunächst weitgehend im Mittel-punkt. Wie im „Leben draußen" verbrachte ich die Vormittage in dem dem Mutterhaus angegliederten Gymnasium mit Inter-nat, aber auch externen Schülerinnen. Hinzu kam das sogenannte Silentium am Nachmittag, während dem ich mit den anderen internen Schülerinnen erneut im Klassenzimmer saß und meine Hausaufgaben machen sollte. Das allerdings war für mich äußerst ungewohnt und wenig erfolgreich. War ich schon allein nicht gewohnt, konzentriert und regelmäßig meine Hausaufgaben zu machen, so war mir dies in der allgemeinen Unruhe einer Gruppe von ungef. 16 Schülerinnen erst recht nicht möglich. Hinzu kam die nicht mehr zu leugnende Tatsache, dass ich eigentlich die ganze Unter- und Mittelstufe – mit Ausnahme des dreiviertel Jahres in der Berliner Schwesternschule – nie wirklich gelernt hatte und meine Lücken nun deutlich zu Tage traten. Eine harte Zeit begann für mich, in der mein noch recht labiles Selbstwertgefühl durch schlechte Noten nicht nur immer wieder beeinträchtigt, sondern auch noch durch Schuldgefühle belastet wurde.

Ich hatte Heimweh, saß oft in der großen Kirche mit dem majestätisch in der Apsis thronenden Christuskönigbild, weinte, sprach zu Gott, rief zu ihm, rang mit meinen Zweifeln und war doch fest entschlossen, durchzuhalten, zu bleiben an dem Ort, an dem ich glaubte, hoffte, Gott, Jesus Christus näher zu kommen.

Meine Versetzung in die 11. Klasse verdankte ich der damaligen Generaloberin, einer ehemaligen Gymnasiallehrerin. Entsprechend der doch recht hierarchischen Ordnung des Klosters hatte sie auch, was die jungen Schwestern betraf, in schulischen Angelegenheiten das letzte Wort zu sprechen. „Sie hat in allen Fächern noch eine 4, in Deutsch aber – übrigens auch in Sport – eine 2, das zeigt, dass sie nur ein verludertes Talent ist. Sie soll versetzt werden." Wie wichtig, ja bedeutsam diese Entscheidung für mich wurde, sollte ich erst ein ganzes Jahr später erleben. – Dank intensiver Nachhilfe, eigener Anstrengungen und der Möglichkeit, meine Schularbeiten nun allein in einem kleinen Studierzimmer der Präparandie machen zu dürfen, verbesserten sich langsam meine Leistungen.

Der Klosterordnung vermochte ich mich anzupassen. Schwieriger allerdings wurde mir das Einleben in die Gemeinschaft. Die anderen Schwestern kamen alle aus dem Emsland, hatten zumeist zu Hause Platt gesprochen und ihnen kam ich Berlinerin „viel zu schnell von die Wörter". Auch ging nur noch eine Schwester in die Oberstufe, allerdings eine Klasse über mir. Die anderen wurden überhaupt erst auf den Besuch des Gymnasiums vorbereitet. Viel Austausch oder gemeinsame Interessen gab es nicht, nur das gemeinsame Ziel, Ordensschwester zu werden. Auch hier waren die bewussten und vor allem auch unbewussten Motive wohl recht unterschiedlich. Gesprochen wurde darüber jedoch nicht.

Zum zweiten Weihnachtsfest in der Präparandie wünschte ich mir bezeichnenderweise die Erlaubnis für einen mindestens zweistündigen Spaziergang allein im Wald.

Heute spüre ich hinter diesem Wunsch eine Not, die zu der damaligen Zeit noch nicht in mein Bewusstsein trat: Es war die Not meines Körpers, der sich unterdrückt, ja vernachlässigt fühlte. Bis zu meinem Eintritt hatte ich jahrelang intensiv und z. T. sogar wettkampfmäßig Sport getrieben (Geräteturnen, Schwimmen, Kunstspringen, Reiten). Jetzt beschränkte sich meine Bewegungsmöglichkeit auf den 3 minütigen Schulweg und zwei kurze Turnstunden im Unterrichtsplan. Langsames, „würdiges" Gehen war zudem vorgeschrieben. Unangenehme Träume bedrängten mich. Welche Bilder sie ins Bewusstsein schwemmten, erinnere ich allerdings nicht mehr. Ich wurde dicker und fühlte mich zunehmend unwohler in meinem Körper. Das Thema Sexualität blieb übrigens so weit „außen vor", als existierte es gar nicht.

Viel Abwechslung gab es zudem in diesem von Schule, Lernen, Beten geprägten Leben nicht Lediglich am Sonntagabend machten wir gemeinsam mit unserer Präparandinnenmutter in der ganzen Gruppe einen Spaziergang durch die Wiesen. Schon im Frühling nannte ich dieses Unternehmen nicht nur recht unrespektierlich, sondern auch etwas frustriert: „Nachtigall, ick hör dir trapsen."

Ein Lichtblick war für mich der Samstagabend, an dem wir nach dem Abendessen und allen Putz- und persönlichen Reinigungsbemühungen gemeinsam am frisch gebohnerten Tisch saßen und unsere Präparandinnenmutter mit uns die Messtexte des kommenden Sonntags besprach. Zum ersten Mal erschlossen sich mir die Texte der Adventsliturgie. Sie nährten meine Sehnsucht und stärkten mein Vertrauen: „Zu dir erhebe ich meine Seele; mein Gott auf dich vertraue ich...."(Introitus vom 1. Adventsonntag), rüttelten mich auf: „Rüttle auf, o Herr, unsere Herzen, auf dass wir deinem Eingeborenen die Wege bereiten und dir zu dienen vermögen.." (Oratio am 2. Adventsonntag) und weckten Hoffnung und Freude: „Brüder, freuet euch allezeit im Herrn. Noch einmal sage ich: Freuet euch..." (Epistel am 3. Adventsonntag). Diese Stunden waren jedes Mal für mich ein wenig wie das Öffnen von Himmelstüren. Mein Herz wurde berührt, und ich fühlte mich wieder am richtigen Ort.

Unvergesslich wurde mir auch die erste Weihnachtsnacht im Kloster: Das Hineinkommen in die große dunkle Kirche im prachtvollen Schmuck von roten Teppichen, weißen Fahnen und unendlich vielen Blumen, die man in der Dunkelheit nur zu ahnen vermochte, war wie das Eintreten in einen geheimnisvollen, heiligen Raum. Langsam wurde es heller, bis inmitten der Eucharistiefeier das Jubeln der Orgel und das Singen des Schwesternchores erklangen: „Transeamus.." ....So etwas hatte ich noch nicht erlebt. Diese Nacht berührte mich zutiefst und ließ Heimweh und Umstellungsschwierigkeiten ganz in den Hintergrund treten.

Einen Höhepunkt im Frühjahr 1953 bildete für mich auch die Vorbereitung auf die Firmung durch die Präparandinnenmutter. Ich durfte allein bei ihr in ihrem kleinen schmalen Zimmerchen sitzen und all das fragen und erfragen, was mich bewegte und was ich zu ergründen suchte.

So habe ich es durchgehalten mein erstes Klosterjahr – und meine Umgebung mit mir; denn sicher war ich nicht ganz leicht zu ertragen für meine Mitschwestern. Als Berlinerin war ich schon etwas fremdartig, belebend zwar, aber ebenso gewöhnungsbedürftig durch meine vielen Fragen, auch durch meine kleinen Widerstände gegen die wichtigen und unwichtigeren Vorschriften.

7. Der Weg beginnt

In meine Firmung hatten wir beide, meine Präparandinnen-Mutter wie auch ich, große Hoffnung gesetzt, Hoffnung, der Hl. Geist möge mich soweit unterstützen, dass ich ein angemesseneres Verhalten, eine dem Ordensleben angemessenere Haltung an den Tag legen könnte. – Es entzieht sich bezeichnenderweise meinem Gedächtnis so ganz, inwieweit ich nicht den Erwartungen entsprach. Erst ein Gespräch mit einer früheren Mitschwester lässt mich verstehen, dass es einfach meine spontane und recht freie und verhältnismäßig selbstbewusste Art war, mit der ich ausplauderte, was ich dachte, und die den Normen nicht ganz entsprach. Auch nahm ich es mit den unendlich vielen kleinen Vorschriften nicht so genau, einfach, weil sie mich einengten und ich sie mit dem großen Ziel nicht in Einklang zu bringen vermochte.

Doch Schwester M. hatte, bei all ihrer Strenge und auch – so sehe ich es heute – gewissen Enge, Geduld mit mir. Die Drohung allerdings, wieder nach Hause geschickt zu werden, schwebte ständig nicht nur über mir, sondern auch über meinen Mitschwestern.

Ich überstand aber auch mein zweites Klosterjahr. Mit der 12. Klasse begann ein neuer wichtiger Lebensabschnitt in meinem Klosterdasein, und zwar durch den Eintritt einer weiteren Schwester in die Präparandie. Schwester Ma. war ein Jahr älter als ich und besaß nicht nur mehr Lebenserfahrung, sondern auch mehr Reife.

Sie kam aus der „DDR" und hatte dort schon in Dingelstädt die Schule der Thuiner Schwestern besucht, bis diese von dem damaligen Regime aufgelöst wurde. Nach einem Jahr des Übergangs trat sie in Thuine ein und kam in meine Klasse, in der ich nun nicht mehr allein als „Schwester" saß, und, was für mich noch viel wichtiger wurde, in Schwester Ma. erfuhr ich zum ersten Mal, was es heißt, wirklich eine Schwester zu haben. Wir bekamen die Erlaubnis, in einer kleinen Bibliothek ganz unter dem Dach der Schule zusammen unsere Schularbeiten zu machen. Und bald begann unser Austausch, unser gemeinsames Lesen, Fragen, Mühen um Verstehen. Schw. Ma. war mit einer Schulschwester befreundet, die sie noch aus Dingelstädt kannte und deren geistiger Interessenhorizont sehr weit gespannt war. Obwohl es uns untersagt war, mit „Professschwestern" zu sprechen, versorgte sie uns mit Büchern, mit christlicher Literatur und mit philosophischen und psychologischen Werken. Und manchmal, ja manchmal übertrat sie das Gebot, mit jungen Schwestern nicht sprechen zu dürfen, und kam bei uns „mal eben vorbei", um uns bei unserem Mühen, Hintergründiges zu verstehen, zu helfen.

Es war eine wunderbare Zeit. Die Anpassungsnöte im Kloster traten in den Hintergrund. Die Schulschwierigkeiten, vor allem in Mathematik, konnte ich mit Ma.s Hilfe überwinden, und wir gewannen Zeit für das, was uns wirklich interessierte.

Als ich mir jetzt die für mich damals wichtigsten Bücher antiquarisch besorgte – immerhin waren inzwischen ja 50 Jahre vergangen – und sie erneut zu lesen begann, geschah für mich etwas sehr Seltsames: Es war für mich wie das Wiederentdecken des Ich, das ich einmal war und doch irgendwie immer noch bin, wenn auch mit einem weiteren Erfahrungshorizont. Es war aber auch wie das Aufdecken der Spuren einer inneren Führung durch den, dem ich mein Leben anvertraut hatte. Die damals aufgenommenen Impulse, Gedanken, Einsichten sind offensichtlich in mein Inneres, Unbewusstes, gesunken und haben alles weitere Suchen und Entdecken beeinflusst.

Welches waren die wichtigsten und bedeutsamsten Bücher?

Mir fällt zuerst Josef Piepers kleine philosophische Schrift „Muße und Kult" ein. Angesichts „einer zunehmend leistungs- und zweckorientierten Gesellschaft" ergründet und erhellt Pieper hier die Gegensätzlichkeit von Muße und Trägheit und führt zu der Erkenntnis, dass „einzig in der echten Muße ..sich eine Tür ins Freie (öffnet) ..." Die tiefste Wurzel, aus welcher die Muße lebe, läge in der kultischen Feier. – Die Frage: Wer bin ich, wenn ich nichts leiste? sollte erst sehr viel später mein Leben beunruhigen. Jetzt war es der Gedanke der Bejahung des eigenen Wesens, der mich zutiefst beschäftigte. Der Gegenpol zur Trägheit sei nicht, nach Pieper, „der Arbeitsgeist des werktäglichen Erwerbslebens, sondern: die hochgemute Bejahung und Zustimmung des Menschen zu seinem eigenen Wesen, zur Welt insgesamt, zu Gott – also die Liebe."[8]

Aber hatte ich Pieper damals verstanden? Ich hatte begriffen, dass ich mein Wesen zu bejahen hätte, aber das kleine und doch so bedeutsam hintergründige Adjektiv „hochgemut" muss mir wohl entgangen sein; denn in meinem Abituraufsatz über die Novelle „Die letzte am Schafott" von Gertrud von le Fort schreibe ich voller Überzeugung: „G. von le Fort zeigt die Schwäche eines Menschen zur Zeit der französischen Revolution. Aber dieses Menschenbild galt nicht nur damals, es gilt immer. Der Mensch ist elend und vermag aus sich nichts......Aber der Mensch ist ja nicht nur elend. Er besteht „aus Elend und Größe". Pascal sagt: „Die Größe des Menschen besteht darin, dass er sein Elend erkennen kann." ... Der Aufsatz wurde übrigens mit „Sehr gut" beurteilt. An den zitierten Stellen gab es keinerlei Anmerkung oder Fragezeichen.

Ich war also damals noch ganz im kirchlich-katholischen Denken `verhaftet. Aber die Frage: Wer bin ich? Was macht das Wesen des Menschen aus? Sollten mich nicht mehr loslassen. Positivere Antworten fand ich erst sehr viel später.

Auch in dem ersten tiefenpsychologisch orientierten Buch, das mir in „Selbstbesinnung und Wandlung" von Fr. E. Freiherr v. Gagern begegnete, ging es um die Frage: „Wer bin ich eigentlich?" und damit auch um die Frage des Gottesgeheimnisses. Schon im Vorwort zitiert der Verfasser Augustinus und gab mir damit einen weiteren wichtigen Impuls für meine Suche: „'Ich ging die Straßen und Plätze dieser irdischen Welt, um Dich zu suchen, und ich fand Dich nicht; denn ich suchte vergebens draußen, derweil Du doch in mir selbst warst.' Damit steht .. vor uns .. der Rat des indischen Rishi: Erkunde dein Selbst!" Diese Aussagen gingen so einen Schritt weiter, zumal v. Gagern auch von Erfüllung spricht: Es ginge darum, unser Bedürfnis nach Erfüllung wahrzunehmen, die Erfüllung zu ersehnen, zu erstreben, die Sehnsucht zur Tat werden zu lassen und dafür seelische Energie einzusetzen.[9]

Die Gedanken, dass es um die Erkundung meiner selbst ging, dass ich Gott nur in mir zu finden vermöchte und dass letztlich das Fließen der Lebensenergie dabei entscheidend seien, nicht nur der in der klösterlichen Erziehung vielfach bemühte „gute Wille", sollten mein ganzes weiteres Leben begleiten, prägen, ja antreiben. In welchem Maß dies allerdings der Fall sein würde und auf welche Weise, war mir damals natürlich noch nicht erahnbar.

Das dritte und vielleicht in seiner Wirkung für mich weitreichenste Buch war Peter Wusts philosophisches Werk „Ungewissheit und Wagnis". Sicher war seine Auseinandersetzung mit der menschlichen Grunderfahrung der Ungesichertheit und Angst von großer Bedeutung für mich, nicht umsonst wählte ich ja fürs Abitur Gertrud von le Forts Novelle „Die letzte am Schafott" als

mein Spezialthema. Für meinen späteren Weg allerdings bedeuteten seine Ausführungen über den möglichen mystischen Weg Verheißung und Hoffnung. Ich begann zu vermuten, dass die auf die
Dauer doch recht ernüchternden und trockenen Gebete in der
Klostergemeinschaft nicht alles seien, was mein Leben ausfüllen
könnte und dass meine Sehnsucht nach der Stille vor Gott ihre Berechtigung hat.

Drei Bücher waren es also, die am aller ersten Beginn meiner
bewussteren spirituellen Reise meine ganze Lebensthematik in ein
erstes noch ganz schwaches Licht hoben und die über die damalige kirchlich-katholische bzw. klösterliche Denkweise weit hinaus
gingen.

Was dieser mystische Weg allerdings beinhalten würde, hatte
sich mir begreiflicherweise noch nicht erschließen können. Eine
Ahnung war nur in mir, dass es um Erfahrung ging, um Erfahrung
der Gottes Nähe und seiner Liebe. In wieweit oder in welchem
Maß „Ungewissheit und Wagnis" (Peter Wust) auf diesem Weg gefordert sein würden, konnte ich damals auch noch nicht ahnen.
Peter Wusts Erfahrung sollte mir erst sehr viel später zur Gewissheit werden : „Und mit Erstaunen entdeckt nun der Mensch, der
bisher einsam seinen gefährlichen Weg dahin geschritten ist, dass
er gerade dann immer am meisten behütet gewesen war, wenn er
sich am meisten der Gefahr des tödlichen Absturzes ausgeliefert zu
sein gefürchtet hatte."[10]

8. Einkleidung und Noviziat

Das Abitur bestand ich ohne große Schwierigkeiten und allzu
große Aufregungen. Am 17. Februar 1956 abends wurden wir
Abiturienten von allen internen Schülerinnen unter lautem Topf-

deckel Schlagen entsprechend der überlieferten Tradition zur Kirche geleitet, wo unter vollem Orgelklang das „Großer Gott, wir loben dich" gesungen wurde. Ich war unendlich glücklich an diesem Tag, hatte ich doch ein mir bis dahin kaum erreichbar scheinendes Ziel erreicht nach dreieinhalb Jahren des Mühens und Durchhaltens.

Wieder war ein Zehnjahresabschnitt beendet und damit gewissermaßen meine Jugendzeit. War ich nun erwachsen? Jedenfalls so erwachsen, dass ich eigenständig zu diesem Zeitpunkt und auch zwei Jahre später wichtige Entscheidungen für mein Leben traf. Ich hatte 3, 5 Jahre das Mutterhaus, die Atmosphäre dort, die Tagesordnung, die vielen Regeln und Vorschriften, das religiöse Leben mit seinen beglückenden Höhepunkten, aber auch mit seiner mitunter recht alltäglichen Enge, ja Langeweile kennen gelernt. Ich wusste um die Notwendigkeit von Anpassung und oft auch blindem Gehorsam. Und doch ersehnte ich nichts mehr als meine Einkleidung, als den Eintritt ins Noviziat, das der Vorbereitung auf die erste Ablegung der Gelübde der Armut, Ehelosigkeit und des Gehorsams diente.

Die Vorbereitungen: das Anprobieren des Habits, des weißen Schleiers, des Brautkleides für den Einzug in die Kirche am 19. März, dem Tag des Hl. Josefs, die Unterweisungen im Unterricht, das Üben für die Zeremonie in der Kirche, das alles erlebte ich in großer Vorfreude, Erwartung und Hoffnung auf eine Teilerfüllung meiner Sehnsucht nach...., ja nach was? Nach Gott und seiner Liebe?

War es die schwärmerische Sehnsucht einer 19jährigen verbunden mit der Vorstellung von Besonderheit, die mich antrieb? – Immerhin beteten wir jeden Abend dankend in der dunklen Mutterhauskirche, in der nur das kleine ewige Licht am Altar flackerte und eine unbedeutende elektrische Birne den Eingang mäßig erhellte: „...von vielen Tausenden auserwählt und zum Ordensstande berufen.." Diese Vermutung vorschnell zu verneinen, wäre unklug. Auch kann ich es heute nicht mehr wirklich nachprüfen. Aber ich weiß sicher: Ein Teil dieser Sehnsucht kam aus der Tiefe meines Herzens, war nicht meine Sehnsucht, sondern ein Ruf von weit her, ein Ruf, der mich zog, diesen Schritt zu tun.

Der Tag der Einkleidung war nach alter Tradition der 19. März, der Tag des Hl. Josef. Nach den achttägigen Exerzitien im Schweigen mit leider 4 Vorträgen am Tag, unter denen ich schon damals litt, – hätte ich doch so viel lieber in der großen Christus-König-Kirche oder in der kleinen Sakramentskapelle still vor Gott gesessen, – betraten wir am Vorabend noch einmal gemeinsam die Kirche. Sie war geschmückt wie an hohen Festtagen mit unendlich viel Blumen, Kerzen, mit Teppichen und Fahnen. Eine festlich-gespannte Erwartung erfüllte das ganze Kloster. Viele Besucher, Verwandte, Freunde, Priester, Schwestern, und vor allem auch der Bischof wurden erwartet. Küchen, Backstuben, Gästehaus, Sakristei trafen letzte Vorbereitungen.

Die letzte Nacht auf der Klausur der Präparandie vermochte ich kaum zu schlafen. Welchen Namen würde ich bekommen? Denn: „Von nun an heißt du nicht mehr Christine, sondern Schwester Maria.. Ziehe aus den alten Menschen und ziehe an den neuen Menschen in Christus Jesus, unserem Herrn", so würde es heißen.

Und dann endlich kam der so lange ersehnte Morgen, ein sonniger Vorfrühlingstag. Wir durften das weiße Brautkleid anziehen, den Brautschleier anlegen. Wie oft hatten wir das Evangelium betrachtet von den 5 klugen und den 5 törichten Jungfrauen, die auf die Ankunft des Bräutigams warteten. Nun waren wir bereit. Der Schwesternchor sang bei unserem Einzug: „Die Welt, die mag nun fahren...". Wir schritten durch den Mittelgang auf dem roten Teppich zum Altar und knieten schließlich nieder in dem großen Chorraum vor dem majestätischen Christus-König-Mosaik. „....Was ist euer Begehren?" so begann der Bischof mit dem etwas altertümlichen Zeremonientext. Und wir nannten, ein wenig einstudiert und künstlich zwar mit hoher Stimme, aber doch aus ganzem Herzen unser „Begehren", nämlich die „Aufnahme in die Kongregation der Franziskanerinnen vom Hl. Martyrer Georg nach den Regeln des regulierten Ordens des Hl. Franziskus und den Konstitutionen dieser Kongregation". Nacheinander knieten wir dann einzeln am Hochaltar vor dem Bischof und erhielten Habit, Skapulier, Gürtel, den weißen Novizinnenschleier und schließlich den neuen Namen: „Von nun an heißt du Schwester Maria Angelis". – Ich war am 2. Oktober, dem Tag der Hl. Schutzengel eingetreten, so fuhr es mir durch den Kopf. Würden die Engel, die schon meine Kindheit in jedem Abendgebet begleitet hatten, mich nun in besonderer Weise weiter begleiten?

Der Einkleidungszeremonie folgte die Gelübdeablegung der 15 Novizinnen, dann begann das feierliche Hochamt. Das Erklingen der kleinen Schellen vor der Wandlung hatte nun eine ganz neue Bedeutung gewonnen: Ich gehörte Gott und ... Er mir? Dies zu denken oder gar zu erfahren, war mir damals erst ganz vorsichtig erahnbar. Doch die Erfahrung der Nähe in der Kommunion war von großer Dichte und Intensität.

Der Einkleidungstag verlief dann weiter in heiterer und beglückter Stimmung. Nicht nur meine Mutter und meine Patentante waren gekommen, sondern auch der Pfarrer unserer Gemeinde in Berlin. Wir jungen Schwestern standen im Mittelpunkt dieses Tages, wurden beglückwünscht, photographiert, beschenkt ...Ich glaube, meiner Mutter ging es gut an diesem Tag. Sie sah mich glücklich, und vielleicht war sie auch irgendwie stolz auf ihre Tochter, die nun zwar nicht die Jungfrau von Orleans auf der Bühne deklamieren würde, dafür aber mit „wallenden Gewändern durch den Park schreiten" könnte, wie sie es einmal formulierte und was ja in gewisser Weise auch irgendwie etwas Theaterhaftes an sich hatte.

An den nächsten Tagen begann unser Noviziatsalltag. Ich bekam eine Zelle in dem viel größeren Schlafsaal unter dem Dach des Noviziates und ein „Ämtchen" ganz besonderer Art: Ich kam in die Sakristei, d. h. ich sollte der Sakristanin helfen bei all den vielen anfallenden Arbeiten wie Reinigung und Schmuck der Altäre und des Chorraumes, Pflege der Kirchenwäsche und der Priestergewänder, Putzen der vielen Messingleuchter, überhaupt bei der Vorbereitung der Gottesdienste und vielen Feste des Jahres, soweit sie die Kirche betrafen.

Da stand ich nun ohne Putz-, Bügel-, Näh- oder irgendwelche anderen hauswirtschaftlichen Erfahrungen, aber doch voll „guten Willens" und dankbar für dieses wunderbare Ämtchen, bei dem ich doch immerzu in Gottes direkter Nähe, nämlich der Kirche und dem Altar, sein würde.

Um das Besondere dieses „Ämtchens" noch hervorzuheben, ist vielleicht zu erwähnen, dass die ungefähr 100 Novizinnen und 15 Postulantinnen für das ganze große Mutterhaus mit Professenhaus, Exerzitienhaus, Altenheim für die alten Schwestern, Jungenschule mit Internat, Mädchengymnasium mit Internat, Gästehaus, Ökonomie mit Gemüse- und Fleischverarbeitung, Hostienbäckerei und Brotkeller Putz- und Hilfsarbeiten zu leisten hatten. Nur so ist übrigens auch die finanzielle Versorgung so vieler junger Schwestern erklärbar.

Gewöhnlich wechselten die Ämtchen alle halbe Jahre. Ich aber blieb ein ganzes Jahr, und ich lernte. Ich lernte das Chor spiegelblank zu bohnern, ich lernte mit dem großen Mob nicht tänzelnd wie bei einer gymnastischen Übung, sondern gemessenen Schrittes den Staub von der kühlen Marmorfläche zu entfernen. Ich lernte Kelchtüchlein und Schultertücher für die Priester zu bügeln, Alben (weiße Gewänder, die die Priester damals noch unter dem eigentlichen Messgewand trugen) zu falten, unendliche viele Messingleuchter zu putzen, die vielen Stangenvasen (Gänsefußvase, Sonntagsvase, Festtagsvase) zu unterscheiden und beim Schmücken in der richtigen Weise der Sakristanin anzureichen und vor allem: Ich lernte schon auf dem Weg zur Sakristei genau zu planen, was ich gleich zu tun hätte.

War das nicht nach den vielen Schuljahren ein überaus langweiliger Job? frage ich mich heute. Irgendwie schon, vor allem bei Näharbeiten, wenn eintöniges Murmeln von Stundengebet oder Rosenkranz unser Tun begleiteten. Aber dieses Tun ermöglichte die Freiheit der Gedanken, lehrte mich schon früh, bei äußeren Tätigkeiten nach innen gewandt den zu suchen, zu dem es mich zog.

Der Tagesablauf – er begann mit lautem Gebimmel um 4.40 Uhr – wurde jedoch außer von der Ämtchenarbeit auch unterbrochen von Essens-, Gebets-, Unterrichts- und Rekreationszeiten. Aber all diese Zeiten waren minutengenau geplant, ließen kaum Raum für persönliche Gestaltung. „Ach, Liese," pflegte Schwester B., die mir sehr nahe stand, zu sagen: „Wenn wir nicht vorher innerlich gewesen wären, jetzt würden wir es nicht mehr." Für einen freien Besuch in der Kirche blieb nur so viel Zeit, um „Postleitzahlen" (der Wohnorte der Menschen, für die wir beten wollten) „aufzuzählen" – übrigens auch eine Formulierung von Schwester B., die eine besondere Fähigkeit besaß, Situationen auf einen Punkt zu bringen. Die vorgesehenen Gebetszeiten in der Gemeinschaft waren geprägt von feststehenden Texten, wobei die Psalmen des Offiziums, ähnlich dem Brevier der Priester, am ehesten mein

Herz zu berühren vermochten, wenn sie auch auf Latein gebetet wurden und sich Tag für Tag wiederholten.

Der tägliche Unterricht spielte natürlich eine wichtige Rolle in diesem Tagesablauf. Er diente der Einführung in das Ordensleben, bezog sich jedoch zu meiner Enttäuschung, aber auch zu meinem großen Schmerz in diesem ersten Jahr weitgehend auf Äußeres, also angemessene Verhaltensweisen usw. Zu viel Protest wagte ich nicht, denn ich wollte doch nicht weggeschickt werden. Ich hoffte also von Woche zu Woche, von Monat zu Monat auf wesentlichere Nahrung.

Belebend und bereichernd war jedoch das Gemeinschaftsleben für mich. Bezeichnenderweise konnte es sich hier im Noviziat ohne Schul- und Leistungsdruck ganz anders entfalten. Wir lachten viel und häufig, hatten verrückte, manchmal recht kindliche Unterhaltungsideen während unserer täglichen Rekreationen. Unsere mitunter den klösterlichen Normen recht angepasste Novizinmeisterin ließ dann auch ihr rheinisches Temperament aufblitzen.

Ich erinnere, dass wir zu Weihnachten ein „Noviziatsecho" kreierten, indem wir all die kleineren und größeren Missgeschicke des Jahres auf journalistische Weise parodierten und so recht viel Heiterkeit ermöglichten. Wir waren noch nicht von Medien verwöhnt, irgendwie bescheiden auch hinsichtlich von Lachreizen. Schon der inszenierte Schrei: „Eine Maus!" während einer sonntäglichen Rekreation konnte 100 junge Schwestern kreischend und die langen Röcke raffend auf die Stühle treiben. Noch heute sehe ich unsere vorgewarnte Novizenmeisterin sich wirklich schütteln vor Lachen.

So hatte das Leben im Noviziat und vor allem auch in der Gemeinschaft der Novizinnen durchaus heitere und lichte Seiten. Wir waren behütet, geleitet, geführt – und entwickelten so allerdings auch eine gewisse Naivität, ja mitunter sogar Infantilität, wenn wir z. B. während der Rekreation uns im Park bei Kreisspielen umher hüpfend amüsierten. Das allerdings berührte mich schon damals peinlich.

Mir ist, als wolle ich heute diesen Abschnitt meiner Klosterjugend wie durch einen etwas milchigen geblümten Schleier sehen und damit verharmlosen. Wenn ich jedoch diesen Schleier oder Vorhang zur Seite schiebe, kommt mir eine Welle von bitter schmeckendem Schmerz entgegen, die ich bei all meinen Aussöhnungs- und Versöhnungsbemühungen schon längst glaubte aufgelöst zu haben.

Dieser bittere Schmerz rührt wohl vor allem her von der Einengung meines gerade erwachten geistigen Suchens und Strebens. So war es ganz unerwünscht, besondere Freundschaften zu pflegen und Gespräche mit Schwester Ma, die nun Schw. A. hieß, waren unmöglich geworden. Der Unterricht ödete mich, – wie schon erwähnt – an. Zum Lesen gab es keine Zeit, vor allem auch keinen wirklich anregenden Stoff, hatten wir doch unsere Bücher aus der Schulzeit alle abgegeben. – Bitter war auch die Eindämmung unseres noch mehr oder weniger labilen Selbstwertgefühls und Behauptungswillens, natürlich nicht aus böser Absicht, sondern „um Gottes willen", damit wir demütig würden. Ich sehe mich z. B. zur Strafe beim Mittagessen am Lesepult knien und so meine Erbsensuppe mit Hering löffeln, und zwar weil ich als Älteste nicht dafür gesorgt hatte, dass meine Chörchenschwestern bei der Beichte „zügig anschlossen". Der Beichtvater hatte wohl warten müssen und sich beschwert. Der Hintergrund dieses „Vergehens" aber war der, dass einige befreundete Mitschwestern und ich „heimlich" bei einem Gastpater in der Sakristei gebeichtet und bei ihm Trost und Rat gesucht hatten. Ob unsere Novizinmeisterin dies erfahren hatte, blieb unklar. Ich fühlte mich jedenfalls ungerecht gedemütigt, andrerseits aber auch wieder schuldig, da ich die Bemühung um einen hilfreicheren Beichtvater eingeleitet hatte. Mich zu rechtfertigen oder gar zu erklären, kam mir nicht in den Sinn, wollte ich doch in jedem Fall eine gute Ordensfrau und auf keinen Fall fort geschickt werden.

In den spirituellen Schulungen vieler Religionen geht es um die Unterordnung des Ich (Ego) unter das (höhere) Selbst, das eigentliche Bewusstseinszentrum der Seele (s. auch C.G. Jung). Niemals hätte ich z. B. später meinem geliebten Lehrer Ralph Jordan zu widersprechen gewagt. Aber wir damals,– jedenfalls ich –, rangen ja noch um den Aufbau eines gesunden Ich, das sich überhaupt erst wirklich unterwerfen kann. Und das „Selbst" im Sinne C.G. Jungs oder das Herz „im Herzen der Herzen", wie es die Sufis nennen, das eigentliche Zentrum der Seele, war mir noch gar nicht bewusst erfahrbar geworden.

Dass ich diese Art der Schulung doch mehr oder weniger unbeschadet überstand, lag wohl auch an der Person unserer Novizinmeisterin. Ich liebe sie noch heute, obwohl sie schon lange, wie man im Kloster zu sagen pflegt, in der Ewigkeit weilt. Ich sehe ihre blauen Sternen-Augen vor mir und erinnere ihr Lachen, wenn sie eigentlich streng sein wollte und sie mitunter dann doch den Witz der Situation erkannte. Sie besaß Humor. Und ich erinnere ihren Unterricht vor unserer Gelübdeablegung, also im letzten halben Jahr, in dem ich endlich bekam, was mein Herz hören wollte. Sie war eine zutiefst religiöse, und, wie wir heute sagen, spirituelle Frau, die sich leider nur immer wieder zu sehr in Normen verlor und sich dem anpassen zu müssen glaubte, was andere für ein sogenanntes treues Ordensleben vorgeschrieben hatten. Ich glaube, sie trug schwer an der Verantwortung für die Erziehung so vieler junger Schwestern.

Nach einem Jahr musste sie uns zunächst für 6 Monate „auf die Filiale" entlassen, damit wir auch praktisches Ordensleben im Arbeitsalltag kennen lernten. Ich kam an die Ostsee in ein von unseren Schwestern geleitetes Kinderkurheim.

Die Oberin war eine energische und tüchtige Frau. Irgendwie muss sie wohl von meinem noch recht ungebrochenen sicheren Auftreten angetan gewesen sein; denn sie übergab mir für die anstehende Kur eine Gruppe von 20 14 – 16jährigen Jungen aus dem „Ruhrpott" zur Leitung, und das noch in einem einstöckigen Anbau außerhalb des Haupthauses.

Da stand ich nun, 20jährig, Berlinerin, Einzelkind, Novizin, Abiturgeprüft, Sakristeigeschult, aber 16jährigen Jungen aus dem Ruhrpott war ich nicht gewachsen. Noch heute sehe ich auf dem Höhepunkt der Eskalation, wie 20 Jungen mit Löffeln Pflaumenkerne durch die Luft schnipsen und alle Raumgrenzen überschreitend schlicht zum Fenster hinaus sprangen. Zwar konnte ich mir mitunter Ruhe erzwingen. Energische Stimme und Habit bewirkten immerhin etwas in damaliger Zeit. Aber im Großen und Ganzen war diese Kur für mich eine Tragödie, und mein Wunsch, Lehrerin zu werden, wurde immer kleiner angesichts meiner so offensichtlichen pädagogischen Unfähigkeit.

Immerhin: meine Oberin bekam ein Einsehen. Für die nächsten 6 Wochen wurde ich „Springertante" und kam so in viele Gruppen und lernte Kinder, Mädchen und Jungen in den verschiedensten Altersstufen kennen. Für die letzten beiden Kuren kam ich dann als zweite „Erzieherin" erneut in eine Gruppe mit 15 – 16jährigen Jungen, hatte aber nun genügend Erfahrung gesammelt, um mich erfolgreich, wenn auch aus meiner heutigen Sicht etwas sehr autoritär, durchzusetzen.

Neben diesen ersten pädagogischen Erfahrungen brachte mir diese Zeit noch ein ganz besonderes Schlüsselerlebnis.

Die Kinder, auch die Jugendlichen mussten nach dem Mittagessen liegen und auch abends recht früh zu Bett. Für die Betreuer war es eine recht mühselige Aufgabe, sie jeweils zur Ruhe zu bringen. Ich versuchte es zunächst mit dem Erzählen von Gespenstergeschichten, bis mir diese ausgingen. In meiner Not erinnerte ich mich an die Grimmschen Volksmärchen, und das ganz Unerwartete geschah: die Kinder, ja selbst die großen Jungen wurden still, lauschten, schliefen sogar mitunter ein. Ich hatte etwas entdeckt, nämlich die beruhigende, ja heilende Wirkung der Märchenbilder. – Dass auch meine Stimme etwas mit bewirkt haben könnte, bemerkte ich damals noch nicht. – Von da an haben Märchen meine Arbeit in allen Altersstufen in der Schule, in der Erwachsenenarbeit, auch in meiner therapeutischen Arbeit begleitet.

9. Gelübdeablegung

Nach einem halben Jahr durfte ich ins Mutterhaus zurückkehren und mit den 24 Mitschwestern meines „Chörchens" die Vorbereitung auf die erste Ablegung der Gelübde (für ein Jahr) beginnen.

Natürlich bekam ich wieder ein „Ämtchen", und zwar diesmal im Büro der „Knabenschule". Meine Aufgabe bestand darin, dieses kleine Büro täglich sorgfältig zu putzen und unendlich lange Zahlenreihen zu addieren . – Rechenmaschinen gab es damals offensichtlich noch nicht, jedenfalls nicht in diesem Büro. Ich verrechnete mich oft und langweilte mich tödlich. Doch glücklicherweise hatten wir nun zweimal am Tag Unterricht bei unserer Novizinmeisterin, so dass unter Abzug der offiziellen Gebetszeiten, der Mahlzeiten, der Rekreation und der Spüldienste die Ämtchenzeiten recht gering waren.

Der Unterricht bezog sich nun auf den Inhalt der Gelübde, aber auch auf unseren inneren Weg mit Gott.

Die Gelübde?

Darüber zu schreiben, erweist sich mir, je mehr ich mich zu erinnern suche an diesen Unterricht, als überaus schwierig. Im Laufe der Jahre wurden diese Unterweisungen überlagert von Belehrungen in Exerzitienvorträgen, durch Lektüre entsprechender Bücher, durch die Vorbereitung auf die Ewigen Gelübde und meine täglichen Erfahrungen, die ich im praktischen Umgang mit dieser Lebensform machte. Darüber hinaus habe ich auf meinem späteren Weg mit meinen spirituellen Lehrern begreifen können, dass Armut, Gehorsam, Enthaltsamkeit auch in spirituellen Richtungen des Hinduismus, im Zen, im Sufismus eine wichtige Rolle spielen, allerdings in einer geistigen Tiefe, Radikalität und Universalität der Bedeutung, die ich damals so noch nicht zu erahnen vermochte.

Wenn ich mich nun trotzdem einzulassen suche auf die Erinnerungsbilder, Gefühle und Inhalte dieses Unterrichts, dann kommt mir zweierlei zu :

Zunächst nahm die Beschreibung und Erklärung der äußeren Inhalte und Einhaltungen der Gelübde einen sehr breiten Raum ein.

Das Gelübde der Armut

So meint das Gelübde der Armut die absolute Besitzlosigkeit. Die notwendigen Dinge des Lebens (z.B. Kleidung, Wäsche, Bücher, Schreibutensilien...) sind der Schwester lediglich zum Gebrauch überlassen und so natürlich gleichsam wie eine Leihgabe zu sehen und zu behandeln. Alles, was sie braucht oder glaubt zu brauchen – hier liegt der persönliche Freiraum der Entscheidung entsprechend der persönlichen Bereitschaft zur Einfachheit und Bescheidenheit – muss sie von ihrer Oberin erbitten, die letztlich wiederum zu entscheiden hat, ob die Schwester diesen Gegenstand wirklich braucht, wobei allerdings auch ihre persönliche

Großzügigkeit, Einstellung zur „Armut" oder auch ihre Sparsamkeit eine Rolle spielten. Für den Gebrauch dieser überlassenen Gegenstände gab es dann erneut erläuternde Vorschriften.

Der geistige Hintergrund dieses Gelübdes ist das Freiwerden von „den irdischen Gütern um des Himmelreiches willen" (s. NT), was bedeutete, frei zu werden für die Verbindung mit Gott.

Dass allerdings die Verpflichtung zum täglichen Einhalten so vieler Vorschriften im Zusammenhang mit diesem Armutsgelübde für die Entwicklung eines jungen Menschen, wie ich es war, auch beachtliche Gefahren in sich barg, wird mir erst heute im Abstand sichtbar; denn entweder die vielen Vorschriften verblassten im Alltag (z. B. das Abgeben eines jeden Geschenkes, der Besitz unwichtiger, nicht notwendiger Dinge, die aber das Leben angenehmer oder bequemer machten,) oder – bzw. und – man, d. h. ich, verfiel in Zwanghaftigkeit. Statt frei zu werden oder zu sein von den „Gütern dieser Welt", verbrachte ich mitunter Stunden damit, zu grübeln darüber, ob ich diesen oder jenen Gegenstand erfragen bzw. erbitten oder, wenn es sich um ein Geschenk handelte, behalten konnte. Wie tief eine solche Art von Zwanghaftigkeit von mir Besitz ergriffen hatte – bei aller Freizügigkeit, die ich mir im Laufe der Jahre bewusst oder unbewusst erlaubt hatte –, begriff ich erst nach meinem Austritt. Hatte ich am Anfang 5,- DM ausgegeben für notwendige Dinge des Haushalts oder der Kleidung, so lähmte mich noch Stunden danach eine ganz unbegreifliche Art von Depression. Mit der Zeit erst erhöhte sich die Summe, die eine solche nachträgliche Belastung auslöste. Bis ich mir allerdings einen goldenen Smaragdring kaufen konnte, sollten noch Jahre vergehen.

Ich war zu einem Seminar bei meinem Lehrer auf Hawaii. An einem Abend besuchte er mit uns Seminarteilnehmern einen kleinen Schmuckladen. Ich entdeckte plötzlich in einer Vitrine einen Smaragdring in der gleichen Form und Farbe des Ringes, den mir im Traum ein weißgekleideter indischer Lehrer an den Finger gesteckt hatte. Ich bat den Juwelier, mir den Ring zu zeigen, nur so ohne direkte Kaufabsicht, steckte ihn an meinen rechten Ringfinger und konnte nicht umhin laut auszusprechen, was ich fühlte: „So kostbar!" „So kostbar, wie du bist", hörte ich plötzlich die Stimme meines Lehrers neben mir. Ein kostbarer Edelsteinring nicht als Besitzgegenstand, nicht als Bereicherung im Außen oder als Schmuck, sondern als Symbol für meinen Wert in und vor Gott – so weit kann der Weg sein zum Verstehen von „Armut", die zur „Armut" im Geist werden kann, wenn das Ich sich löst von der äußeren Form und ihrer Erscheinung und statt dessen die innere Essenz der äußeren Erscheinung wahrnimmt.

Und das Gelübde des Gehorsams?

Es zu akzeptieren, bereitete mir Schwierigkeiten. Natürlich wollte ich ganz im Dienste Gottes stehen, nur seinem Willen entsprechen. Aber: würde der Wille Gottes wirklich durch die Obern bzw. die jeweilige Hausoberin zu mir kommen? Entsprachen die Regeln und Konstitutionen (Vorschriften als Ergänzung zu den Regeln) Seinem Willen?

Aber ich wollte Gott gehören, und so war ich bereit gegen alle mentalen und instinkthaften Zweifel dieses Gelübde abzulegen, sollte es doch dazu dienen, mich Ihm näher zu bringen, meinen Willen aufzugeben, um nur noch Ihm zu gehören.

Wie würde dieses Gelübde mein Leben gestalten? Ich wusste es nicht und ahnte glücklicherweise auch nicht, in welchen Zwiespalt, ja in welche innere Not ich in den kommenden Jahren geraten würde. Allerdings ahnte ich auch nicht, dass mir später in der Begegnung mit meinen spirituellen Lehrern eine viel radikalere Art von Gehorsams- aufforderung begegnen könnte.

Das sogen. Gelübde der Ehelosigkeit,

früher auch der „Keuschheit", wurde am kürzesten behandelt, und doch war es das Gelübde, das mich emotional am tiefsten berührte, da es den unmittelbarsten Bezug zur Verbindung mit Gott verhieß. Die uralte Brautmystik, die schon im Alten Testament im Hohen Lied der Liebe von Salomon ihren lyrischen Ausdruck fand, entsprach der Sehnsucht meines noch sehr jungen Herzens: „Meinem Geliebten gehöre ich/ und mir gehört der Geliebte, / der in den Lilien weidet." (Hohelied, 6, 3) Viele Verse aus diesem Lied hatten Eingang gefunden in unser tägliches Offiziumgebet.

Dass mit diesem Gelübde nicht nur der Verzicht auf die Ehe gemeint war, sondern auch der Verzicht auf die äußere Verwirklichung von Sexualität, welcher Art auch immer, wurde kaum erwähnt, wie überhaupt die Möglichkeit, dass eine gesunde junge Frau mit ihrer Sexualität in dieser Lebensform Schwierigkeiten haben oder bekommen könnte, kaum in Betracht gezogen und von uns jungen Schwestern auch nicht hinterfragt wurde.

Glücklicher- oder seltsamerweise hatte ich keine Schwierigkeiten mit meiner Sexualität, vielleicht, weil ich sehr jung eingetreten und wohl auch ein gehöriges Maß unbewusster Verdrängung mich zu bewahren vermochte. Dass allerdings Schwestern Schwierigkeiten in ihrem späteren Ordensleben bekamen, erfuhr ich aus manchen Gesprächen. Öffentlich gesprochen wurde jedoch nie darüber. Dass auch schon im Noviziat bzw. im Mutterhaus Schwestern gewisse Schwierigkeiten haben mussten, hätte ich entnehmen können aus der sich stereotyp wiederholenden Nachfrage des Beichtvaters bei der wöchentlichen Beichte: „Was Unkeusches ist es auch nicht gewesen?" Ich konnte nur verneinen und mich wundern und fragen, an welche Möglichkeiten er wohl gedacht haben mochte. Heute verwundert mich eher meine damalige Naivität und Unaufgeklärtheit.

Neben dem Unterricht kam es auch zu persönlichen Gesprächen mit der Novizinmeisterin. Nie vergessen werde ich ihre anteilnehmende Frage, wobei sie ihre blauen „Sternenaugen" aufmerksam auf mich richtete: „Und wie geht es Ihnen mit dem Beten, Schwester Angelis?"

Ich hatte in einem kleinen Büchlein, das mir von der schon erwähnten Schwester B. zugekommen war, gelesen, dass meine Art, still, ja wortlos vor Gott zu sitzen, Gebet der Einfachheit hieße, und so erzählte ich meiner Novizinmeisterin recht spontan davon. „Schwester Angelis, das ist die vierte Stufe der Mystik. Bleiben Sie bei den Gebeten, wie sie in unserem Gebetbuch und im Offizium vorgegeben sind." Heute noch macht mich dieses Gespräch betroffen. Schwester H. wusste von Mystik – später habe ich oft vermutet: Sie war eine Mystikerin –, aber in ihrem Bemühen, uns nicht auf unsichere Pfade abgleiten zu lassen – Mystik hatte immer etwas leicht Anrüchiges im Kloster –, gab sie mir diesen Rat, den ich wie aus einem gesunden Selbstschutz heraus nur zwiespältig und teilweise befolgte. – Ob ich allerdings auf der vierten Stufe der Mystik war, wie man sie in entsprechenden Büchern beschrieben finden kann, möchte ich heute nicht weiter hinterfragen. Es war einfach meine Art seit Jahren, still vor Gott zu sein und seine Liebe im Herzen zu spüren.

Einen Höhepunkt der Vorbereitung bildete die Besprechung des 1. Kapitels des Paulusbriefes an die Epheser. Es ging um das Geschehen der Auserwählung durch Gott aus Liebe (1,4f.), es ging darum, dass wir zu Ihm gelangen würden (1,5), dass wir „durch ihn das Siegel des verheißenen Heiligen Geistes empfangen" würden (1, 13). Es ging schließlich um die Erleuchtung „der Augen unseres Herzens..". All diese Aussagen umkreisen gleichsam die mögliche innige Beziehung der Seele zu Gott und weckten so in unseren Herzen mehr und mehr die Begeisterung und Sehnsucht für den bevorstehenden Schritt der „Profess" (lat. professere – bekennen) und Gelübdeablegung.

Der Tag, der 19. März 1958, kam nach 8tägigen Exerzitien – mit leider erneut 4 Vorträgen am Tag, die mich in ihrer Eintönigkeit und Vordergründigkeit jedes Mal zur Verzweiflung brachten. – Die Zeremonie vollzog sich im gleichen feierlichen Rahmen wie die Einkleidung. Nur war meine Erwartung und Sehnsucht intensiver, wenn auch leiser geworden. Die möglichen Schwierigkeiten des Ordensleben waren uns ja in diesen zwei Jahren nicht verborgen geblieben. Aber Zweifel hinsichtlich meiner „Berufung" drangen nicht in mein Herz bzw. Bewusstsein.

Bei der Feier antworteten wir nun auf die bischöfliche Frage nach unserem Begehren, dass wir um die Erlaubnis bäten, die „Gelübde der Armut, Ehelosigkeit und des Gehorsams nach den Regeln des regulierten dritten Ordens des Hl. Franziskus und nach den Konstitutionen unserer Kongregation" ablegen zu dürfen. Dann sprach jede Schwester allein vor dem Bischof, den versammelten Schwestern und den vielen Besuchern ihr Gelöbnis in die große Kirche hinein: „Ich, Schwester.. gelobe Gott dem Allmächtigen..." Dann erhielten wir den schwarzen Schleier, das silberne Brustkreuz, einen großen Rosenkranz, der am Gürtel befestigt wurde, und als Zeichen unserer Liebesverbindung mit Gott einen Kranz roter Rosen auf den Schleier und eine brennende Kerze in die rechte Hand.

Diese Augenblicke sind unauslöschlich und tief in meine Seele gesunken, wie tief und wie unvergessen, wurde mir 40 Jahre später erfahrbar, als ich die Ordination zur Geistlichen von zwei Frauen durch den spirituellen Lehrer Dr. Ralph Jordan miterlebte. Die Symbole: Schleier, Kreuz, Rosen, Kerze, Gelöbnis waren so identisch mit den scheinbar versunkenen Bildern meiner Seele, dass mich diese Ordination zutiefst erschütterte und mich zu einem neuen Abschnitt meines Lebens brachte.

Doch zurück zu diesem Tag der ersten Profess. Wir durften ihn im Schweigen verbringen. Ich war glücklich, tief im Herzen glücklich, dass ich nun wirklich eine Ordensschwester war und in Seinem, in Gottes Dienst stehen würde. Ja, eine allgemeine Begeisterung erfüllte uns 25 junge Schwestern. „Mit dem Kreuz in der Hand" wollten wir gleichsam die Welt erobern für Gott. Wir fühlten uns zudem aufgenommen, angenommen und geborgen in dieser Kongregation. Wir vertrauten unseren Obern, dass sie uns an den uns angemessenen und von Gott gewollten Arbeits- und Lebensplatz stellen würden.

10. Erste Studienjahre und Ablegung der Ewigen Gelübde

Am nächsten Tag verließen wir das Noviziat und zogen ein in das sogenannte Professenhaus.

Wir wurden zudem zur Generaloberin, die wir Würdige Mutter nannten, bestellt. Ein wenig angstvoll, leicht zitternd, aber auch etwas neugierig, immerhin ging es um meine Zukunft, betrat ich das Zimmer der „Würdigen Mutter", die hinter ihrem großen, aber schlichten Schreibtisch hervor kam und mich begrüßte. Ich durfte schließlich auf einem Stuhl vor ihr Platz nehmen und sie eröffnete mir, dass sie und Mutter Vikarin, die für die jungen Schwestern zuständige Schwester, mich für ein Studium an der Universität Münster bestimmt hätten. Ich dürfte die Fächer Deutsch und Französisch studieren, um dann Lehrerin am Gymnasium zu werden. Diese Nachricht traf mich unerwartet. Vielmehr hatte ich damit gerechnet „Volksschullehrerin" (heute: Grundschullehrerin) zu werden, da ich mich nicht für allzu begabt hielt. Anderseits freute ich mich über das mir entgegengebrachte Vertrauen, zumal die Fächer Deutsch und Französisch meine Lieblingsfächer waren, und Lehrerin wollte ich ja schon lange werden.

Die Wochen bis zum Semesterbeginn verbrachte ich in einem kleinen emsländischen Dorf, um dort eine erkrankte Seelsorgschwester zu vertreten. Hier erlebte ich zum ersten Mal die familiäre Atmosphäre eines kleinen Konventes mit nur vier Schwestern Ich nahm teil an ihrem Alltag und den Arbeitsaufgaben in einer dörflichen Gemeinde.

In dieser Zeit bekam ich auch aus nächster Nähe eine sogenannte „Mission" mit, in der Patres damals noch in ländlichen Gegenden mit viel Dramatik in die Kirche einzogen und die versammelte Gemeinde unter Vergegenwärtigung von Himmel und Hölle lautstark zur Umkehr bewegten. Schon im Mutterhaus hatte mich eine solche Mission abgestoßen. Jetzt durchschaute ich noch klarer, in welchem Maß hier – im 20. Jahrhundert! – „Glaube" und Wohlanständigkeit immer noch manipulativ erzwungen werden sollten.

In diesem kleinen Dorf begegnete mir jedoch auch eine ganz andere, stillere Seite von Volksfrömmigkeit. Vor Jahren, so wurde mir berichtet, sei hier die Muttergottes erschienen, und zwar auf dem Friedhof. Zu ihren Ehren war dort eine Statue errichtet. Häufig kamen Pilger, um dort zu beten und Kerzen aufzustellen. Ich spürte sehr bald, dass dieser Ort besonders war, dass eine besondere Art von Stille, Frieden, Kraft von ihm ausging, die ich auch nach Jahren bei einem erneuten Besuch wieder erkannte.

Ende April schließlich wurde ich nach Münster gerufen in ein von unseren Schwestern geleitetes Altenheim. Hier war ganz neu, extra für die studierenden Schwestern, eine Etage mit sechs Zimmern unter dem Dach ausgebaut worden. Ich bekam ein Zimmer ganz für mich allein, klein, ungefähr 3 x 4 m, aber hell und freundlich mit einem zurück klappbaren Bett, einem geräumigen Schrank und einem eingebauten Schreibtisch mit Regal direkt unter dem Veluxdachfenster. Das war ein Luxus, wie ich ihn noch nicht erlebt hatte; denn auch in Berlin hatte ich ja nur beengte Wohnverhältnisse gekannt. Und nun durfte ich nach 5 ½ Jahren Leben in Gemeinschaftsräumen im Mutterhaus ein Zimmer ganz allein für mich bewohnen. Ich würde hier unbeobachtet sein, mich zurückziehen und ausbreiten können. Unvorstellbar.

Mit mir zogen noch eine weitere Schwestern ein, Schwester B., mit der ich zusammen das Noviziat verbracht hatte. Einige andere Schwestern studierten hier schon mehrere Semester. Sie begrüßten uns und führten uns ein in diese neue Lebensweise. Wir würden mit den Hausschwestern zusammen leben, d. h. uns zu den Gebetszeiten morgens und abends und zu den Mahlzeiten mit ihnen treffen. Tagsüber könnten wir unserem Studienprogramm an der Universität oder unseren privaten Studien folgen.

So begann also mein Studium in Münster laut Studienbuch am 2. Mai 1958 und endete am 17. Februar 1965. Zwischendurch konnte ich mich ein Semester für den sogenannten Ewige-Gelübdekurs und ein Semester für einen sechsmonatigen Frankreichaufenthalt beurlauben.

Nach außen gesehen war dies eine ruhige, behütete und geordnete Zeit, brauchten wir doch nicht für unseren Lebensunterhalt und die Semestergebühren selbst zu sorgen, wie es viele unserer Kommilitonen mussten. Wir waren gewissermaßen rundherum versorgt. Die Semesterferien konnten wir in Münster oder auch im Mutterhaus verbringen. In den Sommermonaten wurden uns sogar drei Wochen Urlaub an der Nord- oder Ostsee ermöglicht.

Innerlich gesehen aber war es eine Zeit heftiger Beunruhigungen, Turbulenzen, Verwirrungen, Zweifel, aber auch der Bereicherungen, der Erkenntnisse und Neuausrichtungen.

Im ersten Semester erwartete uns drei Germanistik-Studentinnen ein ziemlicher Schock. In unserer Schule in Thuine hatten wir in der Oberstufe natürlich auch moderne Literatur kennen gelernt: Edzard Schaper, Gertrud von Le Fort, Paul Claudel, Georges Bernanos, alles – wie uns damals schien – wunderbare christliche Autoren, die uns etwas über Fragen und Zweifel christlichen Lebens zu vermitteln mochten. Und jetzt? Jetzt wurden wir konfrontiert mit naturalistischen und expressionistischen Dramen des jungen Brecht oder Wedekinds. Da sitze ich mit auffallend schwarzen Schleier in den ersten Reihen des großen Hörsaales im Fürstenberghaus und Professor Heselhaus doziert über das wüste Triebleben des vagabundierenden Helden Baal, der wollüstig und weinselig durch die akausal aneinandergereihten Szenen torkelt usw. usw. Am liebsten wäre ich entrüstet hinausgelaufen, ahnte jedoch, das dies lediglich lächerlich wirken würde. Mit der Zeit allerdings begann ich zu begreifen, dass auch diese dunklen Seiten des Dasein zum Leben gehören und entrüstete mich nun über meine Lehrerinnen, die uns so die Wirklichkeit vorenthalten hatten. – Prof. Heselhaus beeinflusste übrigens mit seiner Methode der Interpretation meine Art, Interpretation in der Schule zu lehren.

Rückblickend gesehen war mein Studium weitgehend geprägt von Entbehrungen und Disziplin. Begeistern konnte ich mich nur selten für einzelne Vorlesungen oder Seminare, wie z. B. bei Prof. Trier, der über „Tristan und Isolde" und „Parzival" las, oder Prof. Preisendanz, der uns Fontane nahe brachte. Anders als Mitschwestern, die Naturwissenschaften studierten und die durch Praktika und Übungen Kontakt zu anderen Studenten fanden, waren wir mehr geistes-wissenschaftlich orientierten Schwestern auch ziemlich isoliert. Abwechslungen gab es kaum: sonntags vormittags das Hochamt im Dom und nachmittags ein Spaziergang um den Aasee, abends vielleicht ein Singeabend mit den Hausmädchen.

Lediglich die Vorbereitung auf das Philosophicum im 6. Semester ermöglichte mir eine besondere Freude des Forschens und Entdeckens.

Ich nutzte die Möglichkeit, Pädagogik als Hauptfach zu wählen und fand auch einen praktisch orientierten Professor, der meine Themen akzeptierte. Nun konnte ich meine Vision vom Lehrersein ausgestalten, gleichsam in meiner Seele vor entwerfen für mein späteres praktisches Tun. Ich wählte das Thema: „Die Bedeutung des Vertrauens im Lehrer-Schüler-Verhältnis" und erforschte diese Bedeutung in allen Altersstufen in der Literatur, aber auch in meinen Erinnerungen aus der eigenen Schulzeit und meinen Erfahrungen im Kinderheim. Außerdem beschäftigte ich mich mit der Präventivpädagogik bei Makarenko[13], einem Sowjetpädagogen, und bei Don Bosco[11] und Father Flanagan[12], zwei christlichen Pädagogen. Gleichzeitig las ich zunehmend begeistert in Rempleins Entwicklungspsychologie[14] und fühlte mich so sehr bestätigt und bestärkt in allem, was ich bis dahin nur so für mich gedacht hatte. Vor allem: Ich fühlte mich ermutigt in meiner Vision vom Lehrerin Sein.

Diese ersten sechs Semester vergingen im Grunde sehr schnell. Immer öfter zog es mich während der Semesterferien – gleichsam als Gegenreaktion zu dem nach außen gewandten Studium – ins Mutterhaus, wo ich Rückzug, Geborgenheit, Sicherheit, Orientierung suchte.

Im Januar 1961 durfte ich dann für mehrere Wochen ins Mutterhaus kommen zur Vorbereitung auf die Ablegung der Ewigen Gelübde am 20. März 1961, der ersten Möglichkeit für mich, denn drei Jahre, so wollte es die Regel, hatten wir die Gelübde nur für jeweils ein Jahr erneuern dürfen

Kein Zweifel beunruhigte zu diesem Zeitpunkt mein Herz. Ich wollte mich ganz weihen, hingeben ... – Worte, die mir heute schwer fallen zu äußern. Ich bin inzwischen scheu geworden im

Ausdrücken dieser so ganz persönlichen Gefühle, deren Weg zur Verwirklichung oft so weit ist. – Ich freute mich unendlich auf diese Wochen des Rückzugs, der Besinnung, der Ausrichtung auf diesen Tag der ewigen Bindung an Gott.

Doch der Kurs enttäuschte mich. Wieder standen im Unterricht die äußeren Gegebenheiten und die moralischen Appelle im Vordergrund. Wieder gab es kaum Zeit für das stille vor Gott Da-Sein. Zwar hatten wir nicht mehr so viel zu putzen, aber wir sollten lesen und „studieren": die Regeln, die Konstitutionen, die Nachfolge Christi und.. und...An einem Sonntagnachmittag war ich so wütend, dass ich mit einem ganzen Stapel Bücher in die Sakramentskapelle lief, den Stapel auf die Kirchenbank warf und dem Herrn innerlich zu rief: „Hier, lies du!"

Auch konnte ich nach immerhin drei Jahren Erfahrungen auf der Filiale nicht mit allen Belehrungen einverstanden sein und suchte Fragen zu stellen, suchte zu hinterfragen, was aber bei unserer Würdigen Mutter – die ehemalige Generaloberin, die als alte Gymnasiallehrerin meine Versetzung bewirkt hatte, was inzwischen abgelöst – doch einigen Unwillen auslöste. Sie suchte mich immer schnell wieder zum Schweigen zu bringen, wohl auch, damit ich nicht die andern Schwestern beunruhigte. Und ich ließ mich zum Schweigen bringen, denn ich war ja mehr als „guten Willens" und wollte ja auf keinen Fall Wesentliches in Frage stellen, nur der Konflikt zwischen Anspruch und Wirklichkeit beschäftigte mich schon damals, wobei ich natürlich selbst noch ganz auf der Seite des hohen Anspruchs stand, nämlich um jeden Preis eine „gute Ordensfrau" zu werden.

Der Tag der Ewigen Gelübde kam.
Ein drittes Mal zogen wir jungen Schwestern in die Kirche ein, diesmal um unsere Gelübde für immer, für „ewig" abzulegen. Fünf

Jahre hatten wir uns auf diesen Tag vorbereitet. Fünf Jahre waren wir von unsern Obern beobachtet und geprüft worden. Wir hatten das Ordensleben kennen gelernt im Mutterhaus und auf der Filiale, hatten in den vergangenen drei Jahren drei Mal sechstägige Exerzitien gemacht, mit unseren Obern gesprochen, hatten mehr oder weniger äußerlich und innerlich Höhen und Tiefen des Ordenslebens kennen gelernt. Wir waren nicht mehr enthusiastisch, überschwänglich in unseren Gefühlen wie am Tag der Einkleidung. Dem Ernst der bevorstehenden Entscheidung konnten wir uns nicht entziehen.

Dieser Ernst der Entscheidung fand während der Gelübdefeier in drei ausdrucksstarken Symbolen seinen Ausdruck.

Wieder zogen wir in die festlich geschmückte Kirche über den roten Läufer durch den Mittelgang zum Altar. Auf dem Hochchor angekommen, legten wir uns entsprechend einer alten Tradition lang und mit ausgebreiteten Armen auf den Boden als Zeichen unserer bedingungslosen Hingabe. Dann, nachdem ich wie jede andere Schwester auch, allein und mit lauter Stimme vor dem Bischof, den Obern, der ganzen Klostergemeinschaft und all den vielen Besuchern meine Gelübde für „immer" abgelegt hatte, erhielt ich zur Bestätigung dieses Gelöbnisses vor Gott und den Menschen einen goldenen Ehering an den Ringfinger der rechten Hand und als Zeichen der Nachfolge Christi einen Dornenkranz aufs Haupt.

Noch heute, während ich dies schreibe – nicht mehr mit dem goldenen Ring an der rechten Hand, sondern einem goldenen Ring an meiner linken, den ich von meinem spirituellen Lehrer bei meiner Weihe und Ordination zur Geistlichen erhielt – bewegt mich die Erinnerung an diese Feier zutiefst. Auch wenn ich später die Kongregation verlassen habe, dieses Versprechen, Gott ganz zu gehören, für Ihn und in seinem Dienst zu leben, würde ich nicht mehr aus meinem Herzen löschen können. Es war ein Bund „für immer", den ich an diesem 20. März 1961 mit Gott schloss.

11. Frankreichaufenthalt und letzte Studienjahre

Zum Sommersemester 1961 kehrte ich zurück nach Münster und bereitete mich neben dem allgemeinen Studium meiner Fächer auf das schon genannte Philosophicum vor, das ich dann im November nicht nur in Pädagogik, sondern auch in Philosophie mit sehr gutem Erfolg bestand.

Kurz danach reiste ich mit einer Mitschwester nach Strasbourg /Frankreich, um dort meine Kenntnisse der französischen Sprache gleichsam vor Ort weiter zu entwickeln.

Wir wohnten in einem Studentinnenwohnheim direkt an der Place de l'Université, das von Schwestern geleitet wurde und in dem wir uns bald wohl fühlten.

Dieses halbe Jahr in Frankreich leitete gleichsam – so scheint es mir heute – eine Wende in meinem klösterlichen Leben, ja in meiner klösterlichen Entwicklung ein.

Das erste Mal seit fast 10 Jahren war ich für längere Zeit außerhalb meiner Klostergemeinschaft, ohne den prüfenden Blick einer Oberin, ohne vorgeschriebene Tagesordnung, lediglich meiner eigenen inneren Ordnung verpflichtet. Natürlich: Wir gingen morgens zur hl. Messe, machten unsere Betrachtung, nahmen uns Zeit für einen Kapellenbesuch am Nachmittag und am Abend. Ich fühlte mich identisch mit meinem Ordensschwester-Sein, doch spürte ich bald: Ich konnte hier freier atmen. Wir lebten zudem, vor allem auch bei den Mahlzeiten, mit anderen Studentinnen zusammen und konnten Anteil nehmen an ihren Interessen, Sorgen,

Problemen. Die Studentengemeinde und die Predigten des P. Yves Congar eröffnete mir zudem einen ganz neuen erweiterten Blick auf den möglichen Renouveau Catholique, auf die Ökumene, die Rückkehr zur Einfachheit des ursprünglichen Christentums.

Im Vergleichen mit der, vor allem auch im Gelübdekurs erlebten, geistigen Enge bei uns und der Weite hier wurde ich immer protestierender.

Als wir zum Sommersemester 1962 nach Münster zurückkehrten, war ich auf eine für mich beunruhigende Weise wacher geworden. Doch auch in unserem Schwesternkreis begann sich etwas zu verändern. Wir fanden Zugang zur Studentengemeinde und gingen nun jeden Sonntag dorthin. Hier erlebten wir Studentenpfarrer Werners, einen Priester, der uns eine ganz neue Verstehensweise der Bibel und der katholischen Theologie ermöglichte. Nicht mehr Normen, Appelle, Moral mit banalen Alltagsbezügen füllten seine Predigten, sondern die Zuwendung Gottes zum Menschen war der Wesenskern, den er in allen Schriftstellen entdeckte und enthüllte. Pfarrer Werners Ausführungen berührten uns zutiefst und weckten in uns ein ganz neues Gespür für den ermutigenden Reichtum der hl. Schrift. Auch die Liturgie war in der Studentengemeinde einfacher, schlichter und dadurch umso ausdrucksstärker. Pfarrer Werners machte uns wach für das beginnende zweite vatikanische Konzil, das wir bald mit viel Aufmerksamkeit und vor allem mit großen Hoffnungen auf Erneuerung der Kirche und natürlich auch des Ordenslebens verfolgten.

Begegnung mit Prof. Heinen

Und dann begegnete mir im gleichen Sommersemester Professor W. Heinen in seinen Vorlesungen über Moraltheologie. Professor Heinen war wohl damals der erste Theologe – jedenfalls in

Münster –, der tiefere seelische Bedürfnisse des Menschen sah, verstand, berücksichtigte. „Die Liebe als sittliche Grundkraft und ihre Fehlformen" war der Titel seines ersten Buches[15]. Die „acht Grundgestalten im Leben des Menschen und ihre Bedeutung für die seelische Entwicklung" und die „Bedeutung unbewusster Motive" standen außerdem zu dieser Zeit immer wieder im Mittelpunkt seiner Ausführungen.

Ich war beglückt, begeistert. Endlich sprach jemand über das, was ich – natürlich nur sehr vage, aber doch auch leidvoll – gespürt, geahnt, vermutet hatte. Zur menschlichen Entwicklung gehören mehr als „guter Wille" und Vernunftappelle. Vier Mal die Woche saß ich nun morgens um 8 Uhr mit anderen Theologiestudenten im Audimax und ließ mir kein Wort seiner Ausführungen entgehen. Er gab mir erste Impulse und Antworten auf meine zahllosen Fragen nach den Möglichkeiten menschlichen Reifens und Heilwerdens.

Diese Impulse und Antworten strömten zunächst ganz ungefiltert in mein nur zu bereites Bewusstsein und natürlich auch in mein Unbewusstes. Sie beglückten mich nicht nur, sondern beunruhigten, verwirrten mich in der so ganz andersartigen Bewusstseinshaltung meiner Umgebung. Ich wurde nicht nur kritischer, sondern auch rebellischer meiner Klosterwirklichkeit gegenüber. „Sehr ihr nicht, wie wir alle unreif bleiben..", giftete ich wohl meine mehr oder weniger brüskierten Mitschwestern an, von denen nur einige mit gingen in diese Vorlesung, ohne jedoch so emotional-kritisch wie ich zu reagieren.

12. Eine „gezielte Beratung" und Abschlussexamen

In den Semesterferien zog ich mich zurück ins Mutterhaus, suchte Trost in der Sakramentskapelle, in der großen Kirche, an all den speziellen Orten, die mir früher Trost gegeben hatten in meiner Klosterjugend, an der Lourdesgrotte, in der Ölbergskapelle, in der Franziskuskapelle, am Grab der Stifterin der Kongregation. Vergeblich. Gott drang nicht durch durch meinen Seelenwirrwarr. Schwache Ansätze, mich meinen Obern verständlich zu machen, wurden schnell mit ermutigenden Worten, Appellen und Gebetsversprechungen zum Schweigen gebracht. Da saß ich nun, wieder in einem kleinen Zimmer irgendwo unter dem Dach, versuchte zu arbeiten und konnte mich doch nicht konzentrieren, weinte, ja schluchzte mitunter verzweifelt. Sicher hatte ich auch Selbstmitleid, sah mich als unverstandenes Opfer, und doch war da auch eine tiefe Verzweiflung in mir, die Verzweiflung und Angst, auf meinem Weg nicht weiter zu kommen, getäuscht zu sein in der Vision, Sinn und Erfüllung auf diesem Klosterweg zu finden.

Schließlich wagte ich es im Januar 1964, Professor Heinen anzusprechen und meine Schwierigkeiten anzudeuten. „Sie brauchen eine gezielte Hilfe", war seine kurze, aber einladende Antwort. Er gab mir einen Termin in seiner Privatwohnung: Samstag um 9.00 Uhr. Eigentlich wollte ich in diesem Jahr mein Staatsexamen ablegen. Aber irgendwie schaffte ich es, meinen Obern zu erklären, dass ich noch ein weiteres Semester brauchte. Samstag, 9.00 Uhr – das wurde für ein Jahr der Termin, auf den ich mich nicht nur die ganze Woche freute, sondern nach dem ich mich auch die ganze Woche sehnte. Ich zählte die Tage, die Stunden....Noch heute, 50 Jahre später sehe ich mich vor seiner Haustüre stehen, spüre mein Herz klopfen und die geheime Angst: Und wenn er nun nicht da ist? Aber er war da, jede Woche während des Semesters. Diese 38 mal 60 Minuten während der Jahre 1964 und 1965 veränderten mein Leben und schufen gleichsam die Grundlage für alles Kommende.

Was war das Besondere an dieser „gezielten Beratung"?

Professor Heinen war ja kein Psychotherapeut. Er war Priester und Moraltheologe, und er arbeitete mit einzelnen Menschen ohne Honorar. Ich weiß heute, dass das Bedeutsamste für mich die Begegnung, ja Beziehung war zu diesem väterlichen Priester. Zum ersten Mal in meinem Leben fühlte ich mich bedingungslos wahrgenommen, angenommen, ja geliebt. Mein bewusstes Ich konnte lange nicht wirklich glauben, was er mir entgegen brachte. Ich lernte erst langsam zu vertrauen. Meine Seele aber hatte sehr schnell verstanden und antwortete mit „Sehnsucht" nach diesen Stunden der Begegnung und mit Träumen, zahllosen Träumen. Sechs dicke, eng beschriebene DIN A 6 Hefte aus den Jahren 1964 bis Mai 1965 liegen vor mir. Sie zeigen mir heute, da ich sie aus der Distanz und mit meinem therapeutischen Wissen und meiner Erfahrung im Traumverstehen lese, wie intensiv diese Arbeit emotional und mental war.

Als ich mit der Lektüre der schon so lange zurück liegenden Träume begann, vermutete ich, Kritik meines Unbewussten an Kirche und Kloster zu finden. Aber dies war absolut nicht der Fall. Mein Unbewusstes zeigte stattdessen zunächst überaus anschaulich und unmissverständlich die recht bedrohliche Krise, in der ich mich befand und die deutlich meine Studiensituation spiegelte:

„In einer Abstellkammer auf dem Boden (im Kloster), die staubig und mit altem Gerümpel voll gestellt war, entdecke ich plötzlich eine große Eule, die einem kleinen Vogel mit einem Biss am Hals das Blut aussaugt. Sie funkelt mich böse an. Ich kann nicht weglaufen, bin wie gelähmt. Weder mein Schleier noch meine schwarze Schürze bieten Schutz. Auf einmal sehe ich eine weiße Katze hinter mir. Auch sie bedroht mich mit glühendem Blick. Mitschwestern kommen mir schließlich zu Hilfe und trösten mich. So gefährlich sei die Katze nicht. Ich möchte sie schließlich streicheln, aber sie läuft weg."

Die Eule gilt im allgemeinen in der westlichen Kultur als ein Sinnbild für Wissen und Weisheit, hier aber hat das Unbewusste sich offensichtlich auf den chinesischen Mythos bezogen, in dem die Eule eine „wichtige Rolle als Schrecken erregendes Tier ... mit dem bis zur Zerstörung gesteigerten Überwiegen des Prinzips Yang in Verbindung steht"[16]. Die Eule stellt also im Zusammenhang mit meiner Studiensituation die Bedrohung durch die Überbetonung des Intellektes dar, der dem noch kleinen und schwachen Seelenvogel das Leben entzieht. Die hier in den Hintergrund, also in den Schattenbereich gedrängte Katze wiederum verweist im Chinesischen als Nachttier auf die Yin-Seite oder psychologisch gesprochen auf die Trieb- bzw. Naturseite, die hier zunächst bedrohlich wirkt, weil sie vernachlässigt wurde, aber im Grunde doch nicht gefährlich ist, wie einige Seelenanteile (die Mitschwestern) tröstend wissen.

Wo lag die Ursache für diese Krise? Schließlich erlebt nicht jeder Student sein Studium als Bedrohung.

Eine erste Antwort liegt schon in einem Traum, den ich zur fünften Stunde mit brachte und den ich all die Jahre nicht vergessen habe. In diesem Traum suche ich verzweifelt in einer Kirche mit vielen Beichtstühlen einen Priester, dem ich vertrauen könnte. Lange Zeit vergeblich. Alle Gestalten in den Beichtstühlen, Patres in braunen und schwarzen Kutten, schrecken mich ab. Endlich jedoch bittet mich ein weltlicher Priester um mein Traumheft und gibt mir zum Austausch seinen Terminkalender

Die Aussage des Traumes ist sehr klar: Mein Traum-Ich befindet sich im Raum der Kirche auf der verzweifelten und scheinbar ganz und gar ergebnislosen Suche nach einer Vater-Gestalt – nicht umsonst spricht man ja von `Beicht-Vater` –, die Rat und Führung geben könnte. In der Gestalt des „weltlichen Priesters" deutet sich, vom Traum-Ich erst noch ganz misstrauisch betrachtet, die Übertragungsmöglichkeit auf Prof. Heinen an. Er möchte meine Träume und gibt mir dafür Raum in seinem Terminkalender.

Warum aber brauchte ich mit 27 Jahren noch so dringend eine Vatergestalt, die mir Führung und Halt zu geben vermochte? Zahlreiche Träume in den kommenden Wochen und Monaten geben die Antwort und zeigen in immer neuen Varianten, dass es um Ablösung von der Mutter ging, wozu ein „Mutterhaus" offensichtlich nicht die geeignete Unterstützung zu bieten vermochte, denn gerade dort hatte ich ja auch „Mutter", d. h. Geborgenheit, gesucht, in vielfacher Hinsicht auch gefunden und dadurch natürlich meine Mutterbindung intensiviert.

Ablösung bzw. Auflösung der Mutterbindung bedarf einer Vatergestalt, die bei dieser vielfach unterschätzten, aber doch unverzichtbare Reifungsaufgabe unterstützend zur Seite steht.

Die Ablösung von der Mutter

Mein Weg der Ablösung zeigte sich vor allem in Traumbildern, in denen es zunächst um eine Bewusstwerdung dieser Bindung ging, denn bewusst hätte ich diese niemals erkennen bzw. zu geben können, hatte ich mich doch sehr früh gerade von meiner Mutter und ihren Behütungsbemühungen getrennt und zunehmend auch Distanz zum Mutterhaus gesucht.

Dann drängten Traumszenen in mein Bewusstsein, die in ihrer Intensität an Märchenbilder, z.B. aus „Hänsel und Gretel" erinnerten und eine langsame aber doch für mein Bewusstsein schmerzhafte Trennung forderten.

Dass auch für meine Mutter diese Trennung schmerzhaft war, und zwar umso mehr als für sie diese Trennung eher im Unbewussten geschah und sie dabei ohne Unterstützung und Trost blieb, das erahnte ich erst einige Jahre später. Ich besuchte Mutter in einem Sanatorium, in dem sie wegen ihrer Krebserkrankung lag. Beim Abschied drückte sie mir einen Geldschein in die Hand: „Schicke, bitte, dem Professor einen großen Weihnachtsstern. Ich war doch immer eifersüchtig auf ihn." Diese Geste berührt mich noch heute und zeigt mir, wie bereit meine Mutter war, auch sich zu wandeln und mich selbstloser zu lieben.

Die endgültige Aussöhnung mit ihr ermöglichte sie mir allerdings erst kurz nach ihrem Tod 1970.

Bis zu dieser Aussöhnungserfahrung bedurfte es jedoch noch einer Reihe weiterer Entwicklungsschritte, die sich auch in einem Geburtstraum andeuteten. Diese Traumgeburt symbolisierte die seelische Abnabelung des inneren Kindes von der Mutter.

Nach der seelischen Ablösung stand nun die Entfaltung eines positiven Mutterbildes an, das die Entwicklung der weiblichen Seite ermöglicht. Es folgten dichte Träume, in denen immer wieder das „Frau Holle"-Motiv auftauchte, Szenen also, in denen mein Traum-Ich mit der weiblich-dienenden Rolle vertraut gemacht wurde und auch mein bewusstes Ich sich damit auseinander zu setzen hatte.

Schließlich endete diese Mutter-Traum-Reihe mit einer kurzen und schlichten Aussöhnungsszene, in der ich meine alt gewordene Mutter besuche und unsere Begegnung sehr liebevoll, offen und herzlich ist, so wie es vorher nie möglich geworden war.

Die Beziehung zum Vater

Was aber war mit meinem Vater während dieser Zeit der Aufarbeitung? So viele Mutter-Träume kamen mir entgegen, aber ich erinnerte zunächst keine Vater-Träume. – Übrigens auch in meinen späteren Analysen tauchte er kaum je auf. – Sicher, da waren Träume mit väterlichen Gestalten, zumeist Ärzten, Priestern, Lehrern, bei denen es sich offensichtlich um Übertragungen meines inneren Vaterbildes auf Prof. Heinen, meinen Therapeuten, handelte. Erst nach intensivem Suchen in den 6 kleinen dicken Heften entdeckte ich Traumszenen, in denen mein persönlicher Vater – er war ja schon 1950 gestorben – zunächst ganz verschwommen, dann jedoch immer deutlicher in mein Bewusstsein drang, um eine Versöhnung einzuleiten.

Begegnen musste ich dem Spätheimkehrer, einem alten abgedankten Offizier, einem alten Mann. Ich musste seinen Schmerz der Einsamkeit, seine Not miterleben und mich ihm verstehend nähern, für ihn sorgen.

Auch diese Traumreihe endet mit einer Aussöhnungsszene:

„Ich mache mit meinem Vater einen Spaziergang in Dievenow, einem Fliegerhorst, in dem Vater Kommandeur war (der jetzt aber – im Traum – ein amerikanischer Fliegerhorst ist). Hier bin ich an seiner Hand als Kind so oft gelaufen. Hier war er mir so nah. Hier habe ich ihn so bewundert. Dieser Spaziergang ist jetzt das Zeichen unserer endgültigen Versöhnung."

Wenn ich heute diese Traumreihe anschaue, bezweifle ich, dass sie lediglich Aussagen meines persönlichen Unbewusste enthalten, also rein psychologisch verstanden werden müssten. Es scheint mir viel eher, als wollte die Seele meines Vater von einer anderen Ebene durch meine unbewusste Seele hindurch Verbindung zu mir aufnehmen und Verstehen und Versöhnung bewirken und erfahren. Ich vermute allerdings heute auch, dass mir dies damals in der Fülle der Träume, die ich in den verhältnismäßig wenigen Stunden ja gar nicht alle erzählen konnte, nicht aufgegangen ist, und es berührt mich jetzt – so viele Jahre später – sehr, diese Entdeckung zu machen. Ich fühle Trost, aber auch Bedauern, dass ich all die vielen Jahre meinem persönlichem Vater so wenig Raum in meiner Seele und in meiner Erinnerung gegeben habe. Stattdessen habe ich so lange fest gehalten an dem negativen Bild, das meine Mutter mir aufgrund ihrer Enttäuschung vermittelt hatte.

Diese späte Entdeckung in meiner eigenen Vater-Aussöhnung bestätigt mir übrigens, wo von ich seit fast 30 Jahren in meiner therapeutischen Arbeit überzeugt bin: Jedes Kind, jeder Jugendliche, mag er auch noch so enttäuscht, wütend, verzweifelt.. über seine Eltern sein, liebt zutiefst diese Eltern. Und jede Mutter, jeder Vater liebt zutiefst ihr, sein Kind, wenn auch der Ausdruck dieser Liebe oft verworren, verdeckt, verdrängt erscheint. So war für mich immer ein Hauptziel des therapeutischen Prozesses zumindest die innere Aussöhnung mit den Eltern, wenn auch die äußere mitunter auf sich warten ließ, sich aber dann doch in vielen Fällen ereignete.

Allerdings, die Aussöhnung befreit noch nicht von dem Schmerz, der durch das Fehlen der Vater- oder der Mutter-Erfahrung in der Seele lebt, und auch nicht von der Sehnsucht, z. B. die Treue, Sicherheit, Führung eines Vaters zu erleben. Solange der Mangel nicht ausgefüllt ist, läuft der Mensch gleichsam suchend durch die Welt, hoffend sein unentwickeltes Vaterbild an einer Person zu entwickeln, den Vater an einem Menschen nach zu erfahren.

Für mich war die Zeit, die ich mit Prof. Heinen erleben durfte, ein solches Nacherleben, wenn auch oft sehr schmerzhaft, da zeitlich so begrenzt. – Aus einer meiner ersten Behandlungen als Therapeutin erinnere ich das Ende einer Stunde mit einem siebenjährigen Mädchen. Um das Ende der Stunde hinauszuzögern, suchte sie jedes Mal einen kleinen Gegenstand zum Ausleihen. Als ich in dieser Stunde etwas zum Aufbruch drängte, das nächste Kind wartete schon: „Ich weiß, es wird dir jetzt nicht leicht zu gehen", kam spontan ihre Antwort: „Das kannst du gar nicht wissen, wie das ist. Einmal möchte ich zwei Stunden bei dir sein, ..einmal einen ganzen Tag.., einmal eine Woche.." – Doch ich wusste, wie das ist, und fühlte meinen damaligen Schmerz durch ihren Schmerz. Die Erfahrung in meinem eigenen Leben aber zeigt mir, dass durch das Er-innern der Begegnungen diese positiven Erfahrungen intensiviert und verstärkt werden können. So geben meine eigenen Erfahrungen mir den Mut, auch meinen großen und kleinen Patienten diese Ver-Innerungs-Prozesse zuzutrauen.

Die vielen Träume, die ich während der Arbeit mit Prof. Heinen niederschrieb, zeigen noch viele Einzelaspekte, vor allem auch das Auf und Ab in der Entwicklung und immer wieder die Aufforderung an das Traum-Ich zu „sterben", d. h. sich zu wandeln.

In engem Zusammenhang mit dieser Aufforderung zur Wandlung standen:

Die Wiederbelebung der, symbolisch gesprochen, „Tierseele" und des „inneren Kindes".

Schon der Anfangstraum hatte ja auf meine offensichtlich verdrängte Trieb- und Naturseite verwiesen. Weitere Traumbilder enthüllten in oft grausigen Bildern diese Tatsache. Eine tote Katze befand sich in meiner Aktentasche. Beine und Kopf waren ihr abgehackt. Ein Pferd rannte wild und verzweifelt in dem engen und düsteren Hof des Wohnhauses im Berlin meiner Kindheit herum. Es war lange nicht gefüttert worden, hatte aber einen dicken Bauch wegen des Bewegungsmangels.

Ich musste mir bewusst werden, in welchem Maß ich meine Trieb- bzw. Naturseite misshandelt, unterdrückt bzw. ganz „vergessen" hatte. Glücklicherweise ist diese Triebseite nicht einfach „tot zu kriegen". Durch Wahrnehmung, Bewusstwerdung, Umstellung der mentalen und emotionalen Einstellung kann Heilung möglich werden. Gegen Ende der Arbeit mit Prof. Heinen erlebe ich mich im

Traum glücklich und sicher auf einem starken Pferd galoppierend.

Gleichzeitig mit der zunehmenden Wiederbelebung und Zähmung der Naturseite erholte sich auch mein „inneres Kind".

Sechs Monate nach Therapiebeginn trifft das Traum-Ich auf eine „Kinderpflegerin mit einem vielleicht sechs Monate altem Kind, das im Kinderwagen liegt. Die Mutter habe es lieblos behandelt, worunter es gelitten habe und gar nicht mehr fähig gewesen sei, auf menschliche Anreden zu reagieren. Jetzt aber könne es wenigstens wieder lächeln. „Ich lache es an, und es reagiert. Es beginnt sich zu erholen. Ich nehme es auf den Arm."

Hier ist wohl kaum die persönliche Mutter gemeint, sondern ich bin die Mutter meines inneren Kindes, ich habe es vernachlässigt und lieblos behandelt und es jetzt wieder gefunden.

Diese Arbeit mit dem inneren Kind findet einen Abschluss mit einem Traum, in dem ich, in einem Bauernhaus lebend, mein Kind stille. Es lacht zufrieden und ich bin sehr glücklich.

„Das innere Kind – was ist das?", fragt Erika J. Chopin in ihrem 1993 in Deutschland erschienen Buch „Aussöhnung mit dem inneren Kind", das seit dem ein bewussteres Umgehen mit dieser inneren Gestalt eingeleitet hat. Chopin versteht dieses innere Kind als die Quelle unserer Lebendigkeit, unserer Begeisterungsfähigkeit und unseres Potentials, uns zu wundern und in Erstaunen zu geraten. Der Kontakt zu ihm öffne glcichsam die Tür zu reiner Lebensfreude. Es ermöglicht uns Kreativität, Intuition und die Fähigkeit, anderen Menschen zu vertrauen[17].

Zum Abschluss dieser so kurzen, immerhin waren es nur 38 Behandlungsstunden, und doch so langen, weil so erfahrungsreichen und bedeutsamen „gezielten Beratung", erscheint mir ein Traum besonders eindrücklich, weil in die Zukunft weisend:

„Ich betrachte eine Lithographie von Max Hunziker[18]: Eine Frau stützt sich auf ein großes Rad. (Zu dieser Lithographie fügte Hunziker den Vers aus dem Cherubinischen Wandersmann: Nichts ist, das dich bewegt, du selber bist das Rad,/ das aus sich selbsten lauft und keine Ruhe hat." Ich liebte zu dieser Zeit diese Bilder sehr und betrachtete sie oft.) Plötzlich verändert sich das Bild: Im Hintergrund sehe ich eine um einen Stamm gewundene, aufgerichtete Schlage. Davor steht eine Frau, die sich über das Bettchen eines Kindes neigt. ‚Wenn Einigung in der Seele, dann wird dies möglich', so wird mir gesagt."

Das Hintergrundsbild verstehe ich heute – ob damals schon, das erinnere ich nicht mehr – als einen nachdrücklichen Hinweis des Unbewussten darauf, dass ich mein Leben bewege, ja niemand sonst es kann, wenn ich nicht zustimme. Und ich begreife neu an diesem Bild und Vers, dass die Seele nie zur Ruhe kommen wird in ihrer Suche und in ihrem Streben nach Entwicklung. Das Bild im Vordergrund assoziiere ich hier mit dem Äskulapstab, dem Attribut des Asklepios, des antiken Gottes der Heilkunst, das heute noch Symbol des Arztberufes, der Heilkunst überhaupt ist. Mit der bewussten sorgenden Hinwendung des Ich zum inneren Kind, wohl auch zu den Gefühlen, die ich so lange verdrängt hatte, und zum Unbewussten wird Heilung möglich. – Bedeutete dieses Symbol auch schon eine Vorausdeutung auf mein heilerisches Bemühen, das mich schon seit Beginn meiner Arbeit in der Schule bewegte, aber erst 10 Jahre später zur Ausbildung als Psychotherapeutin führte?

Auf der äußeren Ebene, also in meiner Ich-Erfahrung, war diese ganze Zeit eine Zeit der Beglückung. „Ich werde leben und nicht sterben und künden die Taten des Herrn." Dieser Paulus-Vers aus der Osterliturgie begleitete mich das ganze Jahr. Ich gewann die Hoffnung, dass mein Leben im Kloster doch sinnvoll und Entwicklung möglich sein könnte. Ich fühlte mich wahrgenommen, geachtet in meiner Eigenständigkeit und doch auch wieder geführt von „sicherer Hand", die für mich ein Sinnbild wurde für die Führung durch Gott.

Entsprechend konnte ich konzentriert und zügig mein Studium zu Ende führen. Ich schrieb meine Staatsexamensarbeit über „Dichterische Elemente in Klopstocks Briefen an Meta Moller". – Oft habe ich mich übrigens bei Rückblicken auf mein Leben gefragt, was mich als Nonne neben bewussten Motiven (wie z. B. Vorliebe für Lyrik, ausgefallenes Thema) an diesem Thema fasziniert bzw. zu diesen Liebesbriefen hingezogen hatte. Wenn ich diese Briefe heute nach 40 Jahren wieder lese, fällt es mir wie Schuppen von den Augen: Es waren nicht die Liebesbriefe im eigentlichen Sinn, die mich bei dieser Wahl bestimmt hatten, auch wenn ich als Nonne sonst keine Liebesbriefe je erhalten habe. Nein, es war der Entwicklungsprozess, den der junge Klopstock in den Briefen dichterisch gestaltet hatte und der meiner Gefühlsbefreiung ähnelte. Klopstock löste sich in diesen Briefen aus der konventionell-vordergründigen Äußerungsform seiner Zeit und äußerte individuelle Gefühle der Liebe und Zuneigung für seine Geliebte. Seine Aussagen gipfelten zudem jeweils im Lobpreis Gottes, des „Namenlosen". Nie zuvor hatte ich solche Gefühle der Zuneigung und Liebe für einen Menschen empfunden, wie ich sie jetzt meinem Therapeuten und Lehrer gegenüber empfand, sie allerdings noch nicht auszudrücken wagte. Meine Arbeit mit diesen Briefen erlaubte mir gewissermaßen stellvertretend durch Klopstock meine Gefühle nach außen ausgedrückt zu sehen und mich mit ihnen zu identifizieren.

Nach der Abgabe dieser Arbeit bereitete ich mich auf die schriftliche und mündliche Prüfung vor. Aus meiner heutigen Sicht ein sehr weit gefächertes Pensum in meinen beiden Fächern Deutsch und Französisch. Doch erinnere ich mich nicht, in Bedrängnis oder besondere Nöte geraten zu sein. Meine Planung entsprach dem Zeitrahmen und mein Selbstvertrauen in den Erfolg war stabil. Im Februar 1965 schloss ich mein erstes Staatsexamen mit gutem Erfolg ab.

Die Zeit und Arbeit mit Prof. Heinen hatten mir nicht nur in meinen inneren Schwierigkeiten und Verwirrungen neue Klarheit und Sicherheit geschenkt, sondern auch im Äußeren Stabilität und Selbstsicherheit ermöglicht. Ich hatte das Gefühl, gestärkt einen neuen Lebensabschnitt beginnen zu können.

13. Referendarjahre

Im Februar 1965 nahm ich Abschied von Münster, wehmütig und mit Schmerz von Prof. Heinen, aber ohne Bedauern von der Universität und dem Haus, in dem ich, zwar mit Unterbrechungen, aber doch im ganzen 7 Jahre gelebt und studiert hatte.

Ich wurde im Zusammenhang mit meiner Referendarausbildung nach Papenburg versetzt.

Papenburg – eine niedersächsische Kleinstadt an der Ems, an einem unendlichen langen Kanal und an der Grenze zu Ostfriesland gelegen. „Wiesge, Wiesge, ab und an ein Busch", so beschreiben manche die Gegend, in der ich nun mein erstes halbes Referendarjahr an einer staatlichen Schule absolvieren sollte. Wohnen und leben würde ich im Konvent unserer Schwestern, die hier ein Mädchengymnasium in privater Trägerschaft unterhielten.

Ich unterrichtete nun in mehreren Klassen, z. B. in einer 5. Klasse, die mir besondere Freude machte, weil vor allem die 10jährigen Jungen noch so spontan und einfallsreich reagierten und agierten. In einer 9. Klasse bekam ich eine Ahnung von der Mühsal, die es bereiten würde, pubertierende Jugendliche in eine Fremdsprache erfolgreich einzuführen. In einer 12. Klasse faszinierte mich die damals noch so lebendige Diskutierfreudigkeit der 18jährigen.

Im ganzen verlief das halbe Jahr anregend und komplikationslos. Meine Mentoren waren aufgeschlossen, hilfreich und ermutigend.

Auch im Konvent ging es mir gut, da ich ja noch in einer gewissen Distanz lebte durch meine Arbeit am staatlichen Gymnasium. Zu diesem Zeitpunkt konnte ich mir gut vorstellen, nach dem Examen wieder hier her zu kommen.

Im Herbst zog ich für den zweiten längeren Teil meiner Referendarausbildung nach Osnabrück. Auch hier lebte ich wieder in einem Schwesternkonvent, unterrichtete aber erneut an einer staatlichen Schule. Jetzt begann auch die theoretische Ausbildung, die mich jedoch nur mäßig interessierte, da sie so gar nicht meiner praktischen, psychologischen und pädagogischen Orientierung entsprach. Die Unterweisung richtete sich vielmehr weitgehend auf didaktische und methodische Planungen und detaillierte Vorgehensweisen im Unterricht.

Die praktischen Anleitungen durch die Mentoren in der Schule waren hilfreicher und inspirierten mich vor allem, meine im langen Universitätsstudium abstrakt und intellektuell gewordene Sprache wieder Kind gemäßer, anschaulicher und bildhafter werden zu lassen. Ich erinnerte mich auch wieder an meine Märchenerfahrungen im Kinderheim und wählte für meine 2. Examensarbeit das Thema: „Der Bildungswert des Märchens im Unterricht der Eingangsstufe". Allerdings: durch die vorgeschriebenen didaktisch – methodischen Regeln der Vorgehensweise im Unterricht und durch die ständige Beobachtung und Korrektur der Mentoren fühlte ich mich eingeengt. Ich begriff langsam, dass ich meinen Unterricht nur mühsam in der gewünschten klein schrittigen, genau voraus geplanten Weise mit vorher festgelegtem, im Tafelbild erarbeiteten Resultat halten konnte. Ich spürte jedoch auch, dass es mir leicht fiel, Kontakt zu den Schülern zu finden, dass es mir und ihnen Freude machte, wenn ich sie in einigen Stunden ohne gängelndes Konzept unterrichten durfte.

So stand ich auch diese Ausbildungszeit durch, wenn auch mit etwas Mühe, Frustration und einigen Misserfolgen in den Lehrproben, die natürlich mein noch nicht allzu stabiles Selbstwertgefühl beeinträchtigten. Mein zweites Staatsexamen bestand ich schließlich im Januar 1967.

Viel bewegender, erfahrungsreicher und wohl auch prägender waren für mich in dieser Zeit meine Praktika bei Säuglingen und Kleinkindern in einem Kinderheim unserer Schwestern, für die ich mir bei meinen Obern die Erlaubnis geholt hatte. – Dies hatte übrigens bis dahin noch keine studierende Schwester versucht. Mir aber schien es sinnvoll, auch ganz kleine Kinder wenigstens für kurze Zeit zu erleben, um die älteren später besser zu verstehen. So hielt ich nun zum ersten Mal in meinem Leben einen Säugling im Arm, badete. wickelte und fütterte ihn. Zum ersten Mal konnte ich mich im Blick eines kleinen Kindes verlieren und erleben, wie ein Lächeln langsam in seinem Gesichtchen entsteht und schließlich zu einem lustvollen Krähen wird. Ich erlebte aber auch die Schattenseiten des Heranwachsens in einem Heim, in dem nur jeweils wechselnde Bezugspersonen für mehrere Kinder anwesend sein konnten. Ich erlebte das grenzenlose Bedürfnis z. B. der 2 – 3 jährigen Kinder, auf den Arm genommen und liebkost zu werden, und ich begann zu verstehen, dass in diesem Rahmen Zurückhaltung geboten, Grenzen zu setzen und eine disziplinierte Mitleidshaltung einzunehmen ist. Dies waren Erfahrungen von unschätzbarem Wert für meine spätere Arbeit mit Kindern und Jugendlichen, vor allem auch in meiner therapeutischen Praxis.

Mit dem Ende der Referendarzeit fand auch diese besondere „Ausbildung" ein Ende und mein wirkliches Lehrerinnen-Dasein, auf das ich mich so lange vorbereitet und das ich so sehr ersehnt hatte, konnte nun endlich beginnen. Meine Obern schickten mich, wie ich schon vermutet hatte, nach Papenburg zum Mariengymnasium. Nun konnte mein Berufsleben beginnen. Dass diese Zeit in Papenburg nur 9 Jahre dauern würde und mir nicht nur Turbulenzen, sondern auch Umwälzungen in meiner Tätigkeit, in meinem Welt- und Selbstbild und schließlich in meiner ganzen Lebensplanung bevorstehen würden, das konnte ich glücklicherweise zu diesem Zeitpunkt noch nicht ahnen.

14. Endlich Lehrerin!

So reiste ich Anfang März erneut nach Papenburg, zog wieder in den mir schon bekannten Schwesternkonvent ein und wurde Mitglied im Lehrerkollegium des Mariengymnasiums.

Die neuen äußeren Gegebenheiten bewegten und berührten mich jedoch zunächst wenig. Ich war glücklich, nun endlich Klassenlehrerin einer 6. Klasse zu sein. Noch heute sehe ich die Gesichter vieler Schülerinnen dieser Klasse vor mir, erinnere Namen, spüre die Atmosphäre und Lebendigkeit dieser 26 11jährigen Mädchen, die ich in Deutsch und Religion unterrichten konnte. Sie waren temperamentvoll, einfallsreich und noch unendlich „lieb" und lenkbar. Jetzt konnte ich mich einsetzen, „kümmern" um „meine Schülerinnen", konnte mütterlich sein und ihre Anhänglichkeit, ihr Vertrauen beglückt wahrnehmen. Zum Unterricht kamen sie mir entgegen, nach dem Unterricht in den Pausen drängten sie sich um mein Pult. All meine mehr oder weniger kreativen Impulse zur Verlebendigung des Unterrichts nahmen sie dankbar und offen auf und reagierten ihrerseits mit Phantasie und Initiative. Eine wunderbare Zeit! Ich behielt diese Klasse bis zum Abitur und erlebte allerdings mit ihnen auch, was für jede Mutter eine selbstverständliche und schmerzhafte, schließlich aber auch trostvolle Erfahrung ist: die langsame Entfremdung bei den 13/14jährigen. Auf einmal saß ich in den Pausen allein am Pult. Dann kam die Zeit, in der sie auf dem Schulgelände grußlos an mir vorbeigingen, bis dann in der 10. Klasse und vor allem in der 12. Klasse in vielen Gesprächen eine partnerschaftliche Beziehung möglich wurde, und wir uns nach dem Abitur freundschaftlich verabschieden konnten. – Mein Traum vom Theaterspielen konnte mit diesen Schülerinnen in ganz besonderem Maß Gestalt gewinnen in kleineren und größeren Darstellungen, die uns sogar mit einem gemeinsam entwickelten Tanz-Stück aus der „Chevre" von Maupassant bis nach Frankreich zu einem Schülerfestival in der Provence führten.

Unvergesslich bleibt für mich auch nach über 30 Jahren der erste Deutschunterricht in einer Oberstufenklasse. Es war die Zeit der Achtundsechziger, die sich mit ihrer neuen Proteststimmung sogar in Papenburg, – weit entfernt von einer Universität – bemerkbar machte. Für mich als junge Lehrerin mit einem noch recht schlummernden Protestpotential in sich war dies eine inspirierende Zeit. Diese jungen Schülerinnen – das Mariengymnasium war eine reine Mädchenschule – lebten zwar einerseits noch ganz in den Normen und Vorstellungen ihrer ländlichen Heimat und katholischen Familien, andererseits aber ergriff der sogenannte neue Zeitgeist auch sie und machte sie kritisch, fragend, hinterfragend. So trafen wir uns zunehmend in unserer kritischen Einstellung allem Alten, Eingefahrenen gegenüber im familiären, gesellschaftlichen, vor allem auch im kirchlichen Bereich. Autoritäre Autoritäten, die vorgefasste Denkschablonen weitergeben wollten, lehnten wir gemeinsam ab. Schon damals begann ich zu ahnen, dass ich das, was ich vermitteln will als Lehrerin, meine Schülerinnen so weit wie möglich selbst entdecken, erkennen, finden lassen muss. Ich bejahte und unterstützte sie in ihrer kritischen Beobachtung und häufig auch Beurteilung ihrer Umwelt. Beglückt konnte ich nun auch all das neue Wissen, das ich bei Prof. Heinen in den Vorlesungen,

Seminaren und in der gemeinsamen therapeutischen Arbeit aufgenommen hatte, in meinen Unterricht, in unsere Gespräche und Diskussionen einfließen lassen. Mit einer bis dahin an dieser Schule neuen Sitzordnung im Viereck unterstützte ich das Gefühl von Gleichberechtigung zwischen Lehrer und Schülern.

Aber – all das wurde mir persönlich bald im Kollegium wie im Schwesternkonvent zum Verhängnis. Meine Schülerinnen mochten mich, bejahten mich, erkannten mich an in meiner Denk- und Unterrichtsweise. Die Folge allerdings war begreiflicherweise, dass sie allen anderen LehrerInnen gegenüber kritisch, ja überkritisch wurden, was sie auch nicht für sich behielten, sondern mehr ungeschickt als diplomatisch zum Ausdruck brachten. Diskussionen und Auseinandersetzungen, vor allem aber auch Gespräche, wie sie mir von Anfang an so wichtig erschienen, waren zur damaligen Zeit noch zu ungewohnt, sind es übrigens auch heute – 50 Jahre später – noch für viele Lehrer. Im Lehrerkollegium, vor allem auch im Schwesternkonvent wurde ich bald als Ursache dieser „Rebellion" ausgemacht. Die Schuldisziplin, der Lerneifer und – wohl mehr unbewusst als bewusst – die jeweils eigene Autorität schienen bedroht. So kam es zu einer sehr unangenehmen und für mich überaus verletzenden und verunsichernden Versammlung im Schwesternkreis, in der ich zur Rede gestellt und mir mein „pädagogisch schädigendes Verhalten" vorgehalten wurde. Ich reagierte nicht minder aggressiv und verletzend. Und so führte die ganze Auseinandersetzung (Aus-einander-setzung) zu keiner Einigung oder gar Befriedung. Die Konsequenz zog die Direktorin. Sie entzog mir im Schuljahr 1969/70 ohne Erklärung den Unterricht in den Oberstufenklassen und damit jede Möglichkeit zur Einflussnahme. Dieses Vorgehen verletzte mich begreiflicherweise zutiefst, weckte zunächst heftige Minderwertigkeitsgefühle („Du bist ganz unfähig"), aber auch das Gefühl, missverstanden, verkannt und damit „Opfer" zu sein.

Zur gleichen Zeit liefen übrigens auch die ersten Versuche zur Auseinandersetzung mit unserer Klostersituation. Mit gleichaltrigen und z. T. schon vom Noviziat und Studium her befreundeten Mitschwestern, die jetzt an unseren beiden Gymnasien arbeiteten, trafen wir uns im Herbst 1969 zu einem Gespräch über Möglichkeiten der Erneuerung unseres Ordenslebens. Was erhofften und ersehnten wir? Unsere Vorstellungen und Ziele waren vielfältig und unterschiedlich. Am bedeutsamsten war wohl für uns alle eine größere Offenheit nach außen, mehr menschliche Gemeinsamkeit mit den sogenannten „Außenstehenden", aber auch innerhalb unserer klösterlichen Gemeinschaft.

Wie lebenswichtig manchen Schwestern aber gerade die Trennung und Unterscheidung von den „Weltleuten" war, wurde mir in einem besonderen Erlebnis erfahr- und spürbar. Ich wollte gerade unser Haus verlassen, als mir eine Gruppe 16 – 18jähriger Jungen und Mädchen in den Weg trat: lange zottelige Haare, Fransen-Jacken, lümmelige Haltung, offensichtlich keine Schüler vom Gymnasium oder aus der Pfarrgemeinde. „Können wir hier auch eintreten?" brummte mich ein besonders schlacksiger Bursche an. Mir schien es auf einmal als ginge mein Blick durch das Äußere hindurch, ließ mich etwas von ihrer mühsam verborgenen Not spüren: „Ihr habt wohl Langeweile, was?" „Ja,"brachten sie hervor und plötzlich fielen die Masken... Ich lud sie ein, herein zu kommen, und mehrere Wochen trafen wir uns in einem der Besuchszimmer und sprachen über ihre Unlust zur Schule zu gehen, über die Schwierigkeiten zu Hause, über ihren Frust der Kirche gegenüber, ja, wir versuchten sogar eine gemeinsame Bildmeditation. Kontakt, ja etwas wie Beziehung begann zu entstehen, bis, ja bis eines Nachmittags eine Schwester an die Tür klopfte und mir ein Schreiben hinein reichte mit dem offiziellen Hinweis, dass solche Verwahrlosten nicht in unserem Haus sein dürften.

Von unseren Treffen im Schwesternkreis und Gesprächen über das Ordensleben muss übrigens eine besorgte Schwester unserer Generaloberin berichtet haben, und zwar in einer sehr ungenauen – vermutlich war sie direkt gar nicht dabei gewesen – und von ihren Ängsten bestimmten Weise; denn es lief bald das Gerücht, einige junge Schwestern wollten die „Obern stürzen". Wenn sie gewusst hätten, wenn sie doch hätten sehen und hören können, mit welch ehrlicher Überzeugung und mit welchem Engagement wir um unser Ordensleben gerungen haben. Aber sie sahen es nicht, hörten es nicht, verstanden uns nicht, kamen nur zu einer Art Maßregelung, die in unsere Erinnerung als das „Auftreten der Inquisition" einging. In meinem kleinen Taschenkalender dieses Jahres stehen an diesem 25. Januar 1970 nur die Worte: „Würdige Mutter war da – aussichtslos!"

Im Juni dieses Jahres hatte ich einen seltsamen Traum: „Ich bin auf einem Schiff und sehe Christus. Er taucht ein in die Tiefe des Meeres. Ich bete: Herr, wie du in der Tiefe des Meeres bist, so will ich dich suchen in der Tiefe meines Herzens."

Heute bin ich ambivalent im Verstehen bzw. Deuten dieses Traumes. Frömmigkeit war im Kloster in hohem Maß eine Angelegenheit äußerer Gebets- und Verhaltensübungen. So könnte dieser Traum eine tiefe Einsicht vorweg nehmen, nämlich dass Vereinigung mit „Gott", mit Jesus, der der Christus wurde, nur in der Tiefe des Herzens, im Herzen der Herzen, wie die Sufis es nennen, möglich wird. Andrerseits kommt mir heute mit diesem Traum auch eine Art Resignation, fast Depression zu: Das Gottesbild versinkt in der Tiefe des Unbewussten. Die anschließenden Notizen scheinen dieser Deutung näher zu sein: „Bleiben oder nicht bleiben (im Kloster) wird eine Frage des Bekenntnisses zum Kreuz sein. Verbindung mit Christus heißt Teilnahme an seinem Kreuz. – Alles in mir aber schreit nach dem Schönen in dieser Welt. So lange ich denken kann – seit meinem 15. Lebensjahr – verzichte ich...Ich mag nicht mehr verzichten, ich mag nicht mehr leben im Grauen, in der Enge, in der Verkrampfung, wie sie im Kloster bei uns bestimmend ist. Ich will Freiheit, Sonne, Wald, Wiesen, Ruhe, ich will mit normalen, lebensbejahenden Menschen leben. – Herr, hast du das Schöne in dieser Welt nicht auch für die Deinen geschaffen? Lass mich einen Weg finden! Lass mich den Weg finden, den du für mich willst."

Einen Monat später träume ich zum ersten Mal meinen Austritt: „Ich packe meine Sachen; denn ich will die Kongregation verlassen. Ich trage schon Zivil, einen Rock und eine Bluse."

Zwei Wochen später in den Sommerferien in Frankreich kommentiert ein weiterer Traum diese noch ganz im Unbewussten sich anbahnenden Befreiungstendenzen: „Ich mache mit den französischen Schwestern unserer Partnerschule, – die ich als sehr viel lebendiger, lebensnäher in ihrer Ordensauffassung erlebte, – eine Pilgerfahrt nach Lourdes. In Lourdes ist ein Wunder geschehen: eine Quelle, die seit langer Zeit „ tot" gewesen war, hat wieder angefangen Wasser zu spenden." Bedarf dieser Traum noch der Deutung? Neue, lebendige Kräfte sollten mir zukommen aus dem mütterlichen Unbewussten, wenn ich diesen Weg ins Leben weiter ginge.

Fünf Jahre, wichtige Jahre mit vielen, schmerzhaften, aber auch beglückenden Erfahrungen sollten noch vor mir liegen, bis ich die Entscheidung zum Austritt wirklich treffen konnte. Und noch mehr Jahre würden vergehen, bis ich „vom Kreuz (würde) steigen" können, wie mein Lehrer Ralph Jordan es viele Jahre später nannte.

Seltsamerweise fiel in diese Zeit meines Aufbruches, meiner ersten Gedanken an Trennung vom „Mutterhaus", die erneute Krebserkrankung meiner Mutter. Anfang Januar 1970 holte ich sie aus einem Sanatorium zurück nach Osnabrück in ein Altenwohnheim unserer Schwestern, in dem sie seit anderthalb Jahren lebte. Noch eine Woche konnte ich an den Nachmittagen und z. T. in der Nacht bei ihr sein und ihr langsames Hinüberschlafen begleiten. Am Morgen des 17. Januar ging sie „nach kurzem Kampf" hinüber in die andere Welt. Sie hatte es „geschafft", wie wir es im Kreis der sie betreuenden Schwestern nannten; denn wir alle wussten um ihre Sehnsucht nach einer Geborgenheit in Gott. Ihr nicht einfaches Leben lag nun hinter ihr. – Den ganzen Vormittag verbrachte ich noch an ihrem Sterbebett. Tiefe Stille erfüllte den kleinen und doch ganz lichten Raum ihrer letzten Lebenszeit. Ich hatte es, solange ich denken konnte, schwer gehabt mit meiner Mutter, mit ihren „Liebesansprüchen" an mich, mit ihrer immer etwas chaotischen Lebensweise. Jetzt las ich in ihrem Tagebuch, das sie in den letzten Jahren, wenn auch nur sporadisch, geführt hatte. Ich spürte und erkannte ihre Sehnsucht nach Zuneigung, Zuwendung und las von ihrem Ringen um Gottesnähe und Liebe zu den Menschen. Ganz langsam begann ich an diesem Vormittag meine tiefe Beziehung zu ihr wieder wahrzunehmen. Ich erlebte Schmerz und Trauer, dass wir die Nähe zueinander nicht wirklich auszudrücken vermocht hatten. Auch Reue und Bedauern erfüllten mich.

Zwei Wochen später begegnete Mutter mir im Traum, jung und schön: „Muttelchen, du siehst so schön aus", konnte ich nur stammeln."Ja, und ich will dir sagen, es geht mir gut und ich werde nie mehr nach dir greifen." Dann umarmte sie mich."

Schon damals begriff ich, dass dies kein gewöhnlicher Traum war, sondern Wirklichkeit, eine Begegnung auf einer anderen Ebene. In meinem Herzen war so etwas wie Scham, weil ich die Lauterkeit meiner Mutter bis dahin so wenig wahrgenommen hatte. Aber auch tiefe Dankbarkeit erfüllte mich für diese aussöhnende Begegnung auf einer anderen Ebene, auf der es keine Missverständnisse mehr geben kann. Der Traum machte mich auch glücklich und befreite mich von vielen Schuldgefühlen.

15. Jugendarbeit in der Pfarrgemeinde

Nach den Auseinandersetzungen mit dem Lehrerkollegium, den ersten Ablösungstendenzen von den Ordensobern und nach Mutters Heimgang begann nun im Frühjahr 1970 eine sehr aktive und bewegende Zeit in meinem äußeren Leben.

Eine mir nahe stehende Mitschwester hatte Kontakt aufgenommen zu einem neu in der Pfarrgemeinde angestellten Vikar und begann sich in der Erwachsenenarbeit zu engagieren. Ich fühlte mich mehr zur Jugendarbeit hingezogen und verfügte, da des Oberstufenunterrichtes beraubt, über genügend Zeit und vor allem Energie, um mich in einer für mich ganz neuen und ungewohnten Weise außerhalb der Schule, also in der Freizeit, mit Kindern und Jugendlichen zu beschäftigen. – Eine solche Tätigkeit war übrigens für eine Schulschwester höchst ungewöhnlich und noch heute danke ich der sehr weitsichtigen Provinzialoberin für ihre Erlaubnis dazu. – Es war übrigens die selbe, die in Berlin meinen Eintritt befürwortet hatte und die mir in einigen Jahren die Erlaubnis zu einer Therapie geben würde.

Welche Bedeutung hatte für mich diese Teilnahme an der Jugendarbeit in einer katholischen Pfarrgemeinde des Emslandes?
Der große Vorteil war, dass wir, der Vikar und ich, zu diesem Zeitpunkt in dieser Gemeinde am Nullpunkt anfangen und damit unsere Ideen, Vorstellungen einbringen konnten. Noch besaßen wir keine eigenen Jugendräume. Also trafen wir uns mit 12 – 14 Jugendlichen im Alter von 16- 19 Jahren in der Wohnung des Vikars zu Diskussionen zunächst über die gesellschaftliche und soziale Situation. Bald aber wurden es Gespräche über die Beziehung zu den Eltern, zur Schule und schließlich zu Kirche und Gott. Rol-

lenspiele machten die persönlichen Erfahrungen konkreter und führten oft zu den erstaunlichen Erkenntnissen, wie stark das so verurteilte Verhalten der Eltern und Lehrer doch auch das eigene Tun und Denken bestimmte. Schließlich begannen wir sogar Meditation im Zen-Stil anzubieten.

Mit der Zeit wurde die Arbeit mit den Kindern und Jugendlichen intensiver. Die Größeren kamen aus den beiden Gymnasien und der Realschule der Stadt und engagierten sich in der Organisation der zahlreichen Frohschar-Jungschargruppen (10 –12jährige). Ich lebte mich immer mehr ein in diese Arbeit und vermisste überhaupt nicht mehr den Oberstufenunterricht, von dem ich ja ausgeschlossen worden war. Ja, ich war sogar dankbar für diese neue Möglichkeit, die mir in mancher Hinsicht zu diesem Zeitpunkt soviel mehr entsprach als die doch recht intellektuelle und auf ständige Beurteilung ausgerichtete Oberstufenarbeit.

Wir bekamen schließlich unsere „eigene Etage" mit zwei Gruppen- und einem Werkraum in einem Gemeindehaus. Dies wurde gewissermaßen „mein Reich", zumal ich es mit den Jugendlichen zusammen verschönern und einrichten konnte.

Prägend und erfahrungsreich – auch für meine ganze spätere Arbeit mit jungen Menschen – wurden in den kommenden Jahren für mich vor allem vier Gruppenaktivitäten.

Während der Sommerferien organisierten wir **Sommerlager**, die ich zunächst mit dem Vikar, später mit dem Kaplan und immer zusammen mit den jugendlichen Gruppenführern leitete. Diese Sommerlager führten uns an die unterschiedlichsten Orte, mal an die Ostsee, mal in den Harz, mal in den Hümmling. Hier mit den meist 50 jüngeren Kindern und den 12 Jugendlichen konnte ich meine noch immer etwas abenteuerliche Seite leben, die ich ja im Kloster recht früh weg gesperrt hatte. Wir wanderten, machten Ausflüge und Geländespiele, saßen am Feuer und am Abend, wenn alle schließlich in ihren Betten lagen, erzählte ich wie im Kinderheim Geschichten und Märchen. Leider kam mir bei all diesem „jungendbewegten Tun" mitunter auch meine etwas rigide und perfektionistische Erwachsenenseite dazwischen, wenn ich auf mehr Disziplin, Pünktlichkeit und Ordnung beharrte, als es unbedingt nötig gewesen wäre. Glücklicherweise hatten wir unsere Jugendlichen schon zu einer gewissen Eigenständigkeit erzogen, so dass sie mich, höflich zwar, immerhin war ich ja eine Ordensschwester, doch deutlich protestierend auf meine Unausgewogenheit zu weisen vermochten. So lebte, erlebte und lernte ich hier praktisches Leben mit Kindern und Jugendlichen fern dem leistungsbetonten Schulalltag.

In den Wintermonaten hatte der Vikar eine ganz besondere Art von **Besinnungswochenenden** für die einzelnen Gruppenleiter-Gruppen entwickelt. Wir verbrachten mit jeweils 10-12 Jugendlichen jeweils ein Wochenende in einem kleinen Hotel, das einsam an einer Talsperre gelegen war und im Winter geschlossen hatte. Hier in einem gemütlichen warmen Raum mit loderndem Feuer im Kamin versuchten wir in Gesprächen und Übungen erste Ansätze zu Selbst- und Gruppenerfahrung zu vermitteln. Wir wanderten, aßen zusammen und am Abend feierten wir, um einen großen Tisch versammelt, gemeinsam Eucharistie unter „beiderlei Gestalten". Diese so ganz menschlich nahe Feier am Kamin und bei Kerzenschein hat uns wohl allen eine tiefere Ahnung vom Wesen des Abendmahles vermittelt, als es uns je in der kalten, großen Pfarrkirche hätte vermittelt werden können. Hier wurden die biblischen Texte über den so menschlichen und den Menschen nahen Jesus konkreter und lebendig nah.

Aus den Erfahrungen dieser Wochenenden und meiner persönlichen Begegnung mit der Zen-Meditation, der Eutonie, dem meditativen Tanz, dem meditativen Malen, schließlich dem kathathymen Bilderleben entwickelten sich dann die regelmäßigen **Meditationsabende** in unserem Gruppenraum, an denen auch der Kaplan so oft wie möglich teilnahm.

Als schließlich die Jugendlichen der ältesten Gruppe vor dem Abitur standen und keine kleinen Frohschar-, Jungscharkinder mehr betreuen, sich aber aus der vertrauten Gruppengemeinschaft noch nicht lösen wollten, entstand wiederum etwas ganz Neues, und zwar nicht nur für die Jugendlichen, sondern auch für mich. „Irgendwie" – doch Zufälle gibt es nicht – war mir damals eine „Anleitung zum sozialen lernen für paare, gruppen und erzieher" von Schwäbisch/Siems[19] in die Hände gefallen. Die Anleitung bestand aus 11 „Sitzungen" und führte ein in bis dahin uns ganz **unbekannte Kommunikationsformen** wie z. B. dem „Blitzlicht". Die Frage „Wie fühle ich mich im Moment in dieser Situation gegenüber diesen Menschen?" und ihre Beantwortung war zunächst für uns alle eine der größten Entdeckungen und Herausforderungen. Wie fühle ich mich? Dieses immer wieder Hinspüren und dann sogar ausdrücken Dürfen, was wir fühlten, war für uns alle ganz neu und wurde beglückend erlebt, weil jede/r sich ernst und angenommen wissen konnte – nicht nur mit seinen mehr oder weniger klugen Gedanken und Meinungen, sondern auch mit seinen Gefühlen und mit seinem Wesen.

Wir lernten auf unsere Gesten und Worte zu achten, Feed-back zu geben, ohne zu kränken, über unsere „Beziehung" in der Gruppe zu sprechen, einander mit zunehmend geringerer Furcht zu sagen, was wir an dem andern mochten oder auch, was uns störte.

Zwar leitete ich die Abende insofern, als ich gut vorbereitet die jeweiligen Impulse gab und das Gruppengeschehen gleichsam moderierte, tatsächlich aber war ich doch ein ganz gleichrangiges Gruppenmitglied. – Meine Tracht hatte ich übrigens schon nach den ersten Abenden gegen Pullover und Hose ausgetauscht, was durch die Abgeschlossenheit unserer Etage ohne Aufsehen zu erregen, möglich war. –

Sprechen über meine Gefühle einem Thema, einer Situation oder einer Person gegenüber entsprach, wie ich zum ersten Mal bewusst spürte, so ganz meinem innersten Bedürfnis, und ich hätte es so gerne auch in der Schwesterngemeinschaft eingeführt und dort erlebt. Das aber erwies sich als unmöglich. Zu festgefahren waren zu diesem Zeitpunkt die Kommunikationsformen im Namen der Nächstenliebe, die keine offenen Unmuts- oder gar Frustrationsäußerungen zuließen, noch weniger allerdings – eigentlich ganz undenkbar – eine Aussage über eine gefühlsmäßige Art der Zuneigung. Natürlich konnte nicht alles unter der Maske von „lieb und nett" versteckt bleiben, aber die Äußerungen blieben, sowohl im Positiven wie im Negativen versteckt, irgendwie unterirdisch oder auch geheim ausgesprochen in kleinen Gruppen, was natürlich, vor allem wenn es um negative Beurteilungen ging, doch spürbar wurde und die Atmosphäre im Schwesternkreis misstrauisch machte.

Die wöchentlichen Treffen mit diesen 9 Jugendlichen (4 Jungen, 5 Mädchen) ließen mich zunehmend spüren und mir bewusster werden, was ich so schmerzlich vermisste im Kloster: eine warme, herzliche und offene Gemeinschaft mit gegenseitiger Unterstützung auch im inneren Leben. Nur die freundschaftliche Beziehung zu Schwester B., mit der ich seit dem Studium die Sommerurlaube zusammen verbringen konnte, obwohl sie inzwischen an einer anderen Schule lebte und unterrichtete, half mir über diese Zeit hinweg. Ihr konnte ich erzählen von meinen neuesten Erfahrungen und Erkenntnissen, wenn wir in der Sonne auf dem Deich lagen, und sie hörte aufmerksam zu, und wenn mitunter in meiner Enttäuschung über die Enge des Klosterlebens meine Ironie sich ins Zynische steigerte, dann vermochte sie durch ihren wundervollen Humor mich wieder zurückzuholen und in sanftere Bahnen zu lenken. Sie sah unsere Situation nicht weniger kritisch, vermochte aber immer die menschliche Schwäche in ein milderes Licht des liebevollen und humorvollen Verstehens zu hüllen. Ich verdanke ihr viel. Noch heute, wenn ich bei Enttäuschungen in anderen Gemeinschaften wieder in meine bittere Ironie zu fallen drohe, erinnere ich mich an sie.

Wie nun reagierte mein Unbewusstes, meine Seele auf all diese Schritte in ein neues Land?

Schon im Februar 1970, also auf dem Höhepunkt der Auseinandersetzung mit den Mitschwestern im Konvent und den Obern träume ich von einer befreundeten Mitschwester, einer Hauptschullehrerin, dass sie ein Kind zur Welt bringt und ich ihr bei der Entbindung helfe. Neues kündete sich also an, zwar erst in einer Schattengestalt, aber doch lebendig genug, mich aus der recht sterilen und rigiden Atmosphäre des Studienrätinnendaseins zu entbinden.

Einen Monat später „stirbt mein alter Vater" im Traum, eine alte ausgediente Geisteshaltung nahm offenbar Abschied.

Erste Begegnung mit „Meditation"

Im Januar 1971 ereignete sich erneut Entscheidendes für mich. Im Rahmen der Erwachsenenbildung kam ein Dozent nach Papenburg, der nicht nur über die japanische Zen-Meditation dozierte, sondern auch eine erste Einführung gab. Dieses kurze Einführungswochenende wurde lebensverändernd für mich und ermöglichte mir neben all den belebenden und bewegenden Erfahrungen in der Jugendarbeit einen neuen Aufbruch auf meinem inneren Weg.

Still sitzen vor Gott ohne Gedanken, ohne Betrachtung oder Erwägung im Zusammenhang mit irgendeinem erbaulichen Text – war es nicht das, was meine Seele ersehnte seit meinem 15. Lebensjahr? Und jetzt bekam ich nicht nur eine Bestätigung für mein Verlangen, sondern auch konkrete Unterstützung durch Hinweise auf den Atem und angemessenes Sitzen.

Natürlich führte ich diese Form des stillen Sitzens zugleich auch bei den älteren Jugendlichen ein und erinnere heute noch deutlich hörbar die Zen-Musik, die wir dazu auf einem kleinen Plattenspieler laufen ließen.

Aber meine Seele wollte mehr. Zusammen mit Sr. M. erwirkten wir in den Weihnachtsferien 1971 die Erlaubnis außerhalb unserer Kongregation an Einzelexerzitien nach Ignatius von Loyola teilzunehmen. – Diese Art der Exerzitien, die bei den Jesuiten seit langem gepflegt wurde, fand zu dieser Zeit auch in verschiedenen religiösen Laiengruppen wieder Aufnahme. – In einem ruhigen Exerzitienhaus durfte ich nun sechs Tage lang ohne die Ablenkung von 4 langen Vorträgen und häufigen gemeinsamen Gebetszeiten in Stille beten und meditieren. Ermutigt und angeleitet in einem kurzen Einzelgespräch mit dem Exerzitienleiter konnte ich „hineinschauen" in die einzelnen biblischen Situationen und Bilder, die ich besonders liebte. Ich erfuhr auf einmal, wie es ist, in der Vorstellung ganz mit in dem Geschehen zu sein, gleichsam mit ihm eins zu werden. Bei der Begegnung Jesu mit Maria Magdalena schaute ich lange nur sehnsüchtig durch ein Fenster hinein in den Raum der Zweisamkeit. Maria Magdalena salbte Jesus die Füße mit duftenden Ölen. Langsam, langsam wurde ich in meinem Erleben selbst Maria Magdalena, kniete vor dem, den meine Seele liebte, salbte seine Füße und erlebte Nähe, warme, vertraute Nähe.

Lange erfuhr ich mich auch als Blinde, rief und schrie am „Straßenrand" um Erbarmen: „Herr, rette mich, mache mich sehend!" Und dann hörte ich in mir die Worte: „Geh zum Teich und wasche dich" (Joh 9, 1 ff.). So stand ich in meinem inneren Schauen für Tage an diesem dunklen Teich. Und dann geschah es auf einmal an einem Abend in einem anschließenden Meditationskurs. Ich saß am Boden auf einem Sitzbänkchen, der kleine Kapellenraum war nur schwach durch einige Kerzen erleuchtet, Stille herrschte, fast Lautlosigkeit, etwas wie tiefer Frieden ließ mich tiefer eintauchen in meine innere Welt und plötzlich blühte auf der Oberfläche des dunklen Teiches eine zartrosa Seerose auf, öffnete sich Blütenblatt für Blütenblatt vor meinen Augen, so nah, so wirklich ...Ich weiß nicht, wie lange dieses Bild vor meinen Augen anhielt. Ich weiß aber, dass mit dem Aufblühen der Seerose – oder der Lotosblüte – etwas anderes in mir aufblühte, sich öffnete, etwas nicht näher Beschreibbares, etwas, das sich anfühlte wie neue Hoffnung, dass meine Sehnsucht Erfüllung finden könnte. – Viele Jahre konnte ich über diese Erfahrung nicht sprechen. Sehr viel später lernte ich auch, dass Visionen nur eine Art Karotte für den Esel, also das persönliche Ich seien. Aber diese Karotte gab mir die Kraft und den Mut, nach neuen Wegen und Wegweisern zu suchen, die offensichtlich in unserer Klosterlandkarte nicht aufgezeichnet waren.

16. Meditation im Stil des Zen

Schon am Ende dieses ersten Meditationskurses meines Lebens gibt ein Traum einen konkreten Hinweis auf den vor mir liegenden Weg:

Anfang 1972 träumte ich: „Ich ziehe aus meinem sehr schönen warmen, vor allem farbigen Zimmer mit vielen Bildern aus und siedle über in eine Art Zen-Kloster, und zwar in einen hohen, leeren, dunklen Raum. Es geht um einfaches Sitzen. Ein japanischer und ein christlicher Zen-Meister werden mich anleiten. Es sei ein Wagnis. Manches würde kommen, auch Bedrohliches. Ich frage nur, ob ich in meiner Schul- und Jugendarbeit bleiben könne. Das wird mir bestätigt. Ich könne bleiben in meiner Arbeit."

Heute weiß ich, dass wir auf einer anderen Ebene tatsächlich von spirituellen Helfern (Wesenheiten) begleitet, geführt und unterstützt werden. So gewinnt dieser Traum nach so vielen Jahren noch einmal eine ganz neue Bedeutung für mich und zeigt mir, dass ich schon zu Beginn meines meditativen Weges von Helfern einer „anderen Dimension" begleitet, geführt und unterstützt wurde, so dass nichts „Bedrohliches" mir schaden konnte. „Und wenn ich wandern müsst in Todesschatten, ich fürchte kein Unheil. Du bist ja bei mir", so lernte ich sehr viel später den 23. Psalm zu Beginn einer jeden Meditation zu beten.

Begreiflicherweise wurde mein Wunsch, auch bei einem äußeren Lehrer zu meditieren, im Laufe des Jahres stärker. Ich hatte die Adresse von P. Willi Massa in St. Augustin bekommen und erhielt auch tatsächlich die Erlaubnis, Ende Dezember 1972 an einem 6tägigen Meditationskurs bei ihm teilzunehmen, übrigens wieder dank der Erlaubnis der Provinzialoberin.

Dieser erste intensive Meditationskurs im Zen-Stil, dem bald weitere folgen sollten, berührte mich zutiefst: Gemeinsam mit anderen in Stille sitzen, einfach da sein, ohne verpflichtendes Gedanken- oder Vorstellungsprogramm, ausgeliefert allerdings den zunächst wild umher rasenden Gedanken und Gefühlen, die sich aber mit der Zeit beruhigten, gleichsam wie umher schwirrende Vögel sich in einem Baum nieder lassen, unterworfen auch dem Schmerz in Knien und Füßen, die des Sitzens auf dem Boden so ungewohnt waren, und behindert durch noch nicht aufzulösende Atemblockaden. In mir aber war das tiefe Wissen: Hier bin ich richtig. Das ist der Weg, den meine Seele schon so lange ersehnt.

Die gemeinsame Eucharistiefeier, die aus der Stille erwuchs und die P. Massa im Kreis der am Boden sitzenden Teilnehmer feierte, bedeutete für mich ein ganz neues Erleben, das in seiner Intensität weit über die während der Besinnungstage mit den Jugendlichen und unserem Vikar gemachten Erfahrungen hinaus ging. P. Massas Ansprachen bewegten zudem mein Herz und erhellten meinen Verstand. Ausführungen über den inneren Weg der Seele und Entwicklungen in der Meditation waren etwas ganz Neues für mich, und ich trank gleichsam all diese neuen Gedanken in mich hinein. Auch fühlte ich mich so bestätigt, dass ich mit all meiner verzweifelten Kritik an den klösterlichen Exerzitienvorträgen, die mich so sehr gelangweilt und z. T. erbost hatten, doch „irgendwie" Recht gehabt haben musste.

Nicht zuletzt taten mir die einfachen, warmen und menschlichen Begegnungen mit den Kursleitern und einzelnen Teilnehmern unendlich gut.

Im Sommer 1973 nahm ich zum ersten Mal an einem 16tägigen Meditationskurs mit Saftfasten teil. Hier kamen intensive Selbsterfahrungsübungen hinzu: Eutonie, meditativer Tanz, Katathymes Bilderleben. Noch heute erinnere ich deutlich dieses ganz neue Gefühl erster Befreiung in meinem Körper, als ich mich in dem großen Saal ohne schweren Habit und steifen Schleier, nur mit einer bequemen Hose und Pullover bekleidet zur Musik bewegen konnte. Durch das Fasten waren auch meine Sinne offener geworden und bei den Spaziergängen durch den blühenden Park begann ich auf einmal neu und intensiv Farben und Formen wahrzunehmen.

Intensive bildhafte und emotionale Erfahrungen ermöglichte mir auch das kathatyme Bilderleben. Meine Seele, bzw. mein

Unbewusstes, schien nur darauf gewartet zu haben ergänzend zu meinen Träumen Bilder und bildhaftes Geschehen ans Tageslicht bringen zu können. Die Bedeutung der Bilder, der Symbole und des Geschehens erschloss sich mir damals noch nicht wirklich. Ich gab mich einfach vorbehaltlos hinein in diesen so bewegten und bewegenden Fluss der Bilder und Gefühle. Heute allerdings – 40 Jahre später – fällt es mir beim Lesen meiner damaligen Aufzeichnungen wie Schuppen von den Augen, und ich erkenne, wie schon in den ersten Imaginationen Wegweisung, Aufgaben und Zukünftiges vorgezeichnet sind.

Eine Imagination verwunderte mich vor allem, enthielt sie doch eine ganz unerwartete und zunächst unverständliche Botschaft. Zum Ausgangsbild „Haus" und der Musik „Valse triste" „möchte ich mir ein kleines Einfamilienhaus vorstellen. Aber mir drängt sich die Fassade eines griechischen Tempels auf. Ich nehme schließlich dieses Bild an und gehe durch den Säuleneingang und gelange in einen Säulengang. Rechts scheint der Tempelraum zu sein, der sehr dunkel wirkt. Links erscheint, wie in einem Innenhof, ein Garten: üppig mit südlichen Pflanzen, mit Palmen, Blumen. In der Mitte erhebt sich ein Springbrunnen mit einer Wasserschale. Ich möchte wissen, ob ich aus diesem scheinbar geschlossenen Garten auch heraus schauen kann in die Weite. In der hinteren Ecke entdecke ich eine Öffnung in der Mauer, durch die sich ein herrlich weiter Blick in südliche Landschaft erschließt. Unten in der Ferne liegt das blaue Meer. Ich gehe wieder zurück, stehe erneut im Säulengang. Soll ich hier bleiben? Komme ich nun nicht weiter? Musik scheint aus dem rechten dunklen Raum zu kommen. Sie zieht mich an, und ich wage es nun doch, dort hinein zu gehen. Zuerst ist es ganz dunkel, dann aber entdecke ich im Dämmerlicht ein großes Wasserbecken in dem Tempelraum. Ich steige in das wunderbar kühle Wasser und durchschwimme das Becken bis zum Ende. Dabei habe ich ein wunderbar gelöstes, freies Gefühl. Zu einer sehr feierlichen Musik steige ich nun die Stufen vor mir aus dem Wasser. Seltsamerweise trage ich nun ein langes weißes Gewand. Ich steige noch etwas höher in einen Altarraum. In der Mitte dieses Raumes sehe ich auf dem Boden eine Feuerstelle auf oder unter einer sternförmig gestalteten Messingplatte. Ich setze mich zu dieser Feuerstelle. Im Hintergrund ziehen Mönche ein. Die Flammen steigen immer höher vor mir auf."

Ich war damals sehr erstaunt über diese Bilderfolge. Warum konnte ich mir nicht ein kleines, trauliches Häuschen vorstellen und dort einziehen, was meinem damaligen Bedürfnis nach Geborgenheit und Privatheit so sehr entsprochen hätte. Warum diese erhabenen Tempelbilder? Was wollten sie mir sagen? Würde ich mich nie aus dieser dunklen Kirchlichkeit befreien können? – Leider war damals niemand da, der mir Deutungshilfe gegeben hätte. Jeder blieb gewissermaßen mit seinen Erfahrungen allein.

Heute, so viele Jahre später und nach all den Erfahrung mit meinem Unbewussten, mit meiner Seele und dem in mir vorgezeichneten Weg scheint es mir, als könne ich diese Bilder eher verstehen, ja sie begreifen als eine Art Vorwegnahme dieses Weges. Ich sollte eintauchen in die Tiefenschicht meines Unbewussten. Nur dort, im Garten meiner Seele, würde ich das Aufblühen meiner Gefühlmöglichkeit erfahren können. Nur im Schwimmen in den Wassern meines Unbewussten konnte ich Befreiung und Gelöstheit erleben. Und was bedeutete die letzte Szene, in der ich wie eine Priesterin an den Feuern aus der Tiefe sitze? Damals wusste ich noch kaum etwas von griechischer Mythologie, geschweige denn von einer Pythia, die als das Orakel von Delphi im Tempel umhüllt vom Dampf, der aus einer Erdspalte hervorströmte, Prophezeiungen gab. War es vielleicht eine Aufforderung, mir selbst Priesterin zu werden und die „Prophezeiungen", Voraussagungen für meinen weiteren Lebensweg aus meiner eigenen Tiefe zu holen? Hätte mir überhaupt jemand außerhalb meiner eigenen Seele raten können?

Ohne diese Imagination damals wirklich zu verstehen, bin ich den darin gegebenen Aufforderungen in den kommenden Jahren gefolgt. Da waren viele Menschen, die mir in den kommenden Jahren begegneten und mich unterstützten, aber die Entscheidungen treffen und die Verantwortung für meine Entscheidungen übernehmen musste ich natürlicherweise ganz allein, da konnte mir niemand helfen als die Stimme meiner Seele.

Ein weiterer Einfall kommt mir heute noch zu dieser letzten Szene. War sie nicht auch ein Hinweis auf Läuterung im Feuer? Daran zu denken hätte mich damals sicher sehr geängstigt. Das Bild, im Feuer zu sitzen, wird mir erst ungefähr fünfzehn Jahre später in einem Traum wieder begegnen, als ich zu meiner spirituellen Lehrerin Irina Tweedie gefunden hatte, deren Buch über ihre Schulung den Titel trägt: „Der Weg durchs Feuer".

In einer anderen Imagination aus dieser Zeit führt der Weg schließlich – nach einem Abstieg in die Tiefe einer Grotte – realitätsnäher zu einer christlichen Kirche, in die ich, zunächst erschreckend, nicht hinein will, dann aber doch zum Altar gleichsam gezogen werde. Hier erfüllt mich auf einmal große Sehnsucht und ein tiefes Gefühl der Hingabe. Ich lege mich lang auf den Boden wie bei der ewigen Profess. Erst nach einer ganzen Weile kann ich wieder aufstehen und meinen Weg fortsetzen. Ich komme zum Mutterhaus, aus dem Dunkel eines Ganges kommen mir die „Obern" entgegen. Jetzt „fühle ich mich bedrängt, wie geschlagen, und weiß doch, dass ich durchhalten muss. (– Was? Die Begegnung? Eine Auseinandersetzung?, so frage ich mich heute. –) Es ist furchtbar. Ich weine. Nach einer ganzen Weile öffnet sich plötzlich im Hintergrund eine Terrassentür. Eine Treppe führt ins Freie. Ich kann hinausgehen und fühle mich nun unendlich frei. Sonne, Heiterkeit."

Damals begriff ich natürlich noch nicht, was meine Seele mir zeigen und wozu sie mir Mut machen wollte. Erst heute verstehe ich auf einmal und ich begreife, dass hier ein großer Teil meines damals bevorstehenden Weges gleichsam vorweg entworfen ist. .

Am Ende dieses Sommerseminars spürte ich schmerzhafter, als je zuvor, was ich vermisst hatte all die Jahre und wie sehr ich „Leben", innen und außen, und echte Gemeinschaft ersehnte. Der Abschied nach diesen 16 Tagen wurde mir unendlich schwer. Nur der bevorstehende Urlaub mit Schw. B. auf der Nordseeinsel Juist und die Hoffnung auf den Weihnachtskurs trösteten mich etwas.

Dieser Weihnachtskurs 1973/74 ist mir deshalb in besonderer Erinnerung, weil er von zwei großen Zen-Lehrern gleichzeitig geleitet wurde: von P. Lassalle und Graf Dürkheim. Beide ermöglichten gerade auch in der Verschiedenheit ihrer Ausstrahlung eine ganz besonders intensive energetische Atmosphäre, die in mir als Teilnehmer zu einer neuen Tiefe und Ruhe in der Meditation führte.

Unvergesslich aus diesem Kurs ist mir eine Begegnung mit Silvia Otertag, die eine begleitende Selbsterfahrungsgruppe anbot. Zum ersten Mal konnte ich bewusst erleben, wie es ist, jemandem gegenüber ein tiefes Gefühl der Zuneigung auszudrücken. Ich hatte in mir das Selbstbild einer zwar gescheiten und recht realistischen Person genährt, entsprechend den enttäuschten Aussagen meiner Mutter. Dass ich aber auch zu tiefen Gefühlen fähig bin, sie sogar auszudrücken vermag, wurde mir ganz unerwartet bewusst. Mein altes Selbsbild geriet ins Wanken.

Im Sommer Fastenkurs gaben mir befreundete Teilnehmer die Anregung zur Tagung „Arzt und Seelsorger" zu fahren, da ich dort noch andere therapeutische Methoden kennen lernen und weitere Erfahrungen würde machen können. Ich bekam die Erlaubnis, was mir im Nachhinein immer wieder als kleines Wunder erscheint, da solche Reisen, jetzt nach Einsiedeln in der Schweiz, für eine Ordenslschwester doch recht ungewöhnlich waren.

Während dieser Tagung begegnete mir nicht nur – aus der Ferne zwar – Ingrid, die meine erste Stuttgarter Freundin werden würde, sondern auch Ursula Kost, bei der ich Konzentrative Bewegungstherapie belegte und bei der ich später wichtige Erfahrung in einer Ausbildungsgruppe machen würde, die nicht nur mir selbst auf meinem Entwicklungsweg helfen, sondern auch meine therapeutische Arbeit mit Kindern entscheidend inspirieren sollte. Am bedeutsamsten aber für den Augenblick war der Hinweis, eine Analyse bei einem jungschen Therapeuten zu machen und eine entsprechende Adresse in Bremen. Zufälle? Nein, ich glaube, auch all diese Begegnungen waren ein Teil des in mir angelegten Weges, den ich allerdings wahrzunehmen, zu wagen und zu gehen hatte.

17. Therapie und Aufbruch

Das Jahr 1975 begann ich meditierend und hoffnungsvoll in dem inzwischen so vertrauten Freundeskreis um Willi und Eleonore Massa. Der Verein „Exerctium Humanum" hatte inzwischen ein Haus im Saarland gepachtet, das auf einer Anhöhe lag und freien Blick ins Land und Nähe und Geborgenheit im Innern gewährte.

Was auf mich zukommen würde in den kommenden 12 Monaten, konnte ich in dieser Neujahrsnacht noch nicht ahnen. Die Tage dort, die Erfahrungen in der Meditation, in den Gottesdiensten und in der Gemeinschaft gaben mir jedoch Kraft für den Aufbruch in den kommenden Wochen und Monaten.

Zurück in der Klostergemeinschaft erwartete mich die gewohnte Schularbeit, übrigens inzwischen mit fünf Oberstufenklassen in

Deutsch und Französisch. Der Bedarf an Oberstufenlehrern ließ offensichtlich pädagogische Bedenken in den Hintergrund treten.

Außerdem waren da die Arbeit mit den Jugendgruppen in der Pfarrgemeinde, das Mitwirken als zweite Vorsitzende im Pfarrgemeinderat und der Psychologieunterricht in einer Fachschule für Behindertenpfleger, also Aktivitäten genug, fast zu viel, wie mir heute scheint.

Wollte ich unbewusst fliehen? Aber all dieses Tun machte mich nicht zufrieden, geschweige denn, dass es mich erfüllt hätte. Ich fühlte mich vielmehr zunehmend seltsam depressiv, resignativ, trostlos, ohne einen direkten Grund für meine Unzufriedenheit nennen zu können. Lediglich eine gewisse Angst schwelte in mir, ich könne nicht weiter so zu den Meditationskursen fahren; denn all diese Unternehmungen bedeuteten schließlich große Ausnahmen und Kosten im Klosteralltag und den Mitschwestern gegenüber. Auch konnten die meisten Schwestern im Konvent gar nicht verstehen, warum mir die jährlichen Exerzitien (mit vier einstündigen Vorträgen am Tag!) nicht genügten, warum ich ständig nach Neuem Ausschau hielt.

Anfang Februar wurde ich zum ersten Mal richtig krank, bekam eine Grippe mit hohem Fieber, so dass sogar der Arzt kommen musste.

Mitte Februar stellte dann der Frauenarzt bei einer Routine-Untersuchung Zysten in der Brust und im Unterleib fest. Ich bekam Angst, wusste ich doch durch meine Arbeit mit Prof. Heinen zu genau, dass körperliche Symptome Warnzeichen der Seele sind, die beachtet werden wollen.

Ich erinnerte mich wieder an die Telefonnummer des Therapeuten in Bremen, rief ihn an, bekam einen Termin – und was viel bedeutsamer war zu dieser Zeit im Kloster – meine Provinzialoberin gab mir die Erlaubnis, eine Psychotherapie zu beginnen, die glücklicherweise über die Kasse finanziert werden konnte. So fuhr ich am 9. März zum ersten mal nach Bremen zu Dr. Ehling.

Seltsamerweise fühlte ich mich sehr schnell verstanden und angenommen, obwohl Dr. Ehling sehr energisch forderte, Austrittsentscheidungen, die ich vorsichtig als Möglichkeit andeutete, nur hier, in dieser gemeinsamen Arbeit zu treffen. Auch in der kommenden Zeit war er sehr klar und direkt in seinen kritischen Enthüllungen und Deutungen, jedoch nie verletzend.

Wer war dieser Dr. Ehling, der mir auf diesem so wichtigen Abschnitt meines Weges als offensichtlich kundiger und erfahrener Begleiter begegnete? Erst mit der Zeit ließ er mich wissen, dass er von einem Gut stammte und ursprünglich Priester werden wollte, dann aber im Priesterseminar kritisch erkannte, dass dies nicht sein Weg sei, er stattdessen, Arzt, Frauenarzt, Psychiater, schließlich analytischer Psychotherapeut (n. C.G. Jung), Ehemann und Familienvater wurde. So hatte auch er einen langen Weg der Suche hinter sich und konnte begreiflicherweise meine Not und Zweifel wohl besser verstehen, als ich mir zunächst vorstellte.

Ich fuhr nun jede Woche mit dem Auto nach Bremen zu einer zweistündigen Therapiesitzung, mit Hin- und Rückfahrt immerhin ein Sechsstundenunternehmen, das ich aber nur zu gerne auf mich nahm.

Die Träume dieses Jahres habe ich – wie die Träume der Arbeit mit Prof. Heinen – über 30 Jahre aufgehoben – eigentlich ganz gegen meine Eigenart, Papierballast möglichst bald los zu werden. Diese Träume erlauben mir, das innere Geschehen dieser Monate noch einmal nach zu erleben und auf neue Weise zu verstehen. Auch ermöglichen sie mir einen objektiveren Blick auf das damalige Geschehen, ungetrübt von emotionalen oder mentalen Beeinträchtigungen des Ich-Bewusstseins.

Gleich zu Beginn der Therapie zeigt ein Traum – wie damals bei Prof. Heinen – die Gefahr, in der ich mich befand:

„Ich bin auf einer Insel, stehe am Fenster. Es muss Sturmflut sein, das Wasser strömt unerwartet nah an die Häuser heran. Spaziergänger, auch Kinder, hasten vom Strand herauf zum Ort. Ich laufe nach draußen, um zu helfen. Auf einmal entdecke ich einen Mann in meinem Alter, der in dem schon nass und weich gewordenen Sand zu versinken droht und sich nun mühsam zu befreien sucht. Ich stürze zu ihm und ziehe ihn aus dem Schlamm auf festeren Boden...“

Mein Gefühl der Aussichtslosigkeit, ja der Resignation, entsprang also nicht einer vordergründigen Einbildung, wie ich mir zweifelnd immer wieder vorwarf, sondern einer realen Bedrohung meines Ich, in einer Depression zu versinken.

Die Seele aber reagiert schnell, wenn wirkliche Hilfe naht. Schon 9 Tage nach der ersten Begegnung mit Dr. E. träume ich:

„Ich befinde mich in einem Wald, stehe am Rand einer Schonung, hohes Gras. Schön! Rehe, Hirsche kommen aus dem Wald, nähern sich, ganz nah, fast kann ich sie berühren. Ein herrlicher Anblick. Langsam wird es Nacht. Vor mir liegt ein See, auf dem auch Schiffe im Dunkel zu erkennen sind. Aus der Schonung kommt nun ein kleiner Junge, der bis jetzt mit den Tieren gelebt hat. Er soll nun zur Schule gehen und lernen.“

Natürlich verstand ich diesen Traum damals überhaupt nicht, begreife erst heute, warum Dr. E. ihm offensichtlich große Bedeutung zumaß. War der im Meeresboden versinkende Mann im ersten Traum ein Symbol für mein sehr intellektuell-männlich gewordenes Ich, so verweist dieser kleine Junge aus der Tiefe des Waldes auf das männliche Seelenbild der Frau, das C:G.Jung als Animus bezeichnet bzw. als einen inneren Seelenführer, den Vermittler zwischen Bewusstsein und Unbewusstem. Hier taucht er erst als ganz kleiner Junge im naturhaften Zustand auf, kündet aber schon Weiterentwicklung an.

Die folgenden Träume des ersten Vierteljahres sind überaus wortreich, detailfreudig, so als sei mein Unbewusstes froh, endlich wieder wahrgenommen zu werden und sich äußern zu dürfen.

Nach einem Monat kommt es zu einer Vorwegnahme kommender Entscheidungen, die ich damals in der ganzen Tragweite noch nicht verstand:

„Ich bin im Mutterhaus. Die Zeit dort ist zu Ende. Ich packe unendlich viele Sachen und ziehe schließlich Zivil an."

Genau nach drei Monaten tauchen dann zwei überaus bewegende Traumerfahrungen aus dem Unbewussten auf und geben erlösende Wegweisung:

Nach einem längeren Vorspann, der in diesem Zusammenhang weniger bedeutsam ist, „geht es (am 4. 5.) um mein Verhältnis zu Graf Dürckheim (einem deutschen Zen-Meister). Ich erinnere – im Traum – einen Traum, in dem mir ein großer alter Weiser begegnete. Er hatte Graf Dürckheims Gesicht. Dieses Gesicht bedeutet für mich, dass ich den W e g (im Sinne Graf Dürckheims), den Weg zum Selbst, zum Göttlichen in mir, gehen muss. Es ist ganz sicher, dass dieser Weg von mir gefordert wird. Irgendwann begegnet mir dann Graf Dürckheim im Zug (!) und bestätigt mich: "Wenn man einen solchen Traum gehabt hat, dann muss man den Weg gehen."

Am 17. 5. träumte ich wie zur erneuten Bestätigung: „Ich höre – im Traum – mein Traumtonband ab – wohl um meine in der Nacht aufgesprochenen Träume jetzt aufzuschreiben –. Seltsam.

Ich muss noch ganz im Schlaf gesprochen haben; denn meine Stimme hört sich an wie die des Alten Weisen, der im Traum zu mir gesprochen hat: ‚Geh den Weg!'"

Beide Träume erzählte ich in der Stunde am 30. Mai. Dr. Ehlings Reaktion werde ich nie vergessen, weil sie in diesem Augenblick wie eine Katharsis wirkte, die alle Fragen, Zweifel, Unsicherheiten davon spülte: „Jetzt müssen Sie entscheiden: den Weg des Gesetzes oder den Weg der Natur gehen." Meine Antwort kam ohne Zögern, von irgend woher aus der Tiefe meiner Seele: „Den Weg der Natur." –

Was „Natur" hier meinte, sollte ich erst sehr viel später tiefer und tiefer erfahren können, dass damit aber ein Weg in die Tiefe der Seele und zu größerer Gottes Nähe gemeint war, begriff ich schon in dieser Stunde. Auch dass ich diesen Weg nach all meinen Erfahrungen nicht würde im Kloster gehen können, zeigte sich mir deutlich. Als ich an diesem Abend durch den blühenden Frühling nach Hause fuhr, jubelte mein Herz „Ich werde leben und nicht sterben", so sang es erneut in mir und mir schien, ich könnte mit dem kleinen hellblauen VW-Käfer hüpfend durch die Moorlandschaft fahren.

Der ersten Beglückung folgten keine Zweifel und Unsicherheiten mehr, was vielleicht etwas unglaubwürdig klingen mag. Immerhin hatte ich inzwischen 23 Jahre – seit meinem 16. Lebensjahr – im Kloster gelebt, hatte nicht nur zeitliche, sondern auch ewige Gelübde abgelegt. Aber es war so: keine Fragen, keine Zweifel, nur die Gewissheit: Gott erlaubt mir nicht nur, diesen Weg aus dem Kloster heraus zu gehen, Er will ihn sogar von mir. Die Entschiedenheit, die mich bei meinem Eintritt erfüllt hatte, bestimmte jetzt auch meinen Austritt, was allerdings nicht ausschloss, dass immer wieder Ängste, Existenzängste wie in Wellen durch mich hindurch gingen und mein Vertrauen in Seine Führung herausforderten.

Die Notwendigkeit sehr realistischer, bodenständiger Überlegungen und Entscheidungen allerdings ließen mir nicht zu viel Raum und Zeit, irgendwelchen begründeten oder unbegründeten Ängsten nachzugeben. Mit einem Austritt würde ich mir meinen schon so lange gehegten Wunsch, „Psychagogin" (heute: Kinder- und Jugendlichenpsychotherapeutin) zu werden, erfüllen können. Ich musste also zuerst herausfinden, an welchem Institut, in welcher Stadt ich diese berufsbegleitende Ausbildung machen wollte und wo man mich als Studierende annehmen würde. Davon wiederum würde es abhängen, in welchem „Land" und in welcher Stadt ich mich um eine Lehrerinnenanstellung bemühen müsste. All dies wollte ich erst im Geheimen abklären, bevor ich mit meiner Entscheidung nach außen treten, d. h. meine Obern, die Schulleitung und meine Mitschwestern informieren und schließlich über den Bischof unserer Diözese in Rom um Lösung von den „Ewigen Gelübden" bitten wollte.

Nach dem Einholen von Informationen, nach Briefen und Telefonaten bekam ich einen Interviewtermin am Stuttgarter C.G. Jung Institut, und zwar an einem Tag, den ich mit meiner Reise zum Sommer-Meditationskurs verbinden konnte.

Den Abend, ein heißer Sommerabend, an dem ich vor dem schon verschlossenen Institut in der Alexanderstr. – es war Semesterende – voller Ungeduld auf die Dozenten der Interviewrunde wartete, werde ich wohl nie vergessen. Frisch frisiert und in einem neu erstandenen wollweißen Cordkostüm saß ich dann bald fünf, in Menschenkenntnis offensichtlich recht geübten und erfahrenen PsychotherapeutInnen gegenüber und versuchte ihre Fragen nach meiner Situation, meiner Entscheidung, meinen Plänen, meinen praktischen Überlegungen hinsichtlich der Finanzen, schließlich nach meinen Erwartungen in aller Ehrlichkeit zu beantworten. Ich weiß bis heute nicht, was sie bewog, mich zum Studium zuzulassen, war ich doch recht weltunerfahren, in ihren Augen vielleicht sogar naiv. Am Abend verabschiedeten sie mich freundlich, überließen mich aber meiner Ungewissheit. 8 Tage später bekam ich jedoch die schriftliche Zusage.

Der zweite – allerdings nicht so mühselige, aber nicht weniger weitreichende – Schritt bestand in der Suche nach einem Lehranalytiker. Mit Hilfe der Sekretärin am Jung-Institut, die übrigens später eine gute Freundin werden sollte, fand ich Herrn X., der bereit war, mich zu begleiten.

18. Austritt

Nach den Sommerferien wagte ich den zunächst schwersten Schritt: Das Gespräch mit meinen „Obern", der Generaloberin und ihrer Vikarin. An vieles aus dieser Zeit kann ich mich sehr genau erinnern, aber kaum an dieses Gespräch. Ich muss mich wohl innerlich ganz unempfindlich gemacht haben, wie „abgetaucht" gewesen sein. Ich erinnere nur, dass meine Obern sich sehr korrekt und auch menschlich verhalten haben. Waren sie vielleicht ein wenig froh, mich, die ich doch in letzter Zeit recht schwierig geworden war, auf diese Weise gehen lassen zu können? Oder wirkte ich so entschieden, dass sie mir in keiner Weise widersprachen? Ich bezog mich bei meiner Begründung für den Austrittswunsch bewusst ganz auf meine innere Führung, die leise Stimme in mir, und äußerte in keiner Weise Vorwürfe oder Kritik. Vielleicht spielte beides eine Rolle. Auch meine Direktorin nahm meine Entscheidung weitgehend kommentarlos und sachlich entgegen.

Der vierte Schritt nun war die Stellensuche. Nur zu bald musste ich erkennen, dass die einzelnen „Länder" keine Beamten mehr übernahmen, ich also mein Beamtenverhältnis, das ich immerhin noch besaß, aufgeben musste. „Trennen Sie auch diese Nabelschnur durch!" ermutigte mich mein Therapeut. Die Ablösung von „Vater Staat" aber wurde mir unendlich schwer, zog sie doch sehr weit reichende Folgen nach sich und stürzte mich, die ich mich 23 Jahren lang nicht, ja, eigentlich noch nie, hatte um meine äußere Existenz kümmern müssen, in eine absolute existentielle Unsicherheit und nahezu bodenlose Angst. Was für die meisten Menschen eine Selbstverständlichkeit ist, nämlich sich auf dem freien Markt zu bewerben, stellte für mich mit meinen 39 Jahren eine ungeheure Aufgabe dar. Freunde vermittelten mir die Adressen einer Reihe von Privatschulen in und rund um Stuttgart. Unerfahren mit den dichten Verkehrsverhältnissen im süddeutschen Raum, bewarb ich mich im Umkreis von 50 km. Doch auch bei diesem Schritt konnte ich wieder die Führung und „Behütung" von der anderen Ebene her erfahren. Es meldete sich auf meine Bewerbung eine katholische Privatschule in Stuttgart und zeigte offensichtliches Interesse an einer Anstellung meiner Person.

Bewerbung und Wohnungssuche

In den Herbstferien im Oktober fuhr ich dann, diesmal ganz offiziell, nach Stuttgart, um mich in der Schule vorzustellen, eine Wohnung zu suchen und die notwendigsten Möbel zu bestellen. Eine befreundete Familie, die ich in den Meditationskursen kennen gelernt hatte, nahm mich auf und unterstützte mich.

Das Vorstellungsgespräch in der Schule verlief positiv, war mir doch der Umgang mit Ordensschwestern, die Art zu reden und sich zu verhalten, nur zu vertraut. Meine Klosteridentität wusste ich jedoch sowohl im Lebenslauf wie auch in diesem Gespräch verborgen zu halten. Meine Vergangenheit an einer katholischen Privatschule und Berechtigung, katholischen Religionsunterricht zu geben, und wohl meine ganze in diesem Zusammenhang doch noch recht angepasst wirkende Person erweckten genügend Vertrauen.

Die Begründung, die Übersiedlung nach Stuttgart wegen meines Wunsches am Jung-Institut berufsbegleitend zu studieren, war einsichtig genug.

Ich wurde zum Beginn des 2. Schulhalbjahres (Januar 1976) angestellt, zunächst – wie es üblich war – probeweise, aber mit dem Ausblick auf Festanstellung. Dass mir während der Führung durch die Schule schrecklich übel wurde und ich mich in einem der Gästezimmer („Kalte Pracht" wie in unsern Häusern!) hinlegen musste, irritierte die Schwestern dort offensichtlich nicht. Mir aber machte es deutlich, in welchem Maß mich diese ganze Prozedur doch beunruhigte und berührte, wenn ich es auch eigentlich gar nicht wahr haben wollte. Ein gutes Mittagessen im Mövenpick am kleinen Schlossplatz mit Blick auf die grünen Hänge um Stuttgart half mir dann wieder, Boden unter den Füßen zu finden und zu danken für diese wunderbare Fügung.

Die Wohnungssuche erwies sich dann als die leichteste der Aufgaben: „Studienrätin, 40, alleinst., NR..", das war im schwäbischen Land genug Empfehlung. Ich fand ein Einzimmerappartement, Halbhöhenlage mit Blick über Stuttgart, Neubau, Erstbezug, ganz in der Nähe des Jung-Institutes und mit einer Bushaltestelle fast direkt vor der Tür.

Es folgte noch ein Besuch im Jung-Institut mit der Klärung bestimmter Formalitäten und das Aussuchen der notwendigsten Möbel, bei der meine neue Freundin mich tatkräftig unterstützte.

Am letzten Abend in der mir nun schon so vertraut gewordenen Familie sahen und hörten wir im Fernsehen eine Übertragung von Beethovens „Fidelio". Wie sehr der Gefangenenchor mich berührte, ausdrückte, was ich in diesen Stunden erlebte, fühlte, lassen mich heute nach über 30 Jahren Worte und Musik dieses Opernteiles wieder nach erleben. – Andererseits: Ich zögere, die Worte wiederzugeben, klingen sie mir doch jetzt, auf mein Einzelschicksal bezogen, viel zu dramatisch. Und doch konnte ich mich an diesem Abend in Stuttgart nach all diesen nicht einfachen Schritten tief mit ihnen identifizieren:

„O welche Lust, o welche Lust, in reiner Luft /Den Atem leicht zu heben. O welche Lust!/Nur hier ist Leben,.../Wir wollen mit Vertrauen/Auf Gottes Hilfe bauen;/ Die Hoffnung flüstert sanft mir zu,/wir werden frei, wir finden Ruh, wir finden Ruh...“

Nach den Herbstferien lagen nun nur noch knapp 10 Wochen vor mir. Meine Abreise war für den 27. Dezember, übrigens dem Geburtstag meiner Mutter, geplant. Ich begann mit Zusammenräumen, Aussortieren, Packen, und vor allem mit den Planungen und Vorbereitungen für meine Abiturklasse, die eine Mitschwester übernehmen und mit meiner Unterstützung aus der Ferne zum Abschluss führen wollte.

Meine Mitschwestern zeigten sich zurückhaltend, mehr oder weniger verschlossen, aber hilfreich, kauften mit mir die notwendigsten Haushaltsartikel, Wäsche und Winterkleidung ein und halfen gegen Ende, den Bahncontainer zu packen. Ich fühlte mich zunehmend als Außenseiter und war es auch. Hatten wir vor meiner Entscheidung nur in ganz „vertrautem Kreis“ und selten über unsere Probleme und Schwierigkeiten mit dem gegenwärtig in seiner Entwicklung offensichtlich so stagnierenden Ordensleben gesprochen, so kamen wir jetzt überhaupt nicht mehr ins Gespräch, weder über meine Gedanken und Gefühle, noch über die meiner Mitschwestern. Ich hatte mich nach innen ver-schlossen, unverwundbar gemacht und nach außen ent-schlossen, meinen Weg zu gehen, auch in Einsamkeit. Ich vermute, auch meine Mitschwestern suchten sich zu schützen, denn der Austritt einer Schwester, zumal einer, mit der man so lange zusammen gelebt hatte, bedeutete immer auch Verunsicherung der eigenen Position und die Notwendigkeit, diese Position zu hinterfragen.

Auf diesem immer kühler werdenden Weg, gleichsam allein durch die nächtliche Wüste, bedeutete mir die Arbeit und wöchentlich Begegnung mit Dr. Ehling unendlich viel. Die Träume und ihre Deutung erhellten diesen Weg, gaben Führung, Bestätigung, Erhellung und energetische Unterstützung.

Wie schon erwähnt, war mir der Begriff „Natur" in seiner Vielschichtigkeit und philosophischen bzw. psychologischen Dimension zu diesem Zeitpunkt noch ganz unklar. Die Dualität von Natur und Geist im Jungschen Sinn sollte mich erst gegen Ende meines Psychotherapie-Studiums interessieren. Jetzt bewegten und belebten mich die „naturhaften" Bilder, die mein Unbewusstes mir in den Träumen schickte.

So werde ich am 20. 5 „nach Afrika versetzt", „fahre (am 1. 6.) mit dem Fahrrad zu einem Bauerhof. Es ist Frühjahr, die Sonne scheint, der Schnee schmilzt. Zusammen mit einem Priester und einer anderen Frau sollen wir diesen verluderten Hof wieder in Ordnung bringen". Am 24. 6. „reite ich auf einem wunderschönen Schimmel – den ich aus dem Kloster mitgenommen habe – durch den Wald. Ein herrliches Gefühl, so gerade und frei und sicher zu sitzen...(Später) klopfe ich dem Pferd lobend den Hals, gebe ihm vier Stück Zucker. Es hat so zarte Nüstern! Ich liebkose es und empfinde ganz starke Gefühle von Zärtlichkeit für dieses schöne Tier, schmiege mein Gesicht an seinen weichen Hals und denke, dass so ein Tier meine Sehnsucht nach Zärtlichkeit ein wenig stillen kann." – Drei Monate später „stehe ich auf einmal in einem dichten, reichen Urwald. Es ist warm und feucht. Ich möchte weiter und weiter hinein gehen, aber das ist nicht möglich; denn der Boden ist aufgeweicht von grünem, blühendem Wasser. Ich werde es später erneut versuchen, wenn der Boden wieder fester ist. Plötzlich sehe ich auf den Bäumen unzählige bunte Vögel, große und kleine, fast beängstigend und doch wunderschön."

Bedürfen diese Träume noch der Deutung, versinnbilden sie nicht deutlich durch ihre Bilder das Erwachen neuen vitalen Lebens?

Auch das Thema Sexualität und Beziehung zum anderen Geschlecht deutet sich an, verhüllt erst, aber dann immer direkter.

Am 30. 7. sitzt das Traum-Ich mit einem unbekannten Mann in einem Strandkorb am Meer. Die Sonne scheint, das Meer rauscht und es kommt zu sehr intimen Zärtlichkeiten. Am 5. 10. spricht das Traum-Ich sehr deutlich mit Mitschwestern – was wir im Wachzustand niemals getan haben – „über die Gefahren im Kloster. Ich nenne vor allem die „Verdrängung der Sexualität". Einige Nächte später (am 9. 10.) deutet mir ein Arzt an, „dass meine Brust- und Unterleibssymptome mit Verdrängung von Sexualität und Emotionen zu tun hat. Das ist mir völlig klar."

Weitere Erhellungen in der Therapie

Als ich mich an die Durchsicht dieser vielen Träume aus der Analyse mit Dr. E. machte – immerhin ein 4 cm dicker DinA4 Schnellhefter mit beidseitig beschriebenen Blättern – vermutete ich erneut, dass mein Unbewusstes viele kritische Anmerkungen zum Ordensleben machen und u.U. auch dramatische Situationen ans Tageslicht bringen würde. Aber ich musste feststellen, dass mein Unbewusstes sich zu diesem Zeitpunkt doch recht diskret zurück hielt mit seiner Kritik, wohl weil mein Bewusstsein schon aggressiv und kritisch genug war.

Das Unbewusste zeigt jedoch immer deutlicher in Bildern, wie ich meinen Austritt verstehen kann.

So träume ich Ende Oktober, im Meditationszentrum in Tholey zu sein. Im Meditationsraum bereitet der Priester das Osterfeuer. Ich lege meine Tracht ab und komme nach der Beseitigung von unendlich viel Papiermüll in weltlicher Kleidung wieder in den Meditationsraum und setze mich in den Kreis zu den anderen. Nun kann die Osterfeier beginnen."Plötzlich steht Willi Massa hinter mir, ergreift meinen Kopf, so wie ein Geburtshelfer einen Säugling bei der Geburt ergreift, und beginnt mich heraus zu ziehen aus einer festen Umklammerung. Ich bin zunächst wie benommen, fühle aber auf einmal eine große Freiheit in mir und um mich." Im Traum noch denke ich, dass dieses Geschehen einer Geburt gleicht und ich es Dr. Ehling erzählen muss.

Diesen Traum nur als Hinweis auf den Klosteraustritt zu verstehen, wäre sicher zu vordergründig. Die Geburt ereignet sich in der Osternacht und lässt so auch an das Verlassen des Felsengrabes denken. Für mich bedeutete das Herauskommen also auch ein Verlassen alter versteinerter, festhaltender Gedanken- und Einstellungsformen. Nicht umsonst spricht der Traum auch von der Vorbereitung des Feuers, das immer auch an Läuterung denken lässt.

Im Laufe der Wochen klärte sich auch meine Austrittsmotivation (am 6. 11.) im Unbewussten, d. h. Bewusstes und Unbewusstes verbinden sich zunehmend:

„Ich höre Mutter B.s Stimme (Generaloberin). Ich würde so gern mit ihr in ein Gespräch kommen. Ich habe Sehnsucht – wonach? Nach dem Ordensleben? Nein, danach nicht; denn hier kann ich die Sehnsucht nicht verwirklichen. Ich habe Sehnsucht nach dem wirklichen Leben, nach Gott. Diese Sehnsucht kann ich draußen auch leben. Die Sehnsucht nach Gott ist immer noch in meinem Herzen. All das würde ich Mutter B. so gerne sagen, aber es kommt nicht zu einem Gespräch."

Mein Unbewusstes verschont mich allerdings auch nicht vor der Auseinandersetzung mit meiner Lebensalterrealität, und zwar durch deutliche Hinweise auf mein fortgeschrittenes Alter, die Unterdrückung vieler Empfindungen, Gefühle und vitaler Kraft in all den Jahren.

Diese Aussagen meines Unbewussten waren hart für mich, aber in all den entsprechenden Träumen bin ich seltsamerweise bereit, „die Realität zu sehen, das neue Leben zu wagen und Hoffnung auf Erfüllung" zu bewahren.

So bereiteten mich fast alle Träume dieser letzten Wochen in den verschiedensten Varianten vor auf den Abschied und den neuen Lebensbeginn. Kleine Turbulenzen zeigten sich noch, aber es drohte keine wirkliche Gefahr mehr. Dies zeigte sich in einem der letzten Träume:

„Ich muss eine Überfahrt übers Wasser machen. Ich sitze in einem Boot mit zwei weiteren Frauen. Ein Mann hält das Steuer. Als wir in der Mitte des Sees sind, wird das Wasser sehr bewegt. Wellen schwappen ins Boot. Ich halte mich mit einer Hand an der Bank, mit der anderen umklammere ich meine beiden Taschen, in denen Geld, alle wichtigen Papiere und die Hausschlüssel der neuen Wohnung sind. Sonst habe ich kein Gepäck, brauche also nicht weiter ängstlich zu sein. Auf einmal aber vermisse ich ein Mädchen. Ich greife in das dunkle, bewegte Wasser und kann es fassen und neben mich ins Boot ziehen. Es kommt wieder zu sich. Schließlich kommen wir alle gut auf der anderen Seite des Sees an."

Wer mit Symbolen vertraut ist, wird hier unschwer die Vierzahl, also einen Hinweis auf die Ganzheit, wahrnehmen. Einen solchen Schritt zu wagen, bringt Bedrohung dieser Ganzheit mit sich, die Gefahr, dass Seelenanteile im Unbewussten versinken. Aber hier gelingt die Überfahrt. Das Traum-Ich ist inzwischen stark genug, für den Zusammenhalt zu sorgen.

Ende November, vier Wochen vor meiner Abreise scheine ich bereit zu sein: „Wie lange dauert es noch, bis ich gehen kann? So frage ich mich. Langsam habe ich fast alle Sachen geordnet. Ich sitze im Fersensitz auf dem Boden, meditiere, fühle mich innerlich sehr ruhig und geborgen."

Abschied

Bewusst allerdings gelang es mir nur bedingt, dieses Gefühl der Ruhe und Geborgenheit und damit auch Sicherheit zu leben. Ich glaube, ich habe mich zunehmend unempfindlich gemacht, verschlossen allen Gefühlen des Abschiedsschmerzes gegenüber.

Der erste Weihnachtstag verlief wie jedes Jahr mit dem Besuch des Hochamtes in der Stadt, mit einer Feier im Schwesternkreis, mit Liedern und kleinen Geschenken. Am zweiten Weihnachtstag fuhr eine Schwester mit mir – ich weiß nicht einmal mehr, wer es war, – zum Mutterhaus, damit ich dort Abschied nehmen und die entsprechenden Formalitäten erledigen konnte. Die Erlaubnis aus Rom lag vor, ich unterschrieb Verzichtserklärungen, bekam die entsprechenden Papiere für meinen weiteren Lebensweg, zwei Netto-Monatsgehälter, eine Lebensversicherung und die Nachzahlungen für die Rentenversicherung, außerdem die Krankenversicherung. Ich fürchte, die Sorge und Verantwortung, die meine „Obern" mir entgegen brachten, habe ich damals weder bewusst wahrgenommen, noch zu schätzen gewusst. Ich erinnere keine Gefühle. Ich hatte sie tief in mir versteckt. Erst Jahre später konnte ich im Traum – und schließlich auch bewusst – erkennen und schmerzhaft fühlen: Ich habe alles hier, das Leben im Kloster, den Ort, die Menschen sehr, sehr geliebt.

Auch im Konvent suchte ich am Abend die Verabschiedung schnell und sachlich, emotionslos, „über die Bühne" zu bringen. Am 27. 12. verließ ich früh um 5.30 Uhr das Zimmer, in dem ich so viele Jahre gelebt, gearbeitet, meditiert, geschlafen hatte.

Brustkreuz, Rosenkranz und Offiziumbuch hatte ich ordentlich auf meinen Schreibtisch gelegt. Die Habite hingen gereinigt im Schrank. Nur meinen goldenen Professring habe ich mitgenommen als Zeichen für mich, dass ich die Bindung an die „Kongregation" gelöst habe, aber nicht meine Bindung an Gott.

Der Morgen war kalt und dunkel. Einige Mitschwestern brachten mich zum Bahnhof. Und dort erwartete mich die ganze Gruppe der Jugendlichen, mit denen ich soviel Bewegendes erlebt hatte in den letzten zwei Jahren. Dieser Abschied war warm und herzlich. Und dann stieg ich ein in den Zug, der mich in ein neues Leben brachte, und fuhr hinein in den auf dämmernden Morgen.

Wenn ich mich heute so hinaus fahren sehe in den neuen Morgen, entdecke ich auf einmal einen ganz neuen Bezug zwischen den Ereignissen der letzten 9 Monate vor meiner Abreise zu den Traumreisen (Imaginationen), die ich während des Sommerkurses erlebt hatte.

Die dritte Traumreise hatte mich in eine Grotte geführt und ich musste mich an einem Seil entlang aus der Tiefe durch eine enge Öffnung selbst ans Licht bringen. Waren die vergangenen 9 Monate nicht einer Schwangerschaft sehr ähnlich? Im dritten Monat kam die Erkenntnis: Neues Leben will sich entwickeln und dann begann der mühevolle Weg der äußeren und inneren Vorbereitungen. Gegen Ende wurde die Last schwerer, der Rückzug aus der Welt der Ablenkungen (hier aus der Gemeinschaft) unausweichlich. „Wann ist es endlich soweit?", träumte ich im 8. Monat. Die Geburt ins Licht, in das neue Leben konnte nun im Weihnachtsmeditationskurs stattfinden. Welche Zufälle? Am 5. Januar würde ich dann hinaustreten in das reale Leben in der neuen Stadt.

Reflexion zur Zeit im Kloster

Die Jahre im Kloster brachten mich mit einem weiteren universellen Gesetz in Kontakt, mit dem Gesetz der Polarität. Dieses Gesetz „legt dar, dass alles zwei Pole oder entgegengesetzte Aspekte besitzt, dass" aber diese „Gegensätze in Wirklichkeit nur zwei Extreme derselben Erscheinung sind..."[20]

Einander entgegen standen hier in einem scheinbar unüberwindbarem Gegensatz: das Ordensleben, also innen, und die „Welt" draußen. Nicht mehr aus dem Sinn geht mir ein Satz aus dem täglichen Abendgebet: „...von vielen Tausenden auserwählt und zum Ordensstande berufen...". Diesem Auserwähltsein zu einem besonderen Leben im Kloster stand die Auffassung von der Welt draußen entgegen. Ein Exerzitien-Pater formulierte diese Auffassung damals in einem von ihm stereotyp wiederholten Satz: „Die Welt ist brutal, bestial und infernal."

Wir jüngeren Schwestern konnten diese Auffassung nicht mehr nachvollziehen, geschweige denn teilen. „Welt" waren für uns die Menschen, denen wir im Studium begegneten, die uns später in unserer Arbeit entgegen traten oder anvertraut waren. Immer stärker wurde in uns der Wunsch, die Barrieren, wie sie z. B. durch die Ordenstracht oder die Klausur geschaffen waren, zu überwinden, ja aufzulösen.

Im Laufe der vergangenen Jahrzehnte hat sich in dieser Hinsicht viel gewandelt. Damals jedoch schlugen unsere Bemühungen um eine spürbarere Annäherung, ja Nähe zu den Menschen „draußen" noch fehl.

Auf einer anderen, verborgeneren, aber doch für mich bedeutsameren Ebene wirkte eine andere Polarität, die Polarität zwischen seelischer Innenwelt und klösterlicher Außenwelt. „Ach, Liese, wenn wir nicht vorher schon innerlich gewesen wären, im Kloster würden wir es nicht mehr." So formulierte es Schwester B. schon im Noviziat sehr hellsichtig, wenn wir angesichts der vielen Arbeits- und Gebetsverpflichtungen keine Zeit fanden, unserer Sehnsucht nach stillem Dasein vor Gott zu folgen.

Dieses schmerzhafte Zerrissensein zwischen dem Bedürfnis der Seele und den Arbeitsverpflichtungen im äußeren Leben brachten mich dazu – vor allem während meiner Lehrerinnen-Zeit – intensiv eine Verbindung zu suchen zwischen diesen beiden Polen durch die Teilnahme an Meditationskursen, durch eine entsprechende Arbeit mit Jugendlichen und schließlich durch den Beginn einer Therapie. Die therapeutische Arbeit ermöglichte mir dann den „Austritt" nicht nur aus dem Kloster, sondern auch aus dem geschilderten Polaritätskonflikt.

Dieser Austritt jedoch bedeutete keinesfalls, dass ich dem urmenschlichen Polaritätsgesetz würde entgehen können. Die Pole, zwischen die ich mich in der nächsten Lebensphase gestellt sah, sollten lediglich andere Lebensfacetten berühren.

III

Wieder in der „Welt"
(1976 – 1985)

„In der Bedrängnis rief ich zum Herrn;
der Herr hat mich erhört
und mich frei gemacht.
Ich werde nicht sterben,
sondern leben ..."

Psalm 118, 5 und 17

19. Neuanfang

Nach dem Weihnachtsmeditationskurs, den ich in einer ganz neuen inneren Freiheit verlebt hatte, fuhr ich mit Bekannten zusammen nach Stuttgart und betrat am 5. Januar 1976 zum ersten Mal mein Einzimmerappartement in Stuttgart, Neue Weinsteige. Der Meditationskurs in Tholey hatte mich innerlich vorbereitet auf diesen Augenblick meiner noch ganz ungewohnten, doch sehr beglückenden Eigenständigkeit.

Allerdings meinen Gedanken oder gar Gefühlen nachzuspüren, hatte ich zunächst gar keine Zeit. Die Bahn stellte den großen Container mit meinen Büchern, Ausarbeitungen und persönlichen Sachen in die Tiefgarage. Das Möbelhaus lieferte die schon im Herbst bestellten Möbel: Couch, Sessel. Tisch, Bett, Schrankwand. Sogar das Telefon kam zum vereinbarten Termin und – ganz unerwartet, aber mich doch sehr beglückend – ein großer Blumenstrauß zum Einzug von befreundeten Mitschwestern.

Karton für Karton brachte ich den Inhalt des Containers mit dem Aufzug in den zweiten Stock und räumte ihn in die neue große Schrankwand. Bald sah es schon wohnlich aus, zwar noch ohne Teppichboden, ohne Gardinen, ohne all die kleinen Dinge die einen Raum persönlich und gemütlich machen. Aber ich war allein, unbeobachtet, nur mir selbst verantwortlich für mein Tun und Lassen.

Damals schrieb ich noch nicht Tagebuch, auch kann ich mich nur verschwommen erinnern an diese ersten Stunden und Tage. Deutlich ist mir nur noch das große breite Fenster mit dem herrlichen Blick über Stuttgart zu den Hügeln auf der anderen Seite und das Gefühl einer großen Befreiung. Ich glaube, ich war glücklich, dankbar, seltsamerweise ohne Furcht oder gar Zweifel.

Ganz neu war für mich natürlich auch die kleine Küche und die Möglichkeit bzw. Notwendigkeit, Nahrungsmittel einzukaufen und für mich zu kochen. Die Gerichte und Mahlzeiten im

Kloster, bestimmt von der wenig geschmacksfreundlichen norddeutschen Küche, erschienen mir zur Nachahmung wenig anziehend. Selbst hatte ich auch nicht wirklich kochen gelernt. Im Kloster setzte man sich an den gedeckten Tisch. Und jetzt: Die vollen Regale in den Läden verwirrten bzw. erschlugen mich fast, als ich zum ersten Mal den Supermarkt im Kaufhof durchwanderte. Wie ist es möglich, dass es so viele Käsesorten, so viele Wurst- bzw. Fleischsorten gibt. Erst sehr langsam begann ich ein einfaches Schweineschnitzel vom Kalbsfilet zu unterscheiden. Und erst die Gemüsesorten. Möhren, Kohl, Bohnen, ja, aber Paprika, Zuchini, ...??? Wie bereitet man die nur zu?? Bald stapelten sich einige Kochbücher in meinem Regal, fanden allerdings nie eine wirklich gute Anwendung.

Noch heute bin ich ein ziemlicher Kochbanause und kann immer nur die Kochkünste meiner Freundinnen bewundern.

Ähnlich verwirrten mich die anderen Abteilungen der Kaufhäuser und vor allem die Preisunterschiede. Viel Zeit verbrachte ich in den ersten Wochen mit Preisvergleichen, um auch wirklich das preisgünstigste Teil zu erlangen.

Überhaupt das Geld! Tatsächlich, rein materiell gesehen, waren da keine Schwierigkeiten. Mein erstes Monatsgehalt lag schon auf meinem Konto bei der Bank. Aber mein Inneres, meine Vorstellungen, geprägt von der Not der Nachkriegsjahre und dann geformt von den Einfachheitsbestrebungen im Kloster, wagte kaum mehr als das Notwendigste auszugeben. Zudem war ich es einfach nicht gewohnt, mit Geld um zu gehen. Das hatte allerdings zumindest den Vorteil, dass ich in all den kommenden Jahren nie mehr ausgegeben habe, als ich besaß.

Im Grund genommen aber bereitete mir die äußere Realität wenig wirkliche Probleme. Wahrscheinlich hatten mich die Not-Jahre nach dem Krieg in Berlin und die ständigen Geldnöte meiner

Mutter genügend bewusst und aufmerksam gemacht für die finanziellen Realitäten des Lebens, so dass selbst die behüteten und von Verantwortung freien Jahre im Kloster mich nicht ganz lebensunfähig machen konnten.

Arbeitsbeginn in der neuen Schule

Am 12. Januar begann die Schule, an der ich von nun an 20 Jahre unterrichten würde. Die Direktorin stellte mich den KollegInnen vor und führte mich an meinem Platz im Lehrerzimmer. Meinen Stundenplan hatte ich schon einige Tage vorher erhalten. Alles geschah recht ruhig und unaufgeregt. Ich erinnere nicht, dass mich dieser neue Beginn in meinem Berufsleben allzu sehr beeindruckte oder gar beunruhigte. Ich übernahm die mir zugewiesenen Klassen und begann meinen Unterricht, wie ich es wohl auch in Papenburg zum gleichen Zeitpunkt getan hätte. Irgendwie war mir die Atmosphäre in dieser Schule – Mädchenschule von Schwestern geleitet, gepflegt und geordnet – vertraut. Das einzig Neue war jetzt meine Zugehörigkeit zum „anderen Lager", zu den „weltlichen" Lehrern. Die Schülerinnen waren zudem diszipliniert, lediglich etwas weniger kritisch und auch etwas weniger leistungswillig bzw. -fähig als „meine Papenburger" es gewesen waren. Erst an der Tatsache, dass mir ab und an „bei uns in Papenburg" heraus rutschte, wurde mir langsam bewusst, wie sehr ich doch mit der Schule dort innerlich verbunden war. Auch vermisste ich den freien Blick auf Wiesen und Felder und lernte nur langsam den Autolärm zu überhören. Aber das waren unwesentlich Anfangsschwierigkeiten.

Studienbeginn am C.G.Jung-Institut

Einige Tage später begann für mich auch das Semester am C.G.Jung-Institut. Dieser Studienbeginn war das eigentlich Neue und wohl auch Bedeutsame in diesem zweiten Lebensabschnitt und verbunden mit hohen Erwartungen und Hoffnungen. Jetzt würde ich endlich erfahren, was „heilt" und wie ich meinem innersten Seelenzentrum, meinem Selbst und damit Gott näher kommen könnte. Eigentlich waren dies sehr religiöse bzw. höchst spirituelle Erwartungen. Nur war mir dies natürlich zu diesem Zeitpunkt überhaupt noch nicht bewusst. Auch wollte ich ja so wie alle anderen Studierenden einen Zweitberuf erlernen, der natürlich auch trockenes Sachwissen und zahlreiche Prüfungsarbeiten und -belege erforderte. Mit der Erfüllung der Studienanforderungen sollte ich keine Schwierigkeiten bekommen, schließlich hatte ich „arbeiten", hatte ich lernen gelernt, aber Enttäuschungen hinsichtlich der Lerninhalte und der geistigen Ausrichtung waren so vorgrammiert.

Beginn der Lehranalyse

Meine erste Lehranalysestunde war für Ende Januar angesetzt. Auf Anraten der Sekretärin des Instituts hatte ich mich schon im Herbst an Herrn X. gewandt, der mir bald einen Platz zusicherte.

Entsprechend den oft seltsamen Fügungen in meinem Leben war Herr X. katholischer Theologe im Grundberuf und so entstand sehr schnell eine gewisse Affinität. Mein tatsächliches Anliegen, mit dem ich sehr viel mehr anstrebte als einen mehr oder weniger lukrativen Zweitberuf, konnte er wohl am intensivsten erspüren und wahrnehmen. Auch erfasste er sehr schnell mein größtes Problem, nämlich meine Unfähigkeit, meine Gefühle wahrzunehmen und sie auch noch sprachlich zu äußern. Immer wieder fragte er: „Und was fühlen Sie?", bis er mich so in Rage brachte, – schließlich berührte er immer wieder meine wundeste Seelenstelle – dass ich nur noch abwehren konnte: „Wenn sie noch einmal fragen, was ich fühle, springe ich Ihnen ins Gesicht." Dass ich diesen Satz noch so genau erinnere nach über 30 Jahren, zeigt mir wie intensiv unsere gemeinsame Arbeit wurde.

Auch die Träume der ersten Wochen zeigten, dass eine intensive Erforschung- und Introjektionsphase begann. Man nennt diese ersten Träume, wie ich später erfuhr, Initialträume mit archetypischem Charakter und betrachtet sie auch als voraus weisend auf den weiteren Prozess der Therapie, die in den ersten fünf Jahren sehr viel Raum einnahm in meinem Leben und es in hohem Maß beeinflusste.

Neue Freunde

Einen vierten Eckpfeiler gleichsam für mein neues Lebensgebäude bildeten die ersten Freundschaften, die zum Teil bis heute gehalten haben und mein Leben bereichern.

Schon in den ersten Tagen begegnete mir in dem neuen Wohnhaus, indem ich mein Appartement gemietet hatte, Almuth. Sie suchte jemanden, der ihr das Funktionieren ihrer Wohnungsklingel bestätigte, was ich gerne tat. Wir kamen ins Gespräch. Sie hätte gerade eine Scheidung hinter sich. „Ja, etwas Ähnliches habe ich auch hinter mir." Das war unsere erste Kontaktaufnahme und wurde mit einem Piccolo begossen. Einen Piccolo haben wir dann noch oft gemeinsam getrunken und dabei vieles, was für mich so wichtig war, besprochen. Almuth war Verkaufsleiterin bei Dior und entsprechend konnte sie mich einführen in „die Dinge dieser Welt". Sie lehrte mich das Schminken und die Auswahl der richtigen Produkte. Sie führte mich ein in Fragen der Mode und schließlich sogar – als das dann im zweiten Jahr aktuell wurde – in intime Beziehungsfragen. Ich schrieb ihr im Gegenzug die Referate für ihre Auftritte bei Dior-Konferenzen in Paris. „Demzufolge ohne Zweifel ergibt sich daraus dass.." wirkte enorm und gab ihren Verkaufsberichten den nötigen intellektuellen Schliff. Wir haben viel gelacht zusammen und erholten uns immer wieder in der damals noch existierenden Breuninger-Sauna (Übrigens auch ein völliges Novum für mich.).

In dieser aller ersten Zeit trat noch eine andere ganz besondere Freundin in mein Leben: Ingrid. Eine Bekannte aus dem Meditationskurs hatte mir ihre Adresse vermittelt. Ingrid war schon lange Kinder- und Jugendlichenpsychotherapeutin und ich erhoffte mir von ihr genauere Informationen über die Steuersituation in diesem Beruf. Doch – in ihrem gemütlichen Sofa sitzend und aufgenommen, als würde wir uns schon lange kennen, fühlte ich mich so wohl, dass ich meine Steuersorgen ganz vergaß und wir uns schon nach kurzer Zeit ganz anderen Themen zugewandt hatten und Ingrid mich einführte in den Umgang mit dem I-Ging.

So wurde Ingrid vom ersten Tag an für mich eine Vermittlerin nicht nur in spiritueller, sondern auch in praktischer Hinsicht, vor allem aber auch in der Vermittlung ihrer Freunde, die bald auch meine Freunde wurden und mit denen mich bis heute enge Freundschaft verbindet.

Auch die Verbindung mit Marie-Luise, die mir im Herbst so helfend zur Seite gestanden hatte, hielt ich aufrecht. Über ihren Mann, der ein Autohaus besaß, konnte ich dann auch Ende des Jahres einen preiswerten Gebrauchtwagen erstehen. Mein erstes eigenes Auto: VW-Käfer, mausgrau. Die Farbe kam mir wohl nicht ganz zufällig zu, fühlte ich mich doch in dieser ersten Zeit mehr oder weniger bewusst auch irgendwie mausgrau; denn das, was man gewöhnlich „Weiblichkeit" nennt, fehlte mir noch ganz. Zwar sah ich, wie ich heute aus Photos entnehmen kann, noch verhältnismäßig jung, sportlich, sogar etwas dynamisch aus, aber ich wusste es nicht und fühlte mich als weibliches Wesen minderwertig. Meine Wirkung und meine Bestätigung in der Außenwelt hatte ich doch bis dahin ganz durch meine intellektuellen und pädagogischen Fähigkeiten bezogen. Damals wusste ich glücklicherweise noch nicht, wie lang und oft auch schmerzhaft der Entwicklungsweg sein würde, bis ich mich bewusst als Frau erfahren und bejahen konnte.

Und meine Beziehung zur Kirche?
Zunächst ging ich „treu" jeden Sonntag zur Eucharistiefeier in der meiner neuen Wohnung nahe gelegenen Kirche. Ja, ich suchte zuerst sogar Kontakt zur Gemeinde nach dem Gottesdienst. Doch jedes Mal, wenn ich nach Hause kam, fühlte ich mich elender, depressiv, resignativ. Ich vermisste Leben, Farbe, Bewegung, etwas, was das Herz anspricht. Alles wirkte so eingefahren und unlebendig, Bald rang ich mich durch, überwand alte „Gewissensnormen", blieb zu Hause und verbrachte den Sonntag Morgen mit Meditation und einem guten Frühstück bei klassischer Musik.

Die Klassengottesdienste in der Schule allerdings blieben mir ein wichtiges Anliegen und wir – meine Schülerinnen und ich – verbrachten viel Zeit, Phantasie und Sinnsuche bei ihrer Vorbereitung. Entsprechend war mir auch der Religionsunterricht jeweils in meiner eigenen Klasse der wichtigste und liebste Unterricht. Glücklicherweise konnte ich mich in der Mittelstufe noch um die häufig mehr oder weniger eintönigen Themen des Lehrplanes herum mogeln und viel auf die Bedürfnisse und Fragen meiner Schülerinnen eingehen.

20. Die Lehranalyse

Über meine Lehranalyse muss ich ausführlicher berichten; denn sie sollte mein Leben in den nächsten Jahren am intensivsten erfüllen, ausfüllen und beeinflussen.

Natürlich kann ich mich heute nicht mehr an die Deutungen meines Lehranalytikers erinnern. Auch schrieb ich in den ersten Jahren ja noch kein Tagebuch. Lediglich die Träume und einige Imaginationen des ersten Jahres habe ich noch aufbewahrt. So kann ich nur aus der Distanz von mehr als 30 Jahren und meinen heutigen Erfahrungen mit meinen und fremden Träumen zu verstehen suchen, welche Kommentare und Anregungen mein Unbewusstes in diesem ersten Jahr in der „Welt", in der neuen Umgebung und in der ganz vom Denken C. G. Jungs beeinflussten Therapie gab.

Träume

Schon zur zweiten Sitzung brachte ich einen mir damals überaus fremdartig wirkenden Traum mit:

„Ich bin mit anderen zusammen. Neben mir sitzt eine Frau, neben der wiederum ein kleiner Affe sitzt. Dieser Affe wird gleich ein Junges zur Welt bringen. Ich wundere mich, wie das bei Tieren doch alles so ganz einfach, noch ganz instinkthaft geht. Der Affe legt sich auf den Boden und presst...

Ein dunkle, fast schwarz gefärbte Fruchtblase kommt aus ihm heraus. Jemand spricht von „tot", aber es scheint dann doch alles normal zu verlaufen. Eine Frau öffnet nun – nachdem auch die Nachgeburt herausgekommen ist – die Fruchtblase, das Fruchwasser sürzt heraus und das neugeborene Tier kommt zum Vorschein, sehr schön, irgendwie majestätisch, denke ich. Das neugeborene Tier wird neben das Affenoberhaupt gesetzt. das wiederum auf einer Art Thron sitzt.

Gleich soll das Essen beginnen. Wer sitzt wo? Der große königlich Affe ist auf einmal ein Mann und sitzt neben mir."

Mir scheint dieser Traum nicht nur deshalb wichtig, weil er der erste ist, den ich in die nun beginnende und fünf Jahre dauernde

Analyse brachte, sondern weil in ihm das Thema anklingt, das mich zur Austrittsentscheidung bewegt hat: „instinkthaft, naturhaft". Gewählt habe ich damals den „Weg der Natur" und nun bringt dieser erste Traum in Stuttgart wie zur Bestätigung diese Affengeburt. Zwar ist die noch gefüllte Fruchtblase ganz schwarz, jemand meint sogar, das Affenkind sei tot, so als wäre gleichsam alles zu spät, die Instinkt-Natur schon gestorben. Doch das Affenkind lebt.

Während ich mit dem Schreiben dieses Kapitels umging, fiel mir Phyllis Krystalls Buch „Monkey Mind"[21] wie zufällig in die Hände und ich schlug das Kapitel „Hanuman" auf. Verwunderung ergriff mich, als ich nun in diesem Zusammenhang auf einmal ganz neu las, was ich schon länger wusste:

Hanuman wird im Ramayana, einem der uralten Hindu-Epen, als Affengott, als Sohn des Windgottes vorgestellt. Krystal schreibt dazu: „Als Affe versinnbildet er unsere animalische Natur oder unsere Instinkte mit all ihren Begierden und Abhängigkeiten. Zugleich aber zeigt er durch sein Beispiel den Weg, der aus dem Dilemma herausführt. Dadurch dass er sein ganzes Leben dem Dienst an Rama widmete, gelang es ihm, seine Tiernatur mit dem atman, dem göttlichen Kern, zu verbinden und auf diese Weise sein Bewusstsein von der instinktgebundenen, unbewussten Stufe auf die eines bewussten und entwickelten menschlichen Wesen zu heben."[21]

Der Traum verweist durch die Verwandlung des Affenkönigs in einen Mann, der schließlich bei Tisch neben mir sitzt, auf diese Bewusstwerdung. Es wird nicht mehr nur um die Entwicklung instinkthafter Aspekte oder der männlichen Seite in mir gehen, also um die Fähigkeit, meine Lebensrealität zu bewältigen, sondern um die Entwicklung der männlich-geistigen Seite, die C.G. Jung „Animus" nennt und als einen Vermittler zwischen Bewusstem und Unbewussten und inneren Seelenführer zur geistigen Welt versteht[22].

Wie sehr ich dieser inneren Führung bedurfte, zeigt der zweite Teil dieses Traumes, der nun nicht mehr archetypisch ist, sondern höchst real auf die nächste Arbeitsaufgabe in der Therapie verweist:

„Mir gegenüber bei Tisch sitzt eine Therapeutin. Sie spricht mit mir über über mein recht reiches pädagogisches und psychologisches Wissen. Es bestünde aber die Gefahr, dass ich es nicht in der Tiefe integrierte und dadurch manchmal unpassend damit umginge. Ich spüre, dass sie Recht hat, verstehe aber noch nicht ganz..."

Ich hatte offensichtlich eine sehr liebevolle innere Therapeutin, die mich vorsichtig auf meine recht störende Tendenz zu abgespaltener Intellektualität verwies, die nichts mit wirklicher Geistigkeit zu tun hat.

Ein weiterer Traum, den ich einige Wochen später hatte, scheint mir für diese erste Phase wichtig, weil offensichtlich zukunftsweisend:

„Ich gehe zusammen mit vielen Studierenden aus dem Institut einen Weg. Der Weg wird immer mühsamer und steiler. Ich versuche ganz gesammelt zu sein und weiter und weiter zu gehen. Immer mehr Teilnehmer bleiben zurück. Schließlich kommen wir zum Eingang einer großen Höhle. Zwei Fackeln brennen vor dem Tor. Mir ist unheimlich zu mute. Am liebsten würde auch ich wieder fortlaufen. Aber da erfahren wir von einer Frau, dass es eine besondere Bewandtnis habe mit dieser Höhle. In dieser Höhle befänden sich alle Bilder der Schmerzen aus allen Kriegen, aus allen Zeiten, gleichsam aller Schmerz der Welt wäre hier in Bildern. Auch wenn ich schon viele Bilder der Schmerzen gesehen hätte, wäre es gut, durch diese Höhle zu gehe. Wenn man das durchgestanden hätte, besäße man eine größere Fähigkeit, Schmerz zu verstehen und Schmerz durch zu tragen. Ich bin bereit durch die Höhle zu gehen. Ein mir unbekannter Mann in meinem Alter wird mitgehen."

Bedarf dieser Traum einer Deutung? Wohl kaum. Der therapeutische Weg, der ja zunächst immer auch ein Weg durch die

„Unterwelt", durch die Tiefen des Unbewussten ist, wird an schmerzvollen Er-innerungsbildern vorbeigehen. Diese Schmerzen sind nicht nur meine ganz individuellen, sondern meine Schmerzen sind Schmerzen, wie sie viele Menschen erfahren und erfahren haben, es sind Menschheitsschmerzen. Und in dem Maß, wie ich meine Schmerzen erfahre und durchstehe, werde ich die Schmerzen der Menschen, die mir begegnen, verstehen und mit tragen können. – Ich glaube nicht, dass ich diesen Traum damals schon in seiner ganzen Tragweite erfasst habe, hätte überhaupt erfassen können, vielleicht sogar glücklicherweise nicht. Erst heute nach so vielen Schmerzerfahrungen, meinen und denen meiner Patienten, mit dem Wissen, dass alle unterdrückten Tränen irgendwann geweint werden wollen, erfasst mich doch ein leichtes Schaudern angesichts dieser Voraussage aus meinem Unbewussten.

Auf einer weniger archetypischen, mehr persönlichen Ebene löste dieser Traum unzählige Austritsträume aus, die verbunden waren mit Schmerz, Abschiedsschmerz, Erkenntnissen über Versäumnisse, Entbehrungen. Ich wurde konfrontiert mit „altem, ausgedientem Gerümpel", d. h., alte Gedankenformen wollten bewusst und aufgelöst werden. Verdrängte Gefühle tauchten aus der Tiefe des Unbewussten auf als Bedürfnisse nach Zärtlichkeit und Nähe. Vitale Impulse zeigten sich in vielen „inneren" Tieren (Katzen, Hunde, Pferde). Traumszenen mit intimen Beziehungen zu und mit jungen und gleichaltrigen Männern bereiteten mich vor auf die sexuellen Begegnungen im Leben.

„Affären"

Zuerst begegnete mir in der Außenwelt G. in einem Psychodrama-Seminar. Während einer Übung am „Boden des Meeres" kamen wir uns näher. Mit „Ich bin verliebt in deine Stimme" lud er mich am Abend zum Essen ein. Auch mir gefiel G., ein warmherziger Schweizer in meinem Alter, und nur zu gerne nahm ich die Einladung an. Als er schließlich nach gutem Essen und anregendem Gespräch meinte, er würde gerne noch eine Tasse Kaffee bei mir zu Hause trinken, verstand ich sofort. Zwar ganz ungewohnt und unerfahren in solchen Ritualen, wusste ich : Jetzt oder nie. Und zu Hause, noch im dunklen Zimmer am Fenster mit Blick zu Mond und Nachthimmel, natürlich ohne Tasse Kaffee, spürte ich bei seiner Umarmung wohl zum ersten Mal in meinem Leben eine ungeheure Erregung und ...Es wurde meine erste Nacht mit einem Mann und es war eine schöne Nacht. Wir trafen uns noch einige Male, aber G. war verheiratet und wollte, wohl auch im Zusammenhang mit seiner Analyse, das jünglingshafte Vagabundieren aufgeben, sehr zu meinem Bedauern.

Dann begegnete mir, nur wenige Monate später, K. anlässlich der Taufe meines Patenkindes. K. war der – inzwischen geschiedene – Mann einer Cousine und mir bekannt noch aus meiner Zeit in Berlin durch die immer etwas anrüchigen Erzählungen meiner Mutter über die Ereignisse in der Verwandtschaft. Doch ich war ja entschlossen, alte Normen aus meinem Leben zu verbannen und da K. sehr eindringlich um meine Zuwendung warb, sich die Gelegenheit im Haus einer anderen Cousine bot, ließ ich mich doch recht schnell ein. K. war mit Frauen erfahren und verfügte über ungemein interessante Themen. Es wurde nie langweilig mit ihm, ob er nun über Fliegen, Segelfliegen, Segeln, Reiten, Reitturniere, Kochen oder Geschäftliches plauderte, mir erschloss er gleichsam eine ganz neue, bis dahin unbekannte Welt. Auch kannte er edle Hotels und wusste köstliche Menüs zu bestellen. Leider allerdings machte meine Seele diese Affäre – wie man heute so schön formuliert – nicht allzu lange mit. Als er mich zu einem Backgammon -Turnier auf die Bahamas einlud, – ich war gerade dabei, mein Einzimmerappartement zu verlassen, um in eine größere Wohnung mit Praxisräumen um zu ziehen, – spürte ich deutlich, dass ich „Schluss machen" müsste, dass meine „Seele" diese doch mehr sexuelle Beziehung nicht länger wollte. K. akzeptierte dies ohne Widerspruch.

Vielleicht war ihm auch die ehemalige „Nonne", die sich noch so „ehrlich und unverbraucht erregen" konnte, doch etwas ungewohnt. Ich hatte jedenfalls meine ersten Erfahrungen gemacht und würde nicht „als Jungfrau ins Himmelreich eingehen".

Die Beziehung zu meinem Lehranalytiker

Viel wichtiger und tiefgreifender war für mich die Beziehung zu meinem Lehranalytiker. Die Begegnungen mit ihm bedeuteten mir unendlich viel. Zweimal in der Woche konnte ich nun alles, was mich bewegte, Träume, Gedanken, Gefühle, Wahrnehmungen, Ereignisse, Ängste, Hoffnungen, Fragen jemandem erzählen, dem ich glaubte vertrauen zu können, von dem ich mich wahrgenommen und angenommen fühlte, und, was mir vor allem wichtig war, war das Wissen, dass es um eine wirkliche Weiterentwicklung ging, um einen „Individuationsweg", wie Jung es nennt, auf dem alles dieser Annäherung an das Selbst, dem göttlichen Zentrum im Menschen, dient. Und in diesem Sinn erhielt ich zunächst Erhellung und vor allem Ermutigung.

Imaginationen in die Tiefe des Unbewussten

Die Träume aus dieser fünf Jahre in scheinbar unkomplizierter Harmonie verlaufenden Lehranalyse habe ich vom zweiten Jahr an aus einer besonderen Situation heraus vernichtet, aber aus den ersten Sommerferien entdeckte ich noch eine Imaginationsserie, die mich heute durch die Klarheit der Bilder und die Konsequenz der inneren Führung wahrscheinlich sehr viel tiefer beeindruckt als damals. Diese Imaginationen entwickelten sich innerhalb von 6 Wochen. Sie begannen nach einem 14tägigen Wanderurlaub in den Dolomiten, an dessen Ende ich mir den linken Unterarm gebrochen hatte. Wieder zu Hause angekommen, war ich natürlich frustriert, wütend über mein Schicksal, nutzte dann aber doch die Zeit der Sommerferien, nach innen zu spüren und nach den Ursachen dieser so unangenehmen Handlungsunfähigkeit zu forschen.

Gleich in der ersten Imagination saß ich mit einem Indianerhäuptling vor einem lodernden Feuer. Stumm und maskenhaft erlebte ich ihn. Erst auf mein Drängen und Fragen nach meinen heftigen Wut-, Schmerz-, Angst-, ja Verzweiflungsausbrüchen zeigte er zunehmend sein Gesicht und sprach mit mir, bestärkte mich im Ausbruch all meiner verzweifelten Emotionen, Affekte, die so lange unterdrückt waren und nun wahrgenommen werden wollten. Schließlich ließ er das Feuer in sich zusammen sinken und dann wieder auflodern. Ich begriff: Besser ein loderndes Feuer in der Seele als dieses langsame Verglimmen und Dahinsiechen. Zum Abschluss dieser Begegnung ließ er mich in der Mitte des Feuers einen glänzenden Bergkristall sehen, der in mir Hoffnung weckte auf das Finden der „Kostbarkeit" in der Seele.

In einer zweiten Imagination führte mich der Häuptling in die Tiefe der Erde, in einen langen Gefängnisgang und an Zellentüren vorbei. Ich hatte Angst vor den hier eingesperrten Gefangenen, fühlte mich eingeengt, glaubte keine Luft mehr zu bekommen. Doch er ermutigte mich, die Zellentüren zu öffnen und einen unbekannten Mann heraus zu lassen.

Wem ich sie geöffnet hatte, wagte ich erst in einer folgenden Imagination zu erfragen: Wer war dieser Mann? Was liebte er? Warum war er eingesperrt? Wo ist er hingegangen? Und ich bekam eine Antwort, die in mir den mir so bekannten Sehnsuchts-schmerz auslöste:„Er liebte die Sonne. Er liebte das Meer. Darum hat man ihn eingesprerrt."

Welchen Seelenanteil verkörperte dieser in der Tiefe des Unbe-wussten gefangene Mann? so fragte ich mich im Anschluss an die-se Erfahrung.. War er ein positiver Animus-Aspekt, ohne den nach C.G.Jung ja eine echte Geistigkeit und Spiritualität nicht wirklich möglich ist?[22] Er liebte „die Sonne", das Sinnbild für „erwachendes Bewusstsein und Erleuchtung der seelischen Bereiche" [23], er lieb-te das Meer, das hier wohl steht für das Unbewusste, die tiefen, im Dunkel liegenden Seelenschichten, die dem modernen Menschen, aber auch wohl dem kirchlichen Menschen Furcht einflößen. Er war verbannt worden in meiner Vergangenheit dieses oder frühe-rer Leben.

In einer weiteren Imagination ging es um die bedrohlich Be-gegnung mit einem krebsartigen Ungeheuer. Nur mit Hilfe des Häuptlings und einer List gelang die Überwindung. Hier droh-te die Gefahr, die aus vielen Märchen bzw. Heldenfahrten bekannt ist, nämlich das Verschlungenwerden von den negativen Kräften des Unbewussten.

Die danach folgende Höhlenfahrt aber ließ mich den heilenden Gegenpol erfahren. Ich trug ein goldfarbenes Kleid, das Kleid neu-er Bewusstheit, und der Häuptling führte mich in einen schlichten romanischen Kapellenraum mit einem Altar in der Mitte und einer Muttergottesfigur im Hintergrund. Dort verweilten wir in Stille.

In einer vorletzten Imagination befand ich mich wieder am Strand, am Meer und sah plötzlich vor mir ein neugebore-nes Kind in einem kleinen Korb. Der Häuptling bedeutete, es sei mein Kind. Ich nahm es in den Arm, gab ihm zu trinken. Ein seltsames, tief berührendes Gefühl erfasste mich! Dann führte mich der Häuptling durch die Dünen in einen Wald zu einem kleinen Haus. Hier hätte ich zu warten, bis der Mann käme, der die Sonne liebt. Vor dem Haus befand sich ein Brunnen mit frischem, kühlen Wasser.

Wer ist dieses neugeborene Kind? Seine Bedeutung zu verstehen wurde mir nicht ganz einfach. Ein physisches Kind ist ganz sicher nicht gemeint. Auch einfach nur an neue Möglichkeiten zu denken, erschiene zu vordergründig. In C.G.Jungs Ausführungen „Zur Psychologie des Kind-Archetypus" jedoch finde ich heute einen Abschnitt, der mich tief berührt und mir in diesem Zusammenhang Sinn zu machen scheint:

„Das ‚Kind' tritt als eine Geburt des Unbewussten aus dessen Schoß hervor, gezeugt aus der Grundlage menschlicher Natur, oder besser noch, der lebenden Natur überhaupt. Es personifiziert Lebensmächte jenseits des beschränkten Bewusstseinsumfanges, Wege und Möglichkeiten, von denen das Bewusstsein in seiner Einseitigkeit nichts weiß, und eine Ganzheit, welche die Tiefen der Natur einschließt. Es stellt den stärksten und unvermeidlichsten Drang des Wesens dar, nämlich den, sich selber zu verwirklichen. Es ist ein mit allen natürlichen Instinktkräften ausgerüstetes Nichtanderskönnen, während das Bewusstsein sich stets in einem vermeintlichen Anderskönnen verfängt."[24]

Hier sind sie wieder die Worte „Natur, Instinkt, Selbsverwirklichung", um derentwillen ich ausgezogen war entgegen allen rationalen Bedenken des Bewusstseins. Das „Kind" bezeugte mir gleichsam: Du bist auf dem richtigen Weg und neue Lebenskräfte werden dir zuwachsen.

Die Serie endete mit einer kurzen Szene, in der mich der Häuptling zu einem Teich führt, in dessen Mitte eine Seerose blühte. Zum Abschluss der Begegnung schenkte er mir eine Seerose, die ich mir oft anschauen sollte.

Die „Seerose" ist – ähnlich wie die Lotosblüte – ein Symbol für die zu erreichende Kostbarkeit, das „Selbst", und der Häuptling reichte sie mir als zukunftsweisende Ermutigung.

Und wer war, ist, dieser weise, wissende Indianerhäuptling?

Vorschnell könnte man meinen, er sei ein Animus-Aspekt, hier als Seelenführer zwischen Bewusstsein und Unbewussten. Aber auf diesen „Mann, der die Sonne liebt und das Meer", muss ich ja gerade noch warten in der Einsamkeit der Hütte im Wald. So weit war meine Seele bzw. meine Person zu diesem Zeitpunkt ja noch gar nicht entwickelt. Die ganze Serie ist ja gleichsam erst ein kühner Entwurf dessen, was möglich werden kann, was sich verwirklichen kann in den kommenden Jahren. Nach den Erfahrungen, die ich in den vielen Jahren meines inneren Weges machen durfte, bin ich heute überzeugt: Dieser Indianer war einer meiner Geisthelfer von einer Ebene des Göttlichen, der mir hier den Weg wies.

21. Erste Kinderbehandlungen

Im Frühjahr 1977 konnte ich meine Vorprüfung am C.G.Jung-Institut ablegen und wurde damit zum Anamnesenpraktikum, dem, wie mir schien, strapaziösesten Teil der ganzen Ausbildung, zugelassen. Danach endlich, im Herbst des selben Jahres, durfte ich mit Behandlungen beginnen, zunächst noch in einem Behandlungszimmer des Institutes.

Dann aber im Mai 1978 zog ich in eine größere Wohnung mit einem wunderbar weiten Höhenlagenblick ins Grüne. Hier konnte ich ein Therapiezimmer, ein Wartezimmer und ein kleines Elternberatungszimmer einrichten. Meine neuen Freunde halfen mir beim Umzug, bei der Einrichtung, bei den notwendigen Neuanschaffungen mit all ihren Erfahrungen. Ich war nicht mehr allein, sondern, was für mich noch ganz ungewohnt war, geborgen und getragen in einem Freundeskreis. Am 29. Mai schließlich, – genau drei Jahre nach meiner Entscheidung zum Austritt, – feierten wir gemeinsam den Einzug in meinen neuen Lebensbereich. Dass ich hier über 30 Jahre leben, arbeiten, meditieren, feiern, Krisen durchstehen und auch Beglückendes erfahren würde, konnte ich mir damals noch nicht vorstellen.

Hier also begann mein offizieller Weg als Kinder-u.-Jugendlichenpsychotherapeutin. Meine ersten „Behandlungskinder" waren Moni und Robert, dann kam Susanne, mein Examenskind. Da sie meine ersten Behandlungskinder waren, schrieb ich natürlich über die Stunden mit ihnen ausführliche Protokolle und die obligatorischen Referate, die ich nun aus den Tiefen meiner Bücherwand wieder hervor kramte. Nicht nur durch diese schriftlichen Ausführungen, auch in meiner Erinnerung berührten mich diese ersten Stunden bzw. Behandlungen sehr tief. Auf die Frage, die mich schon so viele Jahre begleitete: „Was heilt?" „Ist seelische Heilung überhaupt möglich?" begann ich erste Antworten zu finden.

Schon damals konnte ich erkennen: Die Heilungsmöglichkeit liegt in uns, in den Bildern und Aussagen unserer Seele. Ein innerer Heiler wirkt und führt durch sie. Nur – und hier liegt unserer große Schwierigkeit und Not: Können wir uns – Patient und Therapeut – diesem Wirken öffnen, es wahrnehmen und vertrauend zulassen und es mit Bewusstsein verstehen? Und sind wir geduldig genug, gemeinsam mit dem Patienten einen langen Weg zu gehen, um alte, schmerzhafte Verwicklungen zu lösen?

Die jüngeren Kinder waren in der Öffnung zu den Bildern ihrer Seele noch unverformt. Und sie konnten Vertrauen entwickeln zu mir, ihrer Begleiterin.

Wie sah es mit meiner Mitwirkung aus? Als Therapeutin war auch ich noch weitgehend offen, wenn auch immer wieder meine schnellen Gedanken urteilend, wertend, deutend eingreifen wollten. Doch mein Wissen um dieses schnelle extravertierte Denken ließ mich innehalten, hinschauen und abwarten. Zudem bewegte mich das unkomplizierte heitere, kindlich Spielen nach einem langen mental ausgerichteten Schulvormittag viel zu sehr, als dass ich mich ihm verschlossen hätte. Zunehmend konnte ich mich vertrauensvoll einlassen auf die Führung durch den Strom der Bilder aus dem Unbewussten meiner kleinen Patienten, konnte die Aussagen der Seele wahrnehmen und mich um ihr bewusstes Verstehen mühen.

Wenn ich heute zurück schaue auf die vielen Begegnungen und Behandlungen mit Kindern, Jugendlichen, Erwachsenen, so „liefen" – wie man so sagt – die Behandlungen gut, in denen die Patienten und ich uns der inneren Führung anvertrauen konnten. Dabei mussten es nicht immer Bilder, Träume... sein, die den Behandlungsverlauf bestimmten. Ich erinnere Verena, eine Jugendliche um 16, die unter einer schweren Magersucht litt. Gewöhnlich kam Verena und wusste gar nicht so recht, worüber sie sprechen „sollte", geschweige denn wollte. Träume hatte sie keine, Sandbilder zu gestalten, erschien ihr ganz unmöglich.. Das Seltsame aber war, dass sich nach höchsten 10 Minuten ein intensives Gespräch zwischen uns entwickelte, entweder über ihre gegenwärtige Situation, über die schwierige Beziehung zu ihren Eltern, zum Freund, über die beruflich Zukunft... Und diese Gespräche veränderten etwas in Verena. Lösungen entwickelten sich, Bewusstwerdung wurde langsam möglich. Verena wurde heil, heilte ihre Magersucht, fand einen ihr angemessenen Ausbildungsweg, schließlich einen neuen Freund, Aussöhnung mit den Eltern. Heute hat sie eine gute, sie ausfüllende berufliche Tätigkeit und eine harmonische Beziehung.

In der Begegnung mit ihr gab es also keine Bilder, keine besondere Technik, keine Mittel, Strategien..., aber: unsere Beziehung war vertrauensvoll und intensiv. Verena konnte sich wahrgenommen fühlen, wissen, erfahren. So wurde mir in dieser Behandlung in ganz besonderer Weise erfahrbar, in welchem Maß auch Wahrgenommen-Werden und vertrauensvolle Beziehung von Herz zu Herz jenseits aller Methodik und Technik zu heilen vermag.

Aber eine Beziehung kann – leider – nicht nur willentlich „gemacht" werden, sondern bedarf der Fügung von einer anderen Ebene. Auch das, was fließt von Seele zu Seele, verlangt Offenheit, vielleicht sogar „Hingabe" der beiden Partner in dem gemeinsamen Heilungsprozess und Offenheit dem inneren Führer gegenüber.

In der Erinnerung tauchen viele Gesichter, Menschen auf vor meinem inneren Auge, denen ich für eine Weile Mutter, Vater, Schwester, Bruder zu sein versuchte. So viel durfte ich durch sie erfahren, erleben, lernen... Viele Tränen, viel Wut, Ärger, Not, Schmerz, aber auch Lachen, Erleichterung, Ermutigung sind mit diesen Erinnerungsbildern verbunden.

Oft frage ich mich: Wie mag es ihnen allen gehen? Hat die Erfahrung eines gewissen Heil-Seins am Ende der Therapie angehalten? War die Heilung andauernd oder nur punktuell für einen gewissen Lebensabschnitt? Wie ging ihr Entwicklungsweg weiter?

Schon im kommenden Jahr sollte ich an und in mir selbst erfahren, dass es Schichten, Tiefen in unserer Seele gibt, die nur langsam und auf ganz verschiedenen Ebenen, nämlich z. B. auch über den Körper, erforscht werden können und wollen. Und auch hier gibt es Blockaden, Verhärtungen, Verkapselungen, die manchmal über die Träume nicht erreicht werden können. Erst sehr viele Jahre später würde ich erkennen und erfahren dürfen, dass in noch tieferen Schichten mitunter Blockaden, Versteinerungen, eiserne Fesseln aus früheren Leben auf Lösung und Heilung warten; denn solange sie nicht erkannt, wahrgenommen werden, drängen sie sich immer wieder störend in unser aktuelles Leben hinein.

So sollte meine Suche nach Heil und Heilwerden für mich und meine kleinen und großen Patienten noch lange weitergehen.

22. Erneuter Aufbruch

Im Herbst 1980 teilte mir mein Lehranalytiker ziemlich unvermittelt und unerwartet mit, dass ich nun nur noch einmal die Woche eine Analysestunde haben könnte. Ich war zunächst wie vor den Kopf gestoßen, wagte aber nicht meine Gefühle der Enttäuschung zum Ausdruck zu bringen, zumal es ja auch von ihm weder erwartet schien noch in irgend einer Weise erfragt wurde. Ich schluckte und machte mich unempfindlich, glaubte es sei in Ordnung. Auch begann ich mehr zu ahnen als zu begreifen: Ein Lebensabschnitt geht zu Ende.

Unruhe

Es muss eine seltsame Zeit inneren Erlebens gewesen sein, die dann folgte und an die ich mich – jedenfalls, was das innere Geschehen angeht, – kaum erinnere. In meinem Tagebuch jedoch entdecke ich Zwiegespräche mit Gott, die mich in ihrer fast etwas lyrischen Art heute verwundern. Sie sind erfüllt von Fragen und Rufen, von Sehnsucht, Schmerz, aber auch von Trost und Ahnung der möglichen Erfüllung.

Das Jahr 1981 begann ich mit einer sehr fragenden Reflexion:
„Leben – was ist Leben in dieser Welt?
Die Tage gehen dahin, einer um den anderen.

Dunkel ist es in meiner Seele und still –
und doch leuchtet der Stern.
Was will Er von mir, der da ruht in meiner Seele,
verborgen und doch anwesend,
sprechend und schweigend zugleich?"

In meinen Imaginationen zeigt sich zudem gegen Ende des Jahres ein neuer Führer:

„Ich steige eine lange Treppe hinter in die Tiefe, der Weg ist lang. Ich komme zu einem dunklen Wasser, das ich mühsam in einem Kahn überquere. Am anderen Ufer wartet ein junger Mann auf mich in langem weißen Gewand, ein Inder. Er reicht mir seine braune Hand, führt mich, so dass ich ihm sicher folgen kann in der Dunkelheit.

Der Gang führt in einen hellen, runden, sakralen Raum. Ein alter Mann sitzt der Öffnung, durch die ich eintrete, gegenüber. Er lädt mich ein, mich zu setzen. Jetzt schaue ich auf und erkenne ihn, sehe sein Antlitz so deutlich und klar, ein alter Mann, weise, strahlend, mit klaren, hellen, blauen Augen schaut er mich an. Ich fühle mich angenommen und beglückt. Ich solle nun endlich ernst machen und immer wieder zu ihm kommen. Nur so könne ich lernen, im Alltag zu leben, so trägt er mir auf. Dann entfernt er sich langsam."

Ich war dankbar für diesen neuen Führer, fühlte mich gut und sicher mit ihm. Aber hatte ich ihn verstanden, seinen Auftrag, immer wieder zu kommen in diesen sakralen Innenraum, ganz real ernst genommen und befolgt? Ich bin mir heute nicht so sicher.

Und dann begann dieses Jahr 1981, ein Jahr neuer Erfahrungen in gedrängter, fast bedrängender Fülle.

Klosteraustrittsträume tauchten erneut auf im Januar und Februar. Sie hätten mich eigentlich warnen und vorbereiten können darauf, dass ich erneut „auszutreten" hätte, auszutreten aus was?

Ich beachtete diese Träume nicht weiter, empfand sie eher als lästige Wiederholungen einer längst vergangenen Zeit. Heute allerdings im Nachhinein sehe ich klar: Es ging um Austritt aus dem, was ich mir in den ersten 5 Jahren an Sicherheiten errungen zu haben glaubte: Mein Beheimatet-Sein im Jung-Institut. Ich hatte hier Freunde gefunden, war in den Vorstand gewählt worden. Das Denken und die Erfahrungen mit der Lehre C.G. Jungs bestimmten mein Leben und gaben mir Hoffnung auf Weiterentwicklung. Die Beziehung zu meinem Lehranalytiker bedeutete mir viel. Über die Intensität und die Art und Weise meiner Übertragung auf ihn hatte ich mir bis dahin kaum wirklich Gedanken gemacht und wurde von ihm auch nicht dazu angeregt. Eine Unterlassung, die mir noch viel Schmerz und Enttäuschung bereiten sollte.

Immerhin: In den Osterferien schrieb ich noch in Ruhe und innerer Freude meine Examensarbeit auf der Terrasse von Freunden – in der Sonne, mit Blick in die Weite und umringt von aufblühenden Frühlingsblumen.

Erste Erfahrungen in der Körpertherapie

Dann aber kamen die Pfingstferien und zum ersten Mal fuhr ich nach Lenggries in Oberbayern zu Lucie Lentz[25]. Freunde hatten mir von ihrer wirkungsvollen Körperarbeit erzählt und ich erhoffte mir bei ihr Weiterentwicklung, zumal es mir in der Analyse nicht mehr so recht weiterzugehen schien.

Lucie Lentz – an meine erste Begegnung mit ihr kann ich mich nicht mehr erinnern, aber in mir ist von ihr im Laufe der vielen Jahre das Bild einer alten weisen Indianerin, einer Heilerin aus tiefen Naturgründen entstanden.

Ihre heilende Arbeit mit mir, an mir, an meinem Körper und meiner Seele lösten tiefe Erfahrungen aus: Angst zuerst, Schmerz,

Erfahrung von Blockaden, aber zunehmend auch Befreiung, fast Erlösung und Beglückung.

Schon nach der ersten Stunde erwache ich mitten in der Nacht mit lautem Herzklopfen und Angst vor dem Beginn eines neuen inneren Prozesses in die Tiefe. Ich spürte nicht nur Angst, sondern auch Beklemmung und Enge. Die Imaginationen während dieser Woche in der Nacht und am Tage lassen mich erst heute mehr verstehen, was damals in mir ausgelöst wurde.

Erneut ging es um ein Hinabsteigen in dunkle Erdgänge, die mir Angst machten. Eine schwarz gekleidete Frau ging schließlich vor mir her und führte mich in eine hell erleuchtete Höhle. Ich „wusste" auf einmal: Dies ist die Erdgöttin. Sie legte ihre Hand auf meinen Rücken: „Lass kommen, was kommen will..." Ruhe und Vertrauen erfüllten mich und Sehnsucht nach Heilwerden.

Schon in dieser Nacht erkannte ich, dass es um eine erneute Regression, ein Zurückgehen zu den Wurzeln der Existenz geht, zu frühkindlichen Erfahrungen vielleicht, aber auch zu archetypisch naturhaften Ebenen, wie durch das Erscheinen der dunklen „Erdgöttin" voraus gedeutet wird.

Es ist seltsam, aber ich habe aus dieser ersten Zeit in meinem Tagebuch keine Aufzeichnungen oder auch nur Notizen darüber, was Lucie konkret tat, wie sie mit mir arbeitete. Auch erinnere ich mich nicht mehr daran. Ich finde nur weitere Imaginationen aus den folgenden Nächten, in denen es um das Er-innern und erneut Durchleben von Gefühlen der Verlassenheit, des Schmerzes, des Abgestorbenseins ging. Dann aber folgten Imaginationen, in denen ich Wiederbelebung, neues Leben, Ströme von Energie und Nähe der mich heilenden Göttin erfahren durfte.

In den Wochen nach diesen Pfingstferien bis zu den Sommerferien tauchte allerdings immer noch viel Schmerz auf, in Wellen, wie

Wehen, immer wieder neu. Alte, vergangene Situationen aus der Klosterzeit begleiteten diesen Schmerz. Ich sah mich in der Sakramentskapelle, in der großen dunklen Kirche am Abend. Ich fühlte wieder die Einsamkeit, das Alleinsein, die Enge, die Auswegslosigkeit – alles wie zusammen gedrängt auf den einen Augenblick – jetzt – Schmerz vieler Jahre – jetzt. Daneben aber das deutliche Bewusstsein: heute ist es anders. Ich bin nicht mehr allein, verlassen, in Auswegslosigkeit. Ich bin geborgen im Sinn meines Lebens.

Konzentrative Bewegungstherapie

Im Juli, zu Beginn der Sommerferien, nahm ich zum ersten Mal an einem viertägigen Seminar in Konzentrativer Bewegungstherapie bei Ursula Kost teil. Es fand in einem alten Kloster in wunderschöner Umgebung statt. Wir waren nur 10 Teilnehmer, eine Gruppe, in der bald Vertrautheit und Vertrauen möglich wurden. Ursula löste mit ihrer schlichten Wärme und Zuwendung in mir Vertrauen und Offenheit aus. Da sie Körpererfahrungen auch ganz in eine analytische Bewusstmachung einzuordnen wusste, fühlte ich mich bei ihr am richtigen Platz und entschied mich bald auch für eine Ausbildung in KBT. Diese teils theoretische, aber vorwiegend praktische zweijährige Ausbildung ermöglichte mir weiteres Aufarbeiten leidvoller Erfahrungen aus der Kindheit und einengender Verdrängungen aus der Klosterzeit.

Sehr berührt mich im Nachhinein eine Serie von Imaginationen mit dem Motiv des „Tränenbrunnens", die mir die Auswirkungen dieser Tage noch heute eindrücklich nach erlebbar machen und die gleichsam das innere Geschehen im Bild verdichten. Die Serie begann in diesem ersten KBT-Seminar:

„Ich bin in einem unterirdischen Kerker, einem gewölbeartigen Verließ. Ganz oben ist ein kleines vergittertes Fenster angebracht.

Ich sitze an einem leeren Brunnen, traurig, mit viel Schmerz. – Ich entdecke auf einmal, dass die Tür des Kerkers offen ist, ich also eigentlich jeder Zeit gehen könnte. Da erblicke ich die Erdgöttin. Sie gibt mir zu verstehen, dass der Tränenbrunnen eingetrocknet sei. Ich müsste hier so lange sitzen, bis der Tränenspiegel wieder hoch gebracht sei und damit auch mein Schmerz fließen könnte."

In einer zweiten Imagination steigt aus dem ausgetrockneten Tränenbrunnen eine bleiche junge Frau. Sie ist schwach und elend, bekleidet nur mit einem ärmlichen langen weißen Kleid.

In weiteren Imaginationen beginnt die Frau sich aufzurichten und der Wasserspiegel des Tränenbrunnens wird sichtbar, steigt schließlich. Jetzt spricht die Erdmutter zu mir:

„Meine nicht, du könntest den Schmerz so schnell zum Fließen bringen – den Schmerz, der erstarrt war so lange Zeit. Anschauen und erleben, erleiden musst du ihn zuerst, bevor du Abschied nehmen kannst von ihm, bevor er zum Bach wird, zum Fluss, zum Strom ins Leben."

Einen Tag später befindet sich der Brunnen nicht mehr im Verließ, sondern in einem fruchtbaren Tal, das umgeben ist von hohen bewaldeten Bergen. Ein Bergbach fließt in diesem Tal. Ich sitze angelehnt an den Brunnen in der Sonne.

Vier Jahre später übrigens, als ich schon meine Lehrerin Mrs Tweedie gefunden hatte, findet diese Serie ihren endgültigen Abschluss damit, dass ich die ehemals bleiche Gestalt gesundet und in einem hellgrünen Kleid erblicke und wir miteinander in Mrs Tweedies Raum tanzen.

23. Weitere Erfahrungen in der Körperarbeit und Abschlussexamen am Jung-Insitut

Die Wochen bis zu den Herbstferien, in denen ich Lucie erneut würde besuchen können, erschienen mir unendlich langsam zu vergehen. Natürlich ging ich zur Schule und hielt meinen Unterricht. Irgendwie hatte ich im Laufe der Jahre sehr gut gelernt, zu unterscheiden zwischen Außen- und Innenwelt und meine äußeren Tätigkeiten unbeeinträchtigt zu lassen von meinen inneren Wirren und Turbulenzen. Und die gab es in meiner Seele. Dunkel war es oft, bedrohlich stieg immer wieder Schmerz auf, den ich nicht erklären und noch weniger meinem Lehranalytiker verstehbar zu machen wusste. Ich fragte mich zudem, ob es wirklich richtig sei, die KBT-Ausbildung bei Ursula zu beginnen. In mir aber gab es jedoch ein Wissen, dass es sinnvoll sei. Bestätigung brachte schließlich auch ein Traum, in dem mich Ursula aufforderte, uns Äpfel zu pflücken. Sie schmeckten köstlich. Natürlich, so begriff ich auf einmal: Es ging um Bewusstwerdung des Weiblichen.

Als ich schließlich Ende Oktober 1981 wieder bei Lucie auf der Matte lag, arbeitete sie zunächst ganz einfach und unverfänglich an meiner linken Ferse, später am Rücken, an den Schultern...

Immer wieder stiegen Angst und Schmerz in mir auf, etwas wollte sich befreien in mir. Aber gleichzeitig spürte ich stärkeres Leben.

In einer Nacht dieses erneuten Aufenthaltes bei Lucie hatte ich einen Traum, der zu den unvergesslichen Träumen meines Lebens gehört:

„Ich bin in einem großen Felsensaal. Ein riesiger vierköpfiger Drache kommt plötzlich angekrochen und steigt auf eine altarartige Erhöhung aus Steinen an der einen vor mir liegenden Schmalseite des Saales. Die Steine, die zuerst wie eine schiefe Ebene angelegt waren, verschiebt er mit dem Gewicht seines Körpers und gewaltiger Kraft, so dass er sich nun gerade darauf ausstrecken und räkeln kann.

Ich denke: Hoffentlich entdeckt er mich nicht. Würde er mich sehen, so müsste das furchtbar sein.

Da aber haben die vier Köpfe mich erblickt. Das Tier kommt schnaubend auf mich zu gekrochen.

Entsetzen packt mich. Ich weiche ganz an die Wand hinter mir zurück, sitze am Boden. Das Tier wird mich verschlingen. Ich kann mich ihm nur noch stellen mit all meiner Kraft im Bauch und es um Erbarmen bitten, es ansprechen.

Da hält das Tier inne, die Köpfe schauen mich an. Ich spreche zu ihm, bitte es um Erbarmen. Da verwandelt sich das Tier...

Eine große Gruppe sehr schöner, weiß gekleideter Frauen sitzen nun im Saal. Sie hätten den Apfel gegessen und dienten der Göttin, ob ich es auch wollte und so zu ihnen gehören würde? Mein ganzes Leben hätte ich nur gesucht, sage ich ihnen. Ich wäre ins Kloster gegangen, weil ich suchte, und ich wäre wieder ausgetreten, weil ich suchte. Wenn sie dienten, ob sie Gott dienten. Sie bejahen. Dann will ich zu ihnen gehören und den Apfel essen. Sie stimmen ab, ob ich aufgenommen werden soll."

Die Deutung dieses Traumes fällt mir nicht leicht, da so viele Ebenen der Betrachtung möglich sind und ich ein wenig versucht bin, all den mythologische und tiefenpsychologischen Beziehungen nachzugehen. Aber ich möchte mich beschränken und nur dem nachgehen und das berücksichtigen, was mir damals und im Laufe der Jahre – denn dieser Traum blieb mir immer im Gedächtnis – für mein Leben und im Zusammenhang mit meinem Entwicklungsweg wichtig erschien und mich bewegt hat.

Schon damals fand ich bei B.P. Schliephacke[23] richtungsweisende Aussagen: „ Der Drache ist...der Wächter an der Grenze zweier Welten, dabei der Inbegriff alles Finsteren.., das überwunden werden muss, um Schätze, Weisheit oder Liebe zu erringen. ...Der Kampf mit dem Drachen ist letzten Endes Kampf um die ordnenden gegen die chaotischen Kräfte in den Tiefen der menschlichen Seele."

Die Körpererfahrungen bei Lucie Lentz brachten mich damals offensichtlich wirklich in die naturhaften tiefen Schichten der Seele, die, wenn die Kräfte in ihnen nicht gezähmt, geordnet und ins Licht, d. h. ins Bewusstsein gehoben würden, zerstörerisch und überwältigend wirken könnten.

Der Drachenkampf nun ist ein uralter Mythos. Im christlichen Raum ist z. B. der Kampf des hl. Georg mit dem Drachen bekannt. Alte Darstellungen zeigen ihn auf einem Pferd sitzend und mit dem Speer den Drachen vernichtend. Tiefenpsychologisch gesehen ist es die Überwindung des verschlingenden negativen Mutterarchetyps.

Warum nun wählte mein Traum-Ich einen so ganz anderen Weg? Lag es daran, dass das weibliche Ich um andere Wege der Überwindung weiß als das kämpferische Männliche? Ist dieser weibliche Weg vielleicht naturnäher? Ich vermute, dass die Aufgabe des weiblichen Ich eher die Aussöhnung mit und die Befriedung des negativen Mutterarchtyps anzustreben hat und nicht dessen Vernichtung. Jedenfalls die Bitte um Erbarmen wirkte. In meinem Traum fand die wunderbare Wandlung von der dunklen Kathedrale mit dem bedrohenden Drachen in der Tiefe der Erde in einen hellen Saal mit freundlichen, weiß gekleideten Frauen statt.

Warum aber hatte der Drache vier Köpfe? Als ich viele Jahre später meinem Lehrer Ralph Jordan diesen Traum erzählte, weil mir gerade dieser Aspekte noch unklar war, antwortete er ohne zu Zögern: „Du trafst die vier Hauptkräfte der persönlichen Selbstzerstörung: Habgier, Eifersucht, Vergleichen, Hass. Die Erkenntnis, dass diese vier Köpfe dich verschlingen könnten, war absolut richtig."

Auch das Motiv des Apfels bzw. des Apfel Essens ist vielschichtig. In der griechischen Mythologie bewachten die Hesperiden einen Hain mit Bäumen, an denen goldene Äpfel wuchsen. Dabei wurden sie unterstützt von der 100köpfigen Schlange Ladon. Diese Äpfel waren ein Hochzeitsgeschenk von Gaia, der Göttin der Erde, an Hera. Gaia galt als unendlich weise und insofern wurden die Äpfel der Hesperiden immer als Erkenntnis schenkende Früchte betrachtet.

Der Bezug zu meinem Traum ist auf diesem Hintergrund nicht schwer zu erkennen. Es ging für mich um eine neue Bewusstwerdung meiner Weiblichkeit.

Die weiß gekleideten schönen Frauen kann ich wohl als noch ganz unbekannte helle weibliche Bewusstseins-Anteile ansehen, die in mir zu verwirklichen, ich aufgerufen wurde.

Was sonst in diesen Herbstferien bei Lucie geschah, was ich erlebte, empfand, fühlte, dachte, habe ich in französisch aufgeschrieben, eine Methode, die ich schon früher einmal angewandt hatte, um etwas Distanz zu den zu dichten Erfahrungen zu gewinnen. Etwas Neues begann in diesen Stunden: „Heute fühle ich den Schmerz weniger intensiv. Er fließt sanft, wie wenn er mehr Raum hätte, wie wenn er nicht mehr gebunden wäre. Er muss nicht mehr revoltieren. Er kann fließen, leben. Kann jetzt mein Körper auch besser leben?" Doch dann an einem Nachmittag in der Ferienwohnung nach der Stunde erlebte ich noch einmal einen Schmerz, der mein Herz zu zerreißen drohte. Ich konnte mich nur hinlegen und mich für Stunden, jedes Zeitgefühl war mir verloren gegangen, diesem Schmerz unterwerfen. Nach der letzten Stunde bei Lucie jedoch konnte ich schreiben: „Heute bin ich zum ersten Mal ohne Schmerz geblieben."

Woher kam all dieser Schmerz? Waren es verdrängte frühe Kindheitserfahrungen? Verdrängung der Naturseite im Kloster? Oder, wie ich erst viele Jahre später erfahren konnte, waren es auch Blockaden aus früheren Leben? Mitunter kamen mir während all dieser Arbeit mit Luzie Erinnerungsbilder aus meiner Klosterzeit. Aber auch all diese Bilder können Ersatzbilder sein für viel weiter zurückliegende Erfahrungen, an die ich zu diesem Zeitpunkt noch nicht bewusst heranzureichen vermochte.

Körpererfahrungen in der Therapie mit einem Behandlungskind und Abschlussexamen

Während all dieser Tage schrieb ich an einem Referat für meine mündliche Prüfung am Jung-Institut im Dezember 1981. Nach meinen intensiven Körpererfahrungen bewegte mich auch die Frage nach dem Körpergeschehen in der Therapie mit der 10jährigen Susanne. Immerhin hatte sie sich am Ende der Behandlung von einem schwachen, ständig kränkelnden zu einem kräftigen gesunden Mädchen entwickelt, das nun sicher auf beiden Beinen stand.

Bei einem genaueren Durchsehen der Behandlungsprotokolle entdeckte ich Erstaunliches:

Susanne bewegte sich nicht nur – mit wenigen Ausnahmen – von Anfang an selbst – also nicht nur Figuren im Sandkasten wie Robert oder Kasperpuppen im Rollenspiel wie Moni –, sondern ihre Bewegungen und Körperhaltungen schienen auch in einem engen Bezug zu ihrem Prozess zu stehen, also ihre Entwicklung zu verdeutlichen. Gleichzeitig waren sie mit intensiven Empfindungen und Gefühlen verbunden. Gehen, sitzen, liegen verdeutlichten den Weg in die Regression, geborgenes, entspanntes Liegen, Sitzen und schließlich wieder Aufstehen, Gehen, Springen, Tanzen den Weg in die Progression und Heilung. Aus dieser Beobachtung erwuchsen mir begreiflicher Weise Fragen, war doch zu dieser Zeit die Verbindung von Körper und Seele konkret in der Ausbildung noch gar nicht im Blick. So fragte ich mich: Was oder wer bewirkt innerhalb der Therapie dieses Ineinanderschwingen von seelischen Bildern und Entwicklungen mit dem Körperbewusstsein? In welchem Zusammenhang stehen die Schmerzerfahrungen des Unbewussten, wie sie sich in den Bildern und Rollenspielen zeigten, zu Schmerzerfahrungen im Körper? Welche energetische Beziehung ist hier wirksam?

Ich suchte Antworten bei Jung, bei Heyer[26] und Zacharias[27] und fand bei ihnen viel Erhellung.

Heute, mehr als 30 Jahre später, wundere ich mich über diese Vorwegnahme von Fragen, die inzwischen in mancher Hinsicht klarer in den Blick therapeutischen Tuns geraten sind. Allerdings scheint mir heute mitunter die Berücksichtigung des Körper- Erlebens auf Kosten der Bewusstwerdung unbewusster Komplexfelder bzw. Bilder und Symbole zu gehen.

Für mein Examen hatte ich mir vorgenommen, diese Fragen als Diskussionsgrundlage in den Raum zu stellen. Seltsamerweise aber kann ich mich an den wirklichen Verlauf dieses Prüfungsabends nur wenig erinnern. Er verlief wie genau zwei Monate vorher in einem Traum vorweggenommen: „ziemlich spannungslos, blass, ohne Atmosphäre." Provozierte ich mit meinen Fragen? War ich wieder einmal Außenseiter wie schon so oft in meinem Leben? Offensichtlich kamen die Prüfer nicht dazu, mich zu examinieren, sondern ich stellte Fragen, was natürlich wenig angepasst war...

An das anschließende inoffizielle Zusammensitzen bei Wein und Brezeln mit einigen Dozenten und Studierenden erinnere ich mich deutlicher. Es war angenehm und ermöglichte gemeinsamen und versöhnlichen Rückblick auf dieses doch recht fordernde und anstrengende Studium, das mir aber doch so viel bedeutet hatte und bedeuten würde für mein weiteres Leben.

24. Sri Lanka – Eine Weisung

Bevor ich nun als anerkannte Kinder- und Jugendlichenpsychotherapeutin selbständig und eigenständig die Arbeit in meiner Praxis beginnen und mich mit all den neuen Erfahrungen und Fragen auseinander setzen konnte, flog ich in den Weihnachtsferien mit einer Bekannten aus dem Jung-Institut nach Sri Lanka. Wir hatten uns für eine individuell von einem Reisebüro zusammengestellte 14tägige Reise entschieden. Eine Woche wollten wir in Begleitung eines einheimischen Guide und eines Drivers in einem Auto zu historisch, kulturell und vor allem religiös wichtigen Plätzen der Insel fahren. 8 Tage waren dann für einen Strand- und Hotelaufenthalt und kleinere Kurzausflüge vorgesehen.

Diese Reise stellte für mich gleichsam den entgegengesetzten Pol zu einer Canada-Reise im Sommer des selben Jahres dar. In der Einsamkeit und Stille der kanadischen Wälder und Seen kamen mir intensive und dichte Naturerfahrungen zu. Auch auf Sri Lanka erlebte ich „Natur" in tief berührender Schönheit. Wir fuhren durch Nationalparks, sahen aus der Nähe Elefanten, Wasserbüffel....und erlebten immer wieder das Meer und den Strand mit den Palmen. Doch was mich hier ergriff und zutiefst bewegte, das waren die religiösen Orte. Die alten Tempel standen hier nicht nur als kulturhistorische Denkmäler zur Besichtigung, sondern sie waren noch voller Leben und erfüllt von der oft tief religiösen Andacht der gläubigen Menschen.

Am bedeutsamsten wurde für mich der Abend, an dem wir zum Tempel in Kandy gingen. In diesem Tempel soll in einem Schrein ein Zahn Buddhas aufbewahrt sein und seit Jahrhunderten zieht es die Gläubigen hierher, um ihrer Andacht und Verehrung Ausdruck zu geben. Touristen drängten sich in den Tempel, aber viel mehr noch in unübersehbarer Menge Einheimische, zumeist weiß gekleidet und mit Blüten in den Händen. Geführt, mehr noch geschoben und gezogen von unseren beiden Begleitern, erstanden auch wir Blüten, um unserer Verehrung am Buddha-Schrein Ausdruck geben zu können, und drängten uns schließlich mit ihnen und den vielen Menschen in den Tempel. In der ersten Halle standen vor einem ersten Schrein im Viereck vier Trommler und Trompeter, die eine seltsam dunkle, fast monotone Musik erschufen, die mich mit der Zeit in eine tiefe Sammlung führte.

Bei ihnen ließen sich viele Touristen fotografieren. Uns aber zog es, uns einzugliedern in die Menschenschlange, die sich langsam eine Treppe hinauf schob zu dem eigentlichen Schrein. Dort angekommen, durften wir nur einzeln hinzutreten zur Anbetung und langsam am Schrein vorbeigehen. Als ich an der Reihe war, meine Blüten niederzulegen am Schrein, geschah etwas ganz Seltsames in mir. Es war, als würde mein Herz berührt, bewegt und ganz aus der Tiefe stiegen Tränen auf, ganz unerwartet, mächtig. Ich konnte sie nicht zurückhalten, obwohl ich sah, dass hier niemand weinte. Was bewegte mich? Was berührte mich? Ich hätte weinen, weinen können, maßregelte mich zunächst selbst ob dieser ungewollten Emotionalität, fand dann aber einen Platz in einem abgetrennten Bereich zwischen betenden Einheimischen. Hier konnte ich auf dem Boden sitzen, die Augen schließen und ganz in mir sein. Seltsame Erinnerungsbilder tauchten in mir auf:

Ich sah mich in der Berliner Kirche bei meiner Konversion, in der Klosterkirche bei den großen Feiern, der Einkleidung, der Profess.., bei den Eucharistiefeiern während der Meditationskurse....

immer war es das gleiche Weinen, der gleiche Sehnsuchtsschmerz gewesen, der mich erfüllt hatte und der doch nicht der meine war, nicht eine Sehnsucht aus einem persönlichen Erleben (Ego), verbunden mit irgendwelchen Kindheits- oder Klosterschmerzen, sondern immer im Zusammenhang mit religiösen Erfahrungen. Dieser Schmerz jetzt war heftiger und so ganz unerwartet. Auf einmal „wusste ich sicher" und stellte dann doch die Frage: „Ist es der Gott in mir, der erlöst, bewusst werden will, der will, dass ich Ihn schaue, mich Ihm ganz zuwende? Ist Er es, der mich so zieht?" Dann sah ich Buddha sitzen in mir, in seiner Herzmitte einen blauen Edelstein, wie durchsichtig hin zu dem Licht des Gottes, der ihn erleuchtet, den er erfahren hat. Vor ihm entdeckte ich einen blauen Kelch, den Gral. Und Buddha sagte zu mir: „Hier, beim Gral musst du suchen. Der Gral ist das Gleiche für dich wie ich für die Inder."

Als wir – unsere beiden Begleiter und die Freundin – schließlich den Tempel verlassen wollten, erblickte ich plötzlich neben dem Ausgang eine Buddha-Statue auf einem Altar und diese Figur hatte einen großen blauen Kelch vor sich stehen. Noch nie hatte ich bei all den vielen Buddha-Figuren, die wir angetroffen hatten, einen blauen Kelch gesehen. Seltsames Zusammentreffen! – „Synchronizität" würde C.G. Jung vielleicht sagen –. Musste ich nach Sri Lanka kommen, um diesen Hinweis auf meine christlichen Wurzeln zu erhalten? War ich doch in der Tiefe noch immer nicht wirklich ausgesöhnt mit meinen Enttäuschungen in Kirche und Kloster.

Ich wusste zu diesem Zeitpunkt, dass der Gral ein christliches Symbol ist, seine wirkliche Bedeutung allerdings erschloss sich mir erst, als ich mich, wieder in Deutschland angekommen, in das Buch über die „Grallegende" von Emma Jung/M.-L. von Franz[28] vertiefte.

Das Symbol des Gral und die Legenden um dieses heilige Gefäß waren mir bekannt, auch dass der Gral – im Symbol des Steines oder des Kelches – tiefenpsychologisch als Symbol des Selbst zu verstehen sei, war mir vertraut. Ganz neu aber und für mich in diesem Zusammenhang ungemein bedeutsam waren Hinweise darauf, dass die Gralserzählung ihre Parallele in der mittelalterlichen Alchemie besitzt und von daher wie diese etwas wie eine Unterströmung zu dem die Oberfläche beherrschenden Christentum darstellte und so dessen Lücken und Konfliktstellen kompensierte und ergänzte. Wenn in meinem inneren Erleben mich „Buddha" auf den Gral verwies, dann meinte das also offensichtlich nicht eine Rückkehr ins konfessionelle, kirchliche Christentum, sondern vielmehr ein tieferes Verstehen und Integrieren der von Christus geoffenbarten Wahrheit. In diesem Zusammenhang verweisen die Autorinnen auf die Aufgabe Percevals, nämlich herauszufinden, „in welcher Form das eigentlich seelisch Lebendige der Gestalt Christi weiter existiere und was es bedeute."

Ich begriff damals – oder ahnte es vielleicht auch nur -, dass Perceval nicht nur als wunderbarer Held der Legende zu verstehen ist, sondern gleichsam als Symbolfigur für jedes menschliche Suchen nach dem Göttlichen steht, also auch für meine Suche und Sehnsucht, und dass es schließlich gehen würde um das tiefere Erfahren, dass der Mensch, dass ich selbst der Gral bin, „ein Ort der Wandlung und ein Gefäß der Bewusstwerdung Gottes"[28].

Eigentlich hätte nach dieser Erfahrung ein neues spirituelles Leben beginnen können. Aber ich, mein enttäuschtes Erfahrungs-Ich, war noch nicht so weit. Zu tief war mein Misstrauem allem Spirtuellen gegenüber. Auch wollte offensichtlich noch manch anderes in meinem Leben gelöst, abgelöst, aufgelöst und geklärt werden.

So war mit diesen ersten neuen religiösen bzw. spirituellen Erfahrungen das fünfte Jahr meines Lebens „in der Welt" zu Ende gegangen und das sechste hatte in Sri Lanka begonnen.

25. Auseinandersetzungen

Die folgenden Jahre 1982 – 1984 waren Jahre der Auseinandersetzungen, und zwar scheinbar auf den unterschiedlichsten Gebieten, tatsächlich aber ging es immer um Beziehungen.

Auseinandersetzung mit dem alten Gottesbild

Zunächst bewegte mich in einer neuen Weise meine Beziehung zu Gott. Heute würde ich allerdings eher sagen: Es ging um mein Gottesbild, dass ich bis zu diesem Zeitpunkt eigentlich noch nicht in Frage gestellt hatte.

Anfang 1982 hatte bei Ursula Kost (Reutlingen) die Ausbildungsgruppe in Konzentrativer Bewegungstherapie begonnen. In dieser Gruppe mit drei weiblichen und drei männlichen Teilnehmern machte ich neue, befreiende, aber auch schmerzhafte Erfahrungen. Ursula mit ihrer warmen, mütterlichen und emotionalen Art auf der einen Seite und mit klarem, wissenden Unterscheidungs- und Deutungsvermögen auf der anderen weckte in mir noch bis dahin gar nicht ins Bewusstsein gerückte Kindheitserfahrungen. Diese Erfahrungen waren bewusstseinsnäher und konkreter als die offensichtlich tief liegenden Schmerzblockaden, die Lucie anrührte und auflöste. So wurde ich erneut berührt, verwirrt und Fragen beziehungsweise Zweifel an meinem scheinbar unverständlichen Schicksal brachen auf und damit auch die Frage nach dem „dunklen Gott", nach der Beziehung zwischen Gott und Mensch. In einem längeren Gespräch mit Ihm, das ich aus dieser Zeit in meinem Tagebuch fand, identifiziere ich mich unbewusst in Sprache und Ausdruck mit dem alttestamentlichen Psalmisten. Ich schrieb dieses Gespräch nach einem sehr intensiven Gruppenabend. Die physischen und psychischen Schmerzen klangen noch in mir nach:

O Gott, mein Gott bist Du, dessen bin ich gewiss.
Doch ich weiß jetzt: ein zürnender Gott bist du auch,
zürnend und tobend.
In den Staub hattest du mich geworfen,
mich geschlagen in Deinem Gram,
auf meinem Rücken hast du gepflügt,
wie die Pflüger pflügen den Acker.

Nieder geworfen hattest du mich in den Staub.
Niedergehalten, dass ich nicht mehr aufschauen,
noch rückwärts zu schauen vermochte.
Du warst es, der mich anfiel im Dunkel der Nacht und von hinten.
Furchtbar ist es, zu fallen in die Hände des großen Gottes.

Was ist der Mensch vor Dir?
Was hat er dir voraus? Nichts.
Und doch brauchst Du ihn,
willst erlöst werden von Deinem Toben,
willst angeschaut werden und wahrgenommen
in deiner Dunkelheit,
mit der Du mich anfällst von hinten,
damit ich mich umkehre und hinschaue
zu dir, Du mein Gott.

Seltsam steigt das Weinen in mir auf,
das alte, bekannte, ganz aus der Tiefe.
Bist Du es, der hinauf will aus meiner Tiefe ans Licht?
Licht bist Du und hell – und doch finster und dunkel in mir.
Sanft und leise,
und doch donnernd und tobend zugleich,
wie ein Erdbeben,
das aufbricht aus der Tiefe des Berges.

Diese Frage nach der dunklen Seite Gottes beschäftigte mich vor allem in diesem, aber auch in den kommenden Jahren. Mit einer Freundin zusammen las ich die Hiobgeschichte im Alten Testament und suchte Erhellung zu finden in C.G. Jungs „Antwort auf Hiob"[29]. Meine Unterstreichungen enden schon nach 30 Seiten. Offensichtlich entsprachen C.G. Jungs derart differenzierte theologische und philosophische Ausführungen nicht meiner ganz persönlichen, ichhaften und auch emotionalen Suche nach dem Gott meines Lebens. – Erst viele Jahre später sollte ich bei meinem zweiten spirituellen Lehrer für mich befriedigende Antworten für das Verstehen dies Buches finden. – Doch schon einige Zeit nach dieser Konfrontation mit dem „dunklen Gott" kam mir aus meinem eigenen Unbewussten eine erste tröstliche Antwort zu. An einem sonnenhellen Sonntagmorgen während eines Wochenendseminares mit Ursula Kost bekamen wir die Möglichkeit zu malen, frei, so wie sich Bilder aus dem Unbewussten entwickeln wollten. In meinem Tagebuch schilderte ich diese Erfahrung:

„Lange habe ich gesessen und die Ruhe wahrgenommen, wahrgenommen, was in mir war, hin gespürt zu diesem unbekannten, unberechenbaren Gott auf dem Grund meiner Seele. Dann habe ich angefangen, mit rotem Stift eine liegende Acht zu malen, nach und nach entstand ein blauer Fisch mit großem Auge, der wie aus rotem Grund heraus wuchs. Über diesem Fisch strahlte helles Licht. Seltsame Erfahrungen! Fast gleichzeitig war in mir das Wissen, dass der Gott in mir Form annimmt, auftaucht aus dem Rot des Instinktes, des Körpers, des Gefühls.

Für das Symbol des Fisches brauchte ich damals keine Erklärung. Ich wusste: Der Fisch ist das älteste Geheimsymbol der frühen Christen für Christus.

Auseinandersetzung mit meinem Lehranalytiker

Auch die zweite Auseinandersetzung, die Auseinandersetzung mit meinem Lehranalytiker begann 1982 und wurde eingeleitet durch die neuen und intensiven Erfahrungen in der Körperarbeit bei Lucie, Ursula und seit Herbst 1981 bei Dr. Jucho. Er arbeitete mit Lucie Lentz zusammen und hatte ebenfalls seine ganz eigene Methode entwickelt, blockierte Energiebahnen wieder in Fluss zu bringen. Zwar führten all diese Erfahrungen zu Beginn auch in archetypische Schichten des Unbewussten, weckten dann aber zunehmend auch einen ganz neuen realen Bezug zu mir selbst als Frau.

In meinem Tagebuch finde ich aus der Osterwoche 1982 deutliche Fragen dazu:

„Ich glaube, jetzt weiß ich, was ich will, was mich drängt: Ich will als Frau nicht mehr im „Kloster" sein und vor allem auch nicht in der Analyse. Ich will wissen, wer ich als Frau bin, was ich fühle. Ich will zu meinen Gefühlen und Empfindungen stehen können und sie nicht immer scheu verborgen halten, weil ich mich aus irgendeinem Grund minderwertig fühle in meiner Sehnsucht und Bedürftigkeit. Bin nur ich bedürftig? Sind es nicht andere Menschen auch? Meinen Lehranalytiker habe ich in meiner Phantasie immer als erhaben über allem gesehen. Es ging um den geistigen Weg der Individuation, was kümmerten da meine Gefühle als Frau, auch ihm gegenüber.

Ich will meinen Weg ganz gehen, auch mit meinen Wahrnehmungen, meinen Empfindungen und Gefühlen, mit meiner Sehnsucht. Ich will raus aus dem Kloster, in dem ich immer und immer in meinen Träumen noch gefangen bin."

Mein Minderwertigkeitsgefühl in meinem Frau-Sein ließ mich also auch meine Gefühle der Zuneigung meinem Lehranalytiker gegenüber verbergen. Das erleichterte er mir sehr, weil er unsere Beziehung in dieser Hinsicht nie wirklich zum Thema machte. So konnte ich mich all die Jahre wohl und geborgen fühlen bei ihm, sicher, dass er meine empfindlichste Stelle nicht berühren würde. Jetzt aber nach all den neuen Erfahrungen begann etwas in mir wieder zu revoltieren, zu protestieren und ich begann zu spüren, dass ich in meinem Bewusstsein als Frau immer noch „im Kloster bin" und „Austritt" an stand.

Ende der Osterferien begann ich ein Wiedersehen mit meinem Lehranalytiker zu befürchten, hatte ich ihn doch in einem Brief mit all meinen Fragen und Erfahrungen konfrontiert. Würde er gekränkt sein oder offen bleiben und eine wirkliche Auseinandersetzung möglich machen?

Offensichtlich konnte er nicht so reagieren und mit mir reflektieren, wie ich es damals gewünscht und wohl auch gebraucht hätte. Ende Mai suche ich im Tagebuch meine Situation zu verstehen, ja, zu analysieren:

„...Ich bin verwirrt, irgendwie wie aus der Bahn geworfen und frage mich: Wer oder was bin ich, wo stehe ich, wohin gehe ich? Was verwirrt mich so? Mein Lehranalytiker oder die Ablösung von ihm? Alles ist unsicher und ungerichtet geworden...nur Müdigkeit und das Bedürfnis nach Ruhe, Einfachheit, Sehnsucht nach menschlicher Wärme und Gemeinsamkeit...

Wohin hat mich nur die sechs Jahre dauernde Analyse geführt? Wozu hat sie mich befähigt? ...Mühsam quäle ich mich durch den Schulalltag....Warum habe ich solche Schwierigkeiten mit mir? Sind es überhaupt echte Schwierigkeiten?

Vieles haben wir in der Analyse miteinander „bearbeitet", edel und geistig. Nach sechs Jahren aber stehe ich an dem Punkt, wahrnehmen zu müssen, dass ich in einfachen menschlichen Gefühlen als Frau, in den Gefühlen der Zuneigung einem Mann gegenüber, noch in der Pubertät stehe, wie Ursula, meine Lehrerin in Konzentrierter Bewegungstherapie, es ohne Hemmungen formulierte.

Was habe ich gemacht mit meinen Gefühlen dem „Mann" gegenüber? Habe ich überhaupt welche? Doch, ich glaube schon – und doch wagte ich sie kaum wahrzunehmen, mir einzugestehen, geschweige denn sie zu zeigen oder gar anzusprechen. ...Ich habe so viel fest gehalten aus Angst – nicht Wissen um das, was ich fest hielt...Hier liegt auch die Wiederholung zum Kloster.

Im Menschlichen, in der einfachen menschlich-emotionalen Beziehung zwischen Mann und Frau bleibt so etwas wie ein luftleerer Raum. Auf der ganz menschlichen Beziehungsebene ist offensichtlich in der Analyse eine Grenze des Verstehens und Akzeptierens.

Auch muss ich sehen, dass mein Lehranalytiker lange für mich die Rolle des Seelenführers übernommen hatte. Ich habe ihm diese Rolle übergeben (Übertragung eines wichtigen Animusaspektes). Er hat sie angenommen und – so weiß ich sicher – mit aller ihm möglichen Ehrfurcht, Behutsamkeit und Zuwendung zu verwirklichen gesucht. Jetzt aber bräuchte ich ihn als Menschen, als Mann, als Freund, als Bruder – das ist vielleicht auch ihm ungewohnt." (Tgb.)

Während ich heute, 30 Jahre später, all das aus meinem Tagebuch auswähle, schreibe und zu reflektieren suche, verspüre ich noch immer eine leichte Trauer und seltsamerweise auch Scheu, all das noch einmal anzuschauen, zu reflektieren, zu verarbeiten und zu begreifen, dass auch das alles zu meinem Leben gehörte.

Analytisch betrachtet kann ich heute sagen: Ich hatte ein Problem mit meinem Männerbild, oder genauer noch: Ich hatte – trotz so positiver Erfahrungen bei Prof. Heinen und Dr. Ehling – immer noch eine Vaterproblematik. Dies wurde mir schon damals gegen Ende des Jahres in einer Imagination deutlicher: Die Arbeit mit dem Körper in der Gruppe bei Ursula brachte längst vergessene Bilder aus meiner Kindheit ins Bewusstsein:

„Es ist die Nachkriegszeit in Berlin. Vater ist zurückgekehrt und bringt meine enge Tochter-Mutter-Beziehung in ziemliche Unruhe und den Vater zu unbekannten Wutausbrüchen. Mutter und ich sitzen im ehemaligen Kinderzimmer und Vater tobt im ehemaligen Herrenzimmer hinter der Tür mit den Glasscheiben. Wir wollen ihn nicht hereinlassen, weil wir Angst haben. Jetzt aber, – geborgen in einer Ecke in Ursulas Praxisraum –, sehe ich meinen Vater wieder ganz deutlich hinter der Tür. Ich spüre, dass er zu mir will, stehe auf und öffne ihm die Tür. Wir umarmen uns – wie wir es im Leben nie getan hatten. Viele Tränen des Schmerzes, aber auch der Freude fließen bei ihm und bei mir. Mein Vater hatte all die Jahre darauf gewartet, von mir eingelassen zu werden.“

Nach kurzer Zeit gingen die inneren Bilder weiter:

„Ich sitze mit meinem Vater an dem großen Esszimmertisch in der Berliner Wohnung. In der Mitte des Tisches stehen eine goldene Schale und vier Kerzen. Der Raum ist eingerichtet wie früher, aber mit neuen Gardinen, geordnet und schön. Ich begreife auf einmal, dass mein Vater nun, ein wenig wie der alte Gralskönig, erlöst ist und endlich wird sterben können.“ (Tgb.)

In welchem Maße diese Bilder und Erfahrungen symbolisch gesehen und auf eine noch tiefere Ebene des Unbewussten bezogen, ein Lebensthema in mir anrührten, sollte mir erst in einer sehr viel späteren Phase meines Lebens bewusst werden.

Im Januar 1983 konnte ich übrigens in mein Tagebuch schreiben: „Heute habe ich endgültig aufgehört mit der Lehranalyse. Es geht mir viel besser, als ich dachte. Da ist noch etwas Schmerz, aber sonst fühle ich mich befreit. Es ist gut so.“ Und: „Der An-

spruch ist weg, der Anspruch und die Erwartung, dass mein Lehranalytiker mehr weiß, sieht, versteht als ich, mich versteht in allen
Situationen, ja, dass er auf allen Ebenen bewusst ist."(Tgb.)

Vor allem aber konnte ich nun erkennen und annehmen, dass
die ersten ruhigen und harmonischen Jahre heilend waren für
mich nach all den Jahren des Kämpfens, der frustrierten und ag-
gressiven Gefühle im Kloster. Ich konnte meinem Lehranalytiker
dankbar sein.

Auseinandersetzung mit mir selbst und meinen Wünschen

Eigentlich glaubte ich im Mittelpunkt dieses dritten Abschnittes
meiner Auseinandersetzungen würde meine Beziehung zu I. stehen,
mit dem mich eine Zeit lang eine zunächst hoffnungsvolle Beziehung verband. Aber in dem Maß, in dem ich in meinem Tagebuch
las und hinspürte zu meinem damaligen Erleben, wurde mir deutlich, dass es in der Begegnung mit I. eigentlich um eine Auseinandersetzung ging zwischen zwei Strebungen in mir selbst: Die eine
Strebung wünschte, ersehnte sich Gemeinsamkeit, gemeinsames
Leben mit einem Partner, entsprechend auch ein wenig der Norm:
alle haben einen Mann, zumindest einen Lebensgefährten. Die andere Strebung liebte und schätzte die noch so ganz neu erworbenen
Freiheit, Unabhängigkeit und Eigenständigkeit. Diese Strebung
hing auch eng zusammen mit meiner inzwischen etwas verblassten
Sehnsucht, dem Gott meines Lebens, um dessen willen ich ja ausgetreten war, näher zu kommen.

Wer war I.? I. war in meinem Alter Wir kannten uns schon länger vom Sehen, einigen Gesprächen und einer ersten Annäherung
1979. Auch er lebte allein in einer schönen Wohnung ganz in meiner Nähe. Ich erlebte ihn als warmherzig, zugewandt und intensiv
auf seinem Entwicklungsweg. Beide hatten wir eine gewisse Sehn-

182

sucht nach einer Beziehung, wollten nicht mehr nur allein leben, sondern im Austausch und in Gemeinsamkeit. Von außen her gesehen hätte es eine wunderbare Beziehung werden können. Jeder von uns dachte sich auf seine Art ein Zusammenkommen als ideal und wunderschön.

Doch: wir waren beide nicht mehr jung und unbeschwert, sondern geprägt in unserer Eigenart und von den Erfahrungen unseres bisherigen Lebens. Zudem gab es einen gravierenden Unterschied in unseren Ich-Funktionen. I's extravertiertes Fühlen mit der Fähigkeit, seine Gefühle nicht unbedingt differenziert, aber doch spontan auszudrücken, verursachte bei mir Anziehung und Zutrauen, brauchte ich doch viel Zeit, um meine Gefühle überhaupt erst wahrzunehmen und schließlich langsam in den Ausdruck zu bringen. Schnell und unkompliziert bin ich dagegen in meiner extravertierten Denkfunktion und damit in der Entwicklung und Äußerung meiner Gedanken. Zudem war ich trainiert im mentalen Bereich durch ein langes Universitätsstudium und meine Unterrichtstätigkeit. I. dagegen entwickelte seine Gedanken, Erfahrungen, Erlebnisse langsam, detailliert, minutiös, fast etwas umständlich und zwanghaft und brauchte spürbar viel Raum und Bestätigung. Musste diese Unterschiedlichkeit ein Hindernis sein? Ich mochte I., wertschätzte ihn, empfand Zuneigung, aber Liebe? Ich brauche Zeit, um „Liebe" zu entwickeln. Ich war zudem absolut nicht verliebt oder gar fasziniert. Die meisten unserer Begegnungen und Telefongespräche ließen mich zudem erschöpft zurück. Irgendetwas in mir warnte mich. Wovor? Warum?

I. wünschte eine baldige feste Verbindung, ein Zusammenziehen, einen gemeinsamen Hausstand.

Im Nu entwarf er Pläne für den Kauf einer größeren Wohnung mit Einbeziehung unserer beiden Praxen. Natürlich plante er auch die finanziellen Möglichkeiten, wobei er auch meine finanziellen Mittel völlig mit einbezog und ausschöpfte.

I.'s für mich fast als greifend erlebte Zudringlichkeit machte mir in solchen Augenblicken Angst, engte mich ein, nahm mir die Luft zum Atmen. Zu sehr genoss ich seit nun 7 Jahren meine Eigenständigkeit und Freiheit.

I.'s Lehranalytiker, mit dem ich durch einen gemeinsamen Freundeskreis bekannt war, urteilte schnell mit bekannten analytischen Abwertungen: Ich sei „animushaft", „beziehungsunfähig", habe Angst vor Nähe. Doch damit half er weder mir noch I., zumal sowohl I. wie auch ich, in klärenden Aus-einander-setzungen noch ungeübt waren.

So musste ich mich selbst und alleine fragen, was ich wollte: Eine Beziehung, Gemeinsamkeit, in der ich mich sowohl geistig wie auch materiell hätte sehr, sehr anpassen und meine Eigenständigkeit und Unabhängigkeit in hohem Maß aufgeben müssen, oder Fortsetzung meines Alleinseins, allerdings mit der Wahrung meiner Freiheit, Unabhängigkeit und zahlreichen Möglichkeiten, neue Erfahrungen in vielen Bereiche zu machen.

Die Entscheidung wurde mir insofern leicht gemacht, als I. sie traf. Wir verbrachten einen Samstagabend zusammen bei mir, saßen nach einem guten Abendessen bei einem Glas Wein in der Sonne am weit geöffneten großen Fenster. Alles begann so harmonisch, wie wir es liebten. Doch dann ging I. seinen Lieblingsphantasien nach: Zusammenziehen, Wohnungskauf.... und schließlich, provoziert durch meine Zurückhaltung bzw. wohl auch durch meinen zwar schweigenden, aber doch spürbaren Widerstand, wurde er erregter und steigerte sich in seinem Unmut bis zu der Aussage: „Wenn du mir jetzt schon sagen würdest, dass du eine Ehe, eine feste Bindung nicht willst, dann würde ich jetzt schon Schluss machen." – Seit Beginn unserer Beziehung waren erst drei Monate vergangen. Ich fühlte mich erpresst ...

Trotz immer wieder neuer Ansätze, in denen wir um gegenseitiges Verstehen beziehungsweise uns verständlich zu machen rangen, endete der Abend damit, dass I. aufsprang mit den Worten, jetzt würde er Schluss machen, und Wohnung und Haus, immer noch schimpfend, verließ.

Ich war zuerst innerlich wie taub, floh in Außenaktionen, spülte, räumte auf, setzte mich zum Meditieren. Schmerz und Trauer kamen erst langsam. Vielleicht hätte ich lernen können, ihn zu lieben, ich spürte immer noch ein warmes Gefühl, vielleicht auch Zärtlichkeit. Aber da wuchs zunehmend das Wissen: Nein, nein und noch einmal nein, das will ich nicht! Ich will nicht ständig in Angst sein, dem Partner in irgendeine Wunde oder enttäuschte Erwartung zu geraten, sein Misstrauen zu wecken, ohne es zu wollen und dann dafür gekränkt und eingeengt zu werden.

So endete meine erste und einzige Beziehung in dieser neuen „Welt". Für I. war die Entscheidung wohl in jeder Hinsicht gut, jedenfalls von außen her gesehen. Er fand sehr bald eine jüngere Partnerin, mit der er noch zwei Kinder bekommen konnte, und baute ein Haus und noch eins..., konnte sich also seinen so offensichtlichen Wunsch nach Familie und Hausstand erfüllen.

Und für mich? Ich war traurig zuerst, fühlte mich allein, musste mich erst wieder umstellen, auch meine Träume und Hoffnungen zurücknehmen. Andererseits aber fühlte ich mich wie befreit. Natürlich hatte ich Schuld- und Minderwertigkeitsgefühle. Hatte I. mich doch als „Männer mordendes, kastrierendes Weib" bezeichnet. Ich glaubte, eine wunderbare Möglichkeit verpasst zu haben, weil ich... Ursula, meine Ausbilderin aus der

Konzentrativen Bewegungstherapie, half mir zu begreifen, zu verstehen. Aus ihrer Sicht müsste ich damit rechnen, manchen Männern Angst zu machen, weil sie es nicht ertragen könnten, wenn eine Frau auch geistig eigenständig und unabhängig ist und keine Angst vor ihnen hat. Sie glaubte, ich könne nur mit einem Mann eine Beziehung haben, der mir Zeit lässt, meine Gefühle zu entfalten. Meine Abgrenzung, die I. immer wieder bemängelt hatte, musste in seiner Vorstellung wohl als Angst von ihm ausgegangen sein. Er hatte Angst, ich würde ihn verlassen, darum sei er weggelaufen.

Aus heutiger Sicht nach 30 Jahren begreife ich angesichts all der Erfahrungen dieser Zeit, dass es meine Aufgabe war und ist, meinen Lebensweg allein zu gehen.

Doch bis ich mich zu dieser Erkenntnis durchringen konnte, beziehungsweise bis ich begriff, dass sie eigentlich schon lange in mir war, dauerte es noch eine Weile und Zeiten intensiver Auseinandersetzungen mit mir selbst und meinen „Störungen" lagen vor mir.

26. Übergangszeit

Die Trennung von I. überwand ich recht schnell und ich trauerte ihm nicht allzu lange nach. Zwar hatte ich Beziehung ersehnt, aber nicht um jeden Preis. Aufbruchsstimmung und Lebensfreude wurden, langsam zwar, wieder in mir wach.

Schon einige Wochen nach der Trennung (Juli, 83) erlebte ich zudem Trost durch einen Traum:

„Ich bin traurig und fühle mich allein. Liegt der ganze Sinn meines Lebens im Arbeiten, im Therapieren? Da steht auf einmal ein Mann hinter mir. Er will mich trösten. Ich habe Sehnsucht nach einem Mann als Partner. Jetzt aber weiß ich, dass dieser Mann jemand aus meinem Innern ist, ich mich aber ganz ihm überlassen kann, damit er mich tröstet. Ich solle jetzt die Quelle im Garten einfassen, so rät er mir; denn es wäre zu schade, das Wasser, das ein Heilwasser sei, verloren gehen zu lassen. Ich grabe ein größeres Loch. Soll ich es auszementieren? Dann aber entdecke ich eine alte Wanne, die ich reinige und in die nun das Wasser von unten aus der Erde dringen und sich sammeln kann."

Doch trotz dieses Trostes durch einen offensichtlich geistigen Anteil in mir und der Verheißung der Heilung durch das Wasser der Quelle lag noch eine Zeit der bewussten Aufarbeitung und Klärung der vergangenen Jahre vor mir.

Während der Sommerferien, die ich mit zwei Freundinnen in Spanien in einem Ferienhaus am Rande der Wüste verbrachte, erlebte ich sehr viel Einsamkeit. In mehreren Einzelstunde bei Ursula Kost nach den Ferien ging ich diesen Gefühlen nach. Ursula ermutigte mich, hineinzuspüren in dieses Schwarze, in dieses Unbehagen und Übelsein in mir.

In einer ersten Stunde kommt es in einer Imagination um die Konfrontation mit einer hartnäckigen Schattengestalt:

„Ich sehe plötzlich eine graue Gestalt in mir. Sie sitzt wie in einem Hungerturm hinter Gittern und schreit, sie wolle raus. Als ich ihr aber das Gitter öffne, will sie nicht, ziert sie sich. Sie sieht in ihrem grauen Kleid immer mehr so aus wie ich damals als Nonne in Papenburg. Wut packt mich gegen dieses blöde Stück, das mich immer wieder nach unten lockt ins Dunkel, das mich festhält, nicht teilnehmen lässt an dem Leben der Freude, an Lebendigkeit und Sonne. Kaum ist es mir möglich – auf Ursulas Aufforderung hin – ihr zu erzählen, wie viel Schönes inzwischen in meinem Leben möglich geworden sei. Sie hat mich im Griff mit ihrer Abwertung und dem Gefühl der Minderwertigkeit. Nur langsam kann ich mich von ihr los machen, distanzieren, wahrnehmen, sie ist in mir. Sie ist mein Schatten, aber ich muss mich nicht von ihr beherrschen lassen."

In einer weiteren Stunde, in der ich am Boden lag und zunächst meinen Atem zu spüren suchte, öffnete sich plötzlich in mir ein schwarzer Teich, wie ein großes Loch und drohte mich zu verschlingen in Traurigkeit und Lähmung. Ein dunkle Gestalt lockte mich, ihr in die Tiefe hinab zu folgen. Doch ich vermochte ihr Widerstand durch Einsatz auch körperlicher Kraft zu leisten, bis sie im Dunkel verschwand und Sonne am Horizont sichtbar wurde.

Im anschließenden Gespräch mit Ursula, auch durch mein theoretisches Wissen solcher innerer Prozesse, begann ich zu begreifen, zu verstehen, was es heißt: Vorbei an den negativen Komplexfeldern (Schattengestalten) zum negativen verschlingenden Mutterarchetyp und von dort schließlich in den Bereich des heilen Mutterarchtyp.

In meiner Körperarbeit mit Lucie Lentz hatte ich schon manche heilende Begegnung mit der „guten Mutter" erfahren, und aus meiner heutigen Erfahrung weiß ich: Der Weg der Heilung würde auch gegen alle dunklen Widerstände in mir weitergehen.

Meine Arbeit in der Schule

Von all diesen inneren und äußeren Auseinandersetzungen, diesen Irrungen und Wirrungen, blieb meine Arbeit in der Schule und Praxis seltsamerweise nicht gerade unberührt, aber doch ungestört.

In der Schule hatte ich inzwischen 3 Stunden weniger zu unterrichten, um offiziell jetzt 6 Stunden in meiner Praxis mit Kindern zu arbeiten. Beide Arbeitsbereiche erfüllten und beglückten mich. In der Schule bekam ich im allgemeinen eine 9. bzw. 10. Klasse mit jeweils 10 Stunden entsprechend meinen drei Fächern: Deutsch, Französisch, Religion. Zwar war es mir am Anfang nicht leicht, pädagogisches und psychotherapeutisches Verhalten auseinander zu halten, zumal die Eltern mich mitunter anmahnten: „Sie als Psychologin müssten doch…" Mit der Zeit jedoch gelang mir die Unterscheidung zwischen beiden Strebungen besser. Mein Anliegen war es vor allem, meine Schülerinnen innerhalb des Klassenverbandes – soweit dies möglich war – in ihrem sozialen Verhalten zu fördern, sie zu Eigenständigkeit und Selbständigkeit zu führen und ein Miteinander durch Diskussionen und Gespräche zu ermöglichen. Gerade das Letztere war mir wichtig, entsprach es doch so ganz meinem persönlichen Harmoniebedürfnis und meinem Wunsch nach echter Kommunikation, die ich im Kloster so vermisst hatte.

Für den Unterricht war es mir am wichtigsten, dass sie lernten, das zu erfragen, selbst zu hinterfragen, was sie vom Unterrichtsstoff her zu erfahren hatten. Bei der Behandlung der literarischen Werke im Deutschunterricht aller Klassenstufen, auch der Oberstufe, ging es mir darum, die jeweilige Aktualität, Gegenwartsbezogenheit der Klassiker, der Romantiker, der sogen. Realisten, der modernen Autoren herauszuarbeiten und gleichzeitig die menschlich-psychologische Wahrheit, die diese Werke zum Ausdruck brachten, herausfinden zu lassen. So dienten wohl viele meiner Stunden auch der Lebenseinführung und ermöglichten mir, das, was mir gerade wichtig bzw. neu erfahrbar geworden war, weiterzugeben. Manchmal „verführten" meine Schülerinnen mich auch, den doch etwas öden auf viel Grammatik reduzierten Französischunterricht um zu wandeln in Religion oder Deutsch, was ihnen durch die entsprechenden hintergründigen Fragen nicht selten gelang.

Wohl am wichtigsten war mir der Religionsunterricht in meiner 9. bzw. 10. Klasse. Hier konnte ich am intensivsten einbringen, was mich bewegte auf meinem Weg und bei meiner Suche nach dem Göttlichen, nach Erfahrungen im Innern. Was mich immer wieder überraschte und berührte, war die Fähigkeiten dieser jungen Menschen trotz ihrer Frustrationen durch Eltern und mitunter heftige Ablehnung alles Kirchlichen doch bei entsprechender Führung tiefe religiöse Erfahrungen zu machen und zum Ausdruck zu bringen. Dies geschah z. B., wenn ich sie einlud, in ihrer Vorstellung an ihren „liebsten Ferienplatz" zu gehen, dort zu verweilen und dann in einfachen Sätzen das Erlebte auf zu schreiben. Oder wenn ich sie bat, nach dem Schildern einer biblischen Begebenheit zu malen, was sie beim Zuhören erlebt hatten. Intensive Stille herrschte dann bei ihrem Tun. Dass in ihren Berichten, Texten und Bildern berührende Licht- und Friedens-Erfahrungen zum Ausdruck kamen, erstaunte sie wohl selbst am meisten und machte mich glücklich.

Der spielerische therapeutische Umgang mit den Kindern am Nachmittag tat nicht nur den Kindern gut, sondern auch mir und meinen Schülerinnen, da ich zu lernen begann, meine disziplinarischen Zwänge mehr und mehr abzubauen, freier und kreativer in meinem Verhalten zu werden.

Wenn ich heute meine Tagebücher durchschaue, frage ich mich jedoch immer wieder, warum ich verhältnismäßig wenig von der Schule schreibe. Die Schule, meine Schülerinnen, die Arbeit mit ihnen bedeutete mir unendlich viel, aber sie war mir nicht in dem Sinne problematisch. Ich war diszipliniert, strukturiert in meiner Unterrichtsvorbereitung. So wurde mir die Arbeit nicht zu viel. Schwierigkeiten, wenn sie denn auftraten, entstanden lediglich dann, wenn einzelne Schülerinnen für das, was mir so wichtig war, mich so bewegte, kein Interesse zeigten und dann auch noch störten. Dann konnte ich nicht nur ärgerlich, sondern auch wütend und verletzend werden und damit drohen, „nur noch zu diktieren". Ich konnte es oft nicht begreifen – oder wollte es auch nicht –, wenn manche Schülerinnen den Lebens-, Entwicklungs- und Beziehungsfragen gegenüber gleichgültig erschienen. Heute bin ich mir ziemlich sicher, dass diese Reaktionsweise mit meiner eigenen, mein ganzes bewusstes Leben bestimmenden Suche nach Sinn und Erfüllung zusammen hing. Zu begreifen und zu respektieren, dass manche Menschen, Jugendliche und Erwachsene, nicht von diesem Streben, Suchen erfüllt sind, ist mir noch heute schwer.

27. Zerrissen zwischen innen und außen

Die Wochen und Monate nach meinem Examen waren also erfüllt von Auseinandersetzungen, die ich zwar innerlich zu verarbeiten suchte, die aber doch auch bedingt waren durch meine intensive nach Außenwendung. Es drängte mich, meinen Alltag zu verschönern: Ich erstand ein neues, rotes Auto, das mich durch den Werbeslogan: „Lenkt sportliche Ambitionen in wirtschaftliche Bahnen" angezogen hatte. Ich kaufte eine neue Couchgarnitur, ging zum Tanzen, sagte sogar Therapiestunden in Lenggries ab. „Ich bin eigentlich ganz zufrieden. Die drängende Frage nach dem Sinn drängt gar nicht mehr so sehr," schrieb ich in mein Tagebuch.

Eine Botschaft
Doch dann, im Frühjahr 1983, kam mir an der Isar beim Schauen auf das fließende Wasser eine Botschaft zu, die ich erst mühsam im

Laufe des kommenden Jahres würde wirklich erkennen, verstehen, annehmen können und das zunächst auch nur zum Teil.

Ich erblickte in mir den mir schon länger als Führer bekannten Einsiedler. Aber jetzt war er viel klarer und deutlicher als sonst zu erkennen. Sein weißes Gewand zeigte zudem über dem Herzen einen Kreis mit einem nach oben weisenden Dreieck und ich hörte seine Worte: „Schaffe die Verbindung zwischen innen und außen und belebe das Christliche."

Zu dieser Erfahrung finde ich keine Reaktion in meinem Tagebuch. Erst im Juli wacht wieder die Frage nach dem religiösen Leben spürbarer in mir auf. Ein Erlebnis beim Gehen durch die sommerlichen Felder wirkte ein wenig wie eine Verheißung: „Warmes Sonnenlicht strömte in mir auf und ab mit dem Atem, als habe der Gott in mir nur darauf gewartet, dass ich mich Ihm wieder zu wende."

Allerdings beginne ich erst im Herbst bei erneuter Arbeit mit Lucie wieder bewusster zu fragen: „Welchen Weg führst du mich, Gott? Wer bist Du? Alles ist ins Wanken geraten. Sicher ist nur, dass Du bist. Aber führst du mich? Kennst Du mich? Wo beginnt Dein Dunkel? Wo bist Du hell, Licht, Sonne, Weg?"

Im Herzen entstand mehr Weite und dann begann ich wieder die Sehnsucht zu spüren nach dem Gott in mir, dem Gott, der mein Leben in den Händen hält, der mir aber scheinbar verloren gegangen war in den letzten Wochen und Monaten der vielen Aktivitäten und Auseinandersetzungen, des Mühens, die verworrenen Schichten meines bewussten und unbewussten Lebens zu durchdringen.

In der Silvesternacht 1983/84 schließlich fand ich „zufällig" einen indischen Text auf der Suche nach einem ermutigenden Buch. Ich habe ihn viele Male gelesen diesen Text in dieser Nacht und er hat mich tief berührt im Herzen, weil er aussprach, was verborgen in mir lebte:

„In der Heimlichkeit der Nacht verlässt die Geliebte Gottes das Haus,
um sein Angesicht zu suchen.

...Wo die Heimat ist, weiß das Herz nicht; nur eines weiß es:
Wenn ich angekommen bin, bin ich dem Herrn begegnet.

Auf dem Weg lässt sich die Geliebte des Herrn von drohenden
Wolken nicht abhalten. Die Nacht verwandelt sich in die Glut der
Sehnsucht zum Tag, der dichte Wald wird zur vertrauten Umgebung, und im wegelosen Dickicht erscheint ein bemooster, sanfter Pfad.

Gott von Angesicht zu Angesicht sehen! Sich vor ihm verneigen
bis zum Grund...

In Sehnsucht nach dem Anblick Gottes eilt die Geliebte durch
den Wald; ein dorniger Zweig krallt sich an ihrem Gewand fest:
Sie blickt sich um und erschrickt. Ihr ist, als habe sie das schim-
mernde Gesicht ihres Herrn gesehen, bevor er hinter den Bäumen
verschwand. Sie geht zurück und findet ihn nicht. Ein Pfau schreit
im Baum; sie blickt auf, und da leuchtet das Angesicht Gottes
durch das dichte Laub – und verschwindet. Wieder und wieder
erschrickt sie; denn überall erscheint Gottes Gesicht – und verschwindet. Die Geliebte verliert den Weg; denn jeder Weg scheint
zu Gott hin zu führen, doch keiner bringt sie ans Ziel.

Sobald die Geliebte ans Flussufer geirrt kommt, gießt der volle
Mond sein Licht über die Landschaft; wie verzaubert ist sie. Da er-
tönt die Flöte; Gott ruft, Gott lockt, er weckt in uns das tiefe Verlangen der Liebe. Staunend preist das Herz der Geliebten ihren
Herrn, welcher anwesend ist und alles durchdringt und sich ihr
dennoch entzieht."[30]

War dieser Text und das damit verbundene tiefe Berührtsein
nicht wie eine Eingangstür in einen neuen Lebensabschnitt? – So
sehe ich es heute. Aber bevor ich damals den Mut hatte, durch die-

se Tür zu gehen, bedurfte es noch eindringlicher Erfahrungen des Geheiltwerdens.

Während der Weihnachtsferien in Lenggries hatte ich wieder die Gelegenheit, bei Dr. Jucho zu arbeiten. Als ich auf der Matte lag und er mit seinen Händen, meine immer noch blockierten Energiebahnen zu befreien suchte, hatte ich zwei intensive Bilderfahrungen:

In der ersten Szene sah ich wieder die verrottete Finca meiner Mutter, die in einer der früheren Stunden aufgetaucht war. Ich wusste: „Hier und jetzt wird sie wieder fruchtbar gemacht, zum ersten Mal seit Jahrhunderten. Unfruchtbarkeit und Dürre in sengender Sonne wandelt sich langsam: ein Brunnen gibt wieder Wasser. Ums Haus wächst Grün, Pflanzen."

In der zweiten Szene lag ich auf einem Bett, zuerst in einer Art Tempelhalle, später in einem Garten, hoch über dem Meer mit weitem Blick. Ein Mann wie aus einer anderen Zeit in weißen, umhüllenden Gewändern mit weißem Haar – Ein Arzt? – berührte mit seinen Händen meinen Körper und ich wusste: es geht hier um Heilung, um eine sehr tief greifende Heilung. Es geht um Heilung des Leibes u n d der Seele. Und ich begriff in diesem Augenblick: es geht um eine Heilung des Leibes, der, soweit ich es wusste, seit Jahrhunderten, zumindest Generationen unbeachtet, krank, taub, geschlagen war in unserer Familie.

Nach diesen Stunden stieg viel leise Traurigkeit in mir auf, die irgendwie gar nichts mehr mit mir heute zu tun zu haben schien. Es war, als würde sie sachte, sanft aus mir heraus fließen mit dem Atem. – Erst heute, seit ich mehr weiß von dem Gesetz von Ursache und Wirkung, von Karma und Dharma, ahne ich, dass es hier um Heilung einer aus früheren Leben mit gebrachten „Krankheit" ging.

Am Ende dieser Ferien hatte ich einen wichtigen Traum, der

wegweisend hätte sein können, wenn ich nicht noch so unbewusst in meinem Klosterkonflikt gesteckt hätte. In diesem Traum bin ich im Kloster zu Besuch und muss mich nun endgültig entscheiden, ob ich wirklich austreten will:

„Die Entscheidung fällt mir schwer., ich zweifle... Ich weiß nur sicher: Ordensfrau muss und werde ich immer bleiben, meine Bindung an Gott ist untrennbar. Nur die Bindung an die Ordensgemeinschaft mit ihren mich einengenden Lebensweisen muss ich lösen. Ich will draußen leben als Frau und in der Zuwendung zu Menschen und Dingen. Nach einem Abschied und Dank bei den Obern gehe ich."

Der Traum beunruhigte mich damals und würde mich auch heute verwundern, wenn ich nicht um die weitere Entwicklung wüsste. In den acht Jahren meines Lebens in der „Welt" hatte ich bewusst nicht eine Sekunde Zweifel an meiner Austrittsentscheidung. Auch hatte ich noch keine Klosterträume dieser Art erinnert. Woher kamen jetzt diese Zweifel aus meinem Unbewussten? Was bedeuteten sie?

In den kommenden Wochen und Monaten hatte ich weitere Träume dieser Art: „Ist es recht, endgültig auszutreten?", „Soll ich wieder eintreten und bleiben. Ich habe solche Sehnsucht nach religiösen Erfahrungen. Ich bin hin- und her gerissen." In diesem Traum allerdings sagte mir eine Stimme, ich könne auch draußen im Leben „Ewige Gelübde" ablegen, und zwar das Gelübde der Suche nach Gott, der intensiven Beziehung zu ihm. „Da begreife ich: darauf kommt es an, dieses Gelübde kann ich draußen, ja gerade draußen, leben. Ich will es leben."

Eigentlich war dieser Traum so klar. Der Konflikt, der jedoch immer noch in mir wirkte, war der Konflikt zwischen innen und außen. Würde ich „draußen" meiner Innen-Sehnsucht folgen können? Auch hatte ich Angst, mich erneut zu täuschen. Nicht nur die Enttäuschung der 23 Jahre Innen -Leben im Kloster, sondern auch die Enttäuschung meiner „edlen" Analyse „draußen" nagten noch in mir. „Meine Furcht wieder „abzutriften" in eine mehr oder weniger illusionäre Innenwelt ist zu groß." (Tagebuch) Wem konnte ich trauen? Am wenigsten, so schien mir, mir selbst.

Ende Mai erlebe ich im Traum noch einmal Zweifel, „erkenne dann: Ich muss Ja sagen zum Leben, nehme feierlich Abschied vom Kloster."

Einen Monat später bringe ich im Traum „ein Kind zur Welt". Was war dies für ein Kind? In jedem Fall hätte dieser Traum mich ermutigen können. Neues Leben konnte geboren werden in dieser „Welt draußen". Aber weder mein bewusstes Ich (Erfahrungs-Ich) noch die zweifelnden Anteile meines Unbewussten begriffen. Es folgten noch weitere Träume der Zweifel: bleiben oder gehen.

Ja, die Traumgefühle verdichteten sich bis zu Aussagen wie: „Alles zieht mich zu bleiben. ...Ich fühle mich wohl im Kloster....Das Ordensleben ist gut für mich. ..Ich bin zerrissen zwischen gehen und bleiben."

Cluburlaub mit Folgen

In den Sommerferien 84 flog ich, erfüllt von diesem Streben, mich Menschen und Dingen zuzuwenden, zu einem Cluburlaub nach Tunesien. Dort würde ich auch reiten und an manchen anderen Aktivitäten (Tanzen, Segeln) teilnehmen können und vielleicht sogar „einen Mann treffen", so hoffte ich. Doch nun hatten meine Seele..und der Gott meines Lebens wohl endgültig genug von meiner Hartnäckigkeit – oder meiner Naivität?

Das Dahingaloppieren am Strand war zwar zunächst wie ein Traum, machte mich so frei und etwas wie selig. Aber: bei einem Halt gelüstete es meinem Reittier Ali seinem Rivalen vor ihm in den Hintern beißen zu wollen (Hengste!). Natürlich wollte ich ihn zurücknehmen. Aber meine reiterischen Fähigkeiten waren wohl nicht allzu groß. Ich prallte mit Alis dicken Pferdeschädel zusammen, verlor zwar glücklicherweise keine Zähne, bekam aber im Laufe der folgenden Stunden und Tage ein dickes grün, blau, rot schillerndes Auge. Nicht weiter gefährlich, aber zur „Mannsuche" ungeeignet. Das war die erste Warnung, die ich natürlich nicht verstand. Die zweite folgte bald danach. Kollegen, mit denen ich wie zufällig im selben Hotel zusammen getroffen war, fuhren ab und wünschten mir noch viele interessante Erlebnisse. Immerhin hatte ich noch eine sonnige Woche mit Strand und Meer und Segeln vor mir. Auch die Möglichkeit, einen netten Mann zu treffen, rückte wieder in mein Blickfeld. Unternehmungslustig stieg ich die frisch gewischten Marmortreppen hinunter, rutschte aus und – wie sich später herausstellte – brach mir das Schienbein. Nun, im nahe gelegenen Krankenhaus bekam ich einen festen Zinkverband und nette Menschen führten mich stützend zum Strandkorb und den Mahlzeiten. Alles kein Drama, aber innerlich fühlte ich mich elend, wütend, zerrissen.

„Da habe ich zum ersten Mal das Gefühl, wirklich Kloster verlassen und Habit abgelegt zu haben und zusammen mit normalen Leuten zu leben, wahrzunehmen, was Leben draußen ist, und dann das…Was in mir wollte mir das Schöne, das Genießen des Augenblicks nicht gönnen?…Verdrängen möchte ich die Frage, warum das alles? Und doch lässt sich diese Frage nicht vertreiben. Sie beunruhigt mich." (Tgb.) Und wieder stiegen in mir die uralt christlichen Vorstellungsbilder vom strafenden Gott auf. Auch dachte ich an neidische Schattenaspekte in mir, die mir die Freude im Außen nicht gönnen. „Ist es die Rache der verschmähten Nonne in mir, die wirkt?. Oder muss ich mich wirklich mehr nach

197

innen wenden ? – Ich bin es so leid." (Tgb.) Mein Selbstmitleid wuchs.

Mit tatkräftiger Hilfe der inzwischen mit mir befreundeten Familien kam ich schließlich wieder gut zu Hause an und erhielt am nächsten Tag in einer orthopädischen Klinik einen zünftigen dikken Gips mit der Auflage, vier Wochen nicht auf zu treten. In einer Woche sollte die Schule wieder anfangen! Aber auch das ließ sich regeln. Meine Direktorin war sehr verständnisvoll, erlaubte sogar meinem Grund- und Leistungskurs zum Deutschunterricht in meine Wohnung zu kommen. Das wurde von beiden Seiten als angenehme Abwechslung erlebt und schadete der Vorbereitung auf das Abitur keineswegs.

Eigentlich fühlte ich mich auf meinem Sofa mit Blick in den Himmel und aufmerksam versorgt durch meine Mitbewohner im Haus nicht unwohl, wenn da nicht, ja, wenn da nicht die Frage nach der tieferen Ursache oder dem Sinn dieses Unfalls gewesen wäre. In meinem Tagebuch beginne ich nun deutlicher zu formulieren: „Die Frage nach meinem Weg, dem Ineinander von Innen und Außen geht mir nach, drängt mich immer wieder, eine Lösung zu finden. Und doch spüre ich deutlich Widerstand, Furcht, Abwehr, wieder in eine negative täuschende Nachinnenwendung zu geraten wie im Kloster und in der Analyse. Ich finde noch keine Klarheit." Ich erinnerte mich an ein Buch von Graf Dürckheim: „Der Ruf nach dem Meister" [31], das ich noch in meiner Klosterzeit gelesen hatte. Ich fragte mich: „Wo ist mein Meister? Welchen Weg wird er mich führen?" Immerhin kam mir der Einfall, mich zu fragen, was damals „Austreten" für mich bedeutet hatte und bekam die eigentlich einzig richtige Antwort in dieser Situation: Ich bin ausgetreten, um meinen inneren Weg weiter zu gehen, was mir für mich im Kloster nicht mehr möglich erschien.

Reflexion zu „Wieder in der Welt"

Das Pendel schlug in dieser Phase von dem Pol „Trennung von der Welt" um in eine intensive Wendung hin zu dieser „Welt" im Außen, eben zu der Welt, die ich 23 Jahre zuvor verlassen hatte.

Es ging jetzt um das intensive Wahrnehmen, Annehmen und Gestalten meiner Außenwelt: Suchen einer Wohnung, Einfügen in einen neuen Arbeitsbereich, Umgang mit Geld, Gestalten und Erleben eines neuen Freundeskreises, Beginn des Studiums am Jung-Institut, Erfahren neuer Möglichkeiten der Freizeitgestaltung, Reisen, schließlich die Auseinandersetzung mit Beziehungen.

Dieser Pol „Außen-Welt" forderte lange Zeit sehr viel Energie und Aufmerksamkeit von mir.

Heute im Abstand sehe ich jedoch klarer, was ich damals noch nicht bewusst erkennen konnte: die im Kloster gefürchtete und auch abgelehnte „Außen-Welt" begegnete mir nun in meiner Innenwelt, in den Träumen und Imaginationen während meiner Lehranalyse und in den Erfahrungen während der Körperarbeit. Zwar erlebte ich meine „Innen-Welt" glücklicherweise nicht unbedingt als „brutal, bestial und infernal", dass Aggression, Vorurteile, Ablehnung, ja Hass und Lieblosigkeit meine Innen-Welt belebten, musste ich jedoch ansehen, erkennen, verstehen und vor allem mühsam in mir befrieden.

So gewann der Pol Außen-Welt eine neue Dimension und heute verstehe ich besser, „dass Gegensätze in Wirklichkeit nur zwei Extreme derselben Erscheinung sind mit vielen graduellem Abstufungen dazwischen." und dass es schließlich darum geht, diese Gegensätze in Einklang zu bringen.[32]

Dieses bejahte und bewusst erlebte Verstehen von Welt außen und Welt innen war für mich wie ein Meilenstein; denn nur in der

Anerkennung und Bejahung des Poles Außenwelt kann, so weiß ich heute, echte Nachinnenwendung auf einem weiteren spirituellen Weg angemessen gelingen.

Doch die erneute Zuwendung zu dem Pol einer tieferen Form der Nachinnenwendung, nach der sich meine Seele sehnte, erwies sich für mich als schwierig. Ich war noch zu „frustriert" von meinem vergeblichen Bemühungen in der voraufgehenden Lebensphase, auch fürchtete ich erneute Enttäuschung.

Das Ziel, die mögliche Überwindung dieser Polarität, die Schaffung eines Einklangs zwischen beiden, also zwischen der Außen-Welt und der spirituellen Innen-Welt, kam mir zunächst in der schon geschilderten Imagination zu: Ich begegnete einem alten Weisen, auf dessen Kleidung in Herzhöhe ein Kreis mit einem Dreieck gestickt war, und erhalte von ihm den Auftrag: „Verbinde außen und innen". Doch meine Widerstände waren immer noch zu heftig.

Erst der Schienbeinbruch in Tunesien und die folgende Begegnung mit meiner Lehrerin Mrs Tweedie zeigten mir den Weg, wie ich dem Ruf in meiner Seele folgen konnte, wie ich mich auch wieder aussöhnen konnte mit der Enttäuschung über den bis dahin scheinbar so vergeblich erstrebten Pol „spirituelle Innen-Welt".

IV
Auf dem Sufi-Pfad
(1985 – 1995)

„Who am I?
There is no answer
without God."

Bhai Sahib, Sufi Sheik

„...und ich werde weinen
und weinen und weinen,
bis die Milch deiner Gnade
mein Herz überschäumt."

Rumi

28. Die Suche nach dem Lehrer

Erste „Begegnung" mit Mrs Tweedie

Und wie um mich zu bestätigen in dieser so einfachen Erkenntnis, brachte ein guter Freund mir ein Buch, das mein ganzes weiteres Leben verändern und erhellen sollte: „Der Sufi-Weg"[33]. In diesem Buch beschrieben und erläuterten eine Reihe bekannter Sufi-Lehrer den Sufi-Weg in Interviews mit dem Herausgeber. Und da, schon beim ersten Aufschlagen stieß ich auf ein Interview mit Mrs Irina Tweedie, einer in London lebenden Sufi-Lehrerin in der Tradition der Naqshibandi Mujadidia.

„Die Sufis glauben an eine geheimnisvolle Substanz im Herzen des Menschen, und diese geheimnisvolle Substanz ist der Suchende, der Pilger und der Weg, nicht die Persönlichkeit.... Wir glauben, dass Gott Stille ist, nur in der Stille begriffen werden kann und wir machen stille Meditationen.... Wir beginnen mit der 7. Stufe, das Dhyana.... Und der Zustand von Dhyana ist wie ein Zustand größtmöglicher Demut. Es ist so, als würde man dem Geliebten sagen: Hier bin ich, ich versuche meinen Geist zu beruhigen, ich sitze wie eine Gurke, ich tue nichts um meinetwillen, wartend, die Schale für die Gnade geöffnet."[33]

In mein Tagebuch schrieb ich diese Sätze und fügte etwas trocken hinzu: „Diese Aussagen sprachen mich sehr an." In meiner Erinnerung aber war ich zutiefst berührt, spürte in bewegender Weise: Das ist es, was ich mein Leben lang gesucht habe. Bestärkt, dass ich hier einen Weg finden könnte, wurde ich auch von einem Satz ihres Lehrers, der meine Furcht vor erneuter Täuschung und Illusion beruhigte: „...wir sind verantwortungsbewusste Männer und Frauen, die ihre Pflicht in der Gesellschaft erfüllen. Keine Phantasieflüge. Keine Übertreibungen oder Verzücktheiten. Steht mit beiden Füßen auf der Erde, aber mit eurem Haupt müsst ihr das Gewölbe des Himmels stützen."

Am 2. Oktober schließlich, meinem Klostereintrittstag vor 32 Jahren, hielt ich zum ersten Mal Mrs Tweedies Buch „Wie Phönix aus der Asche"[34] in den Händen. Es war noch nicht die später erscheinende große Ausgabe: „Der Weg durchs Feuer", sondern eine verkürzte. Aber sie reichte für mich damals. Ich las und las und wusste tief in meinem Herzen: Ja, das ist der Weg, den meine Seele sucht. Mrs Tweedie's Schilderungen waren erfüllt von ihrer „Sehnsucht nach jenem Namenlosen, dem Es", von der Erfahrung, die auch ich so zu kennen glaubte: „Licht wird aus der Sehnsucht zu Dir kommen.' (Zitat eines Sufi-Dichters). Ich weiß nichts über das Licht, aber Sehnsucht habe ich genug. Sie ist stark und anhaltend, läßt mir keine Ruhe, wie ein Ruf von weither." „Es war eben nur das Sehnen aus der Tiefe meines Herzens;..."

Sie schilderte aber auch die Beziehung zu ihrem Lehrer in Indien und die Schulung, die sie durch ihn in Indien erfuhr. Seltsamer Weise schreckten mich all die Nöte, die Mühen, Schmerzen, Irrungen und Verwirrungen, die sie erlitten hatte, nicht ab. Auch mein Weg durch Kloster und Therapien war nicht leicht gewesen. Aber die Frage nach dem Lehrer beunruhigte mich: „Soll ich, muss ich nun, nachdem ich Analyse, Therapien, Selbsterfahrung in Körper und Seele durchgestanden, mich nun noch einmal aufmachen und suchen nach einem Meister, Lehrer, Guru auf dem inneren Weg? Sind die Bücher, auf die ich stoße, jetzt, da ich gezwungen bin innezuhalten, durch Zufall in meine Hände gekommen? Haben diese Zufälle einen Sinn? Ich fühle mich so hilflos. Sprechen kann ich eigentlich mit niemanden darüber." (Tgb.)

Es war merkwürdig, aber je mehr ich eintauchte gleichsam in den von Mrs Tweedie geschilderten Weg, desto klarer wurde ich in meiner Einstellung zu meinem Weg zwischen innen und außen.

„Meine Vorstellung vom inneren Weg müsste heraus kommen aus dieser fürchterlichen Rückzugs- und Fluchtrille." (Tgb.) Die „Klosterträume" veränderten sich:

„Im Kloster. Ich spreche mit Sr. Hildegunde (der Novizenmeisterin, die ich sehr liebte), sage ihr, dass ich nun innerlich ganz klar sei und entschieden. In den letzten Jahren habe ich ja immer noch gezögert, wusste nicht recht, ob ich wirklich gehen soll. Jetzt habe ich keine Zweifel, kein Zögern mehr. Alles ist innerlich klar. Auch spüre ich keine Verbitterung, keinen Schmerz mehr. Auch äußerlich ist alles geklärt. Ich habe eine Wohnung und eine Anstellung." (Tgb.,Okt. 84)

Und dann schließlich kam ein Traum, den ich damals, im Oktober 1984, in seiner in die Zukunft weisenden Bedeutung noch gar nicht ganz verstehen bzw. realisieren konnte:

„Ich bin bei einer indischen Guru. Sie leitet mich an zu Meditationsübungen, in denen Körper und Atem eine Rolle spielen. Ich bete.. und habe sehr starke Erlebnisse von Gottesnähe und innerer Bewegung, wie ich sie in dieser Intensität noch nie vorher gehabt habe.

Ich spüre, dass sie mich als Schülerin angenommen hat."

Im Tagebuch fragte ich mich, ob dieser Traum eine Antwort sein könnte auf meine Frage nach einem Lehrer.

Ich schrieb an den Herausgeber des Sufi-Weg-Buches, Bruno Martin, um Mrs Tweedie's Adresse zu erfahren. Am liebsten wäre ich doch gleich zu ihr gereist. Die Antwort war, Mrs Tweedie hätte sich zur Zeit zurückgezogen und ich sollte später noch einmal nachfragen. Wie ich später erfuhr, hatte sich Mrs Tweedie gar nicht zurückgezogen, aber heute glaube ich, dass auch diese Verzögerung nicht „zufällig" war. Offensichtlich musste ich vorher noch einige innere Hindernisse auf meinem Weg beseitigen, bevor ich meiner „Lehrerin" würde begegnen können.

Begegnung mit der ehrwürdigen Aya Khema

Jürgen, der Freund, der mir das erste Sufi-Buch gebracht hatte, machte mich auf ein Meditationswochenende mit einer buddhistischen Nonne, der ehrwürdigen Aya Khema, ganz in meiner Nähe aufmerksam. Nun, ohne allzu viel Begeisterung ging ich hin. Ich war ja am Suchen.

Und dann ereignete sich für mich etwas ganz Unerwartetes: „Es war sehr seltsam. Als ich – im Grunde nach 8 Jahren zum ersten Mal wieder – so saß und mich in mir zu sammeln suchte und die Vorstellung, bei meinem inneren indischen Lehrer zu sein, in mir wach rief, erfüllte mich auf einmal große Beglückung und ein Gefühl, als wäre ich nach langer Zeit wieder zu Hause angekommen. Wissen war auch in mir: Ich darf wieder meditieren. Das ist mein Weg, jetzt, da sich soviel in mir gelöst hat, im Körper und in der Seele. Der Atem kann fließen." (Tgb. 9.11.84) Dann allerdings stieg auch Angst auf:

„Verschlingen wird mich das Dunkel in meiner Tiefe, hinweg reißen, hinweg schwemmen." Im Privatgespräch aber ermutigte mich die buddhistische Nonne mit dem mir so vertrauten Berliner Akzent: „Natürlich haben Sie Angst. Ihr „Ich" (Ego) ist sehr am Wackeln, das schreit... Meditieren Sie weiter und bleiben sie bei dem Gefühl der Sehnsucht." Diese kurze Information half mir sehr.

Von diesem Tag an meditierte ich wieder regelmäßig und spürte: „Mein Leben hat wieder Sinn, ist reizvoll, lebendig. Ich begann zu ahnen, dass sich Innen und Außen verbinden ließen." (Tgb.)

Und dann wurde mir in der Weihnachtsnacht 1984 ein Traum geschenkt, den ich auch heute fast 30 Jahre später nicht vergessen habe:

„Ich bin noch einmal im Kloster in Thuine und sitze nun in der großen Christus-König-Kirche ganz hinten, wo die Schwestern immer sitzen. Ich spüre in mir all die Sehnsucht, die ich die vielen Jahre in dieser Kirche hatte. Und dann höre ich eine Stimme in mir: Du musstest in diesem Kloster sein, damit deine Sehnsucht nach Gott leben, sich bewahren und wachsen konnte. – Mir ist als würde ich auf einmal den ganzen Sinn dieses Klosterlebens erfassen. Zum ersten Mal glaube ich wirklich, glücklich zu sein in dieser Kirche. Alles in mir ist weit und hell."

In den Weihnachtsferien konnte ich schließlich Pir Vilayat Khan, einen Sufi-Meister, in einem Retraite erleben und mich durch beglückende innere Erfahrungen weiter bestätigt fühlen auf diesem neuen Wegabschnitt.

Anfang Februar schrieb ich in mein Tagebuch: „Es geht mir so gut, wie eigentlich noch nie. Alles ist ruhiger innen. Die Sehnsucht ist nicht mehr wie ein aufflackerndes Feuer, das sich mühsam, schmerzhaft durchkämpfen muss, um brennen zu können, sondern eher wie eine ruhige Flamme, die weiß, dass sie brennen kann, darf und genügend Nahrung findet. Oft ist dort, wo man sagt, es sei das Herzchakra, so etwas wie eine helle, fast gleizende Sonne und das Licht fließt dann unter beglückendem Gefühl nach oben, wie nährend – sehr seltsam. Alles in mir wird dann weiter und leichter."

Vorfreude auf die Begegnung mit Mrs Tweedie
Neben all diesen inneren Erfahrungen ging die Schularbeit weiter: Unterrichtsvorbereitungen, Zeugnisse schreiben, Abituraufsätze korrigieren, Zweitkorrekturen bearbeiten. Außerdem während der kurzen Ferien Fortsetzung der Ausbildung zur Konzentrativen Bewegungstherapeutin durch Teilnahme an einer Gruppe als Co-Therapeutin.

Inzwischen erfuhr ich auch auf Umwegen, dass Mrs Tweedie während der Sommerferien in der Lüneburger Heide ein vierwöchiges Seminar abhalten würde. Ich beschloss sofort, dorthin zu fahren.

Pfingsten schrieb ich in mein Tagebuch: „Jetzt freue ich mich auf die Wochen bei I. Tweedie. Unwahrscheinlich stark zieht es mich zu ihr hin, wenn auch etwas Furcht in mir ist. Da ist aber auch eine Gewissheit: Bei ihr muss ich lernen. Fast ist es, als habe die „Schulung" – so nennt sie es – bei ihr schon angefangen, seit ich ihre Stimme auf Kassetten hören kann."

„Der indische Guru in mir scheint sich zurück zu ziehen. Ich sehe ihn immer ferner. Es ist, als sage er mir: ‚Jetzt brauchst du mich nicht mehr. Jetzt hast du eine lebende Lehrerin gefunden, die mit ihrem Wirken in dir einziehen kann.' Und es ist, als sitze Mrs Tweedie in mir, ohne Gesicht (entsprechend der Sufi-Tradition) – oder mache ich mir das nur vor? Oder kann ich so erkennen: Es ist nicht die persönliche I. Tweedie, in deren Schulung ich gehe, sondern in ihr wirkt ein Anderer – ich brauche keine Angst zu haben, dass ich mich wieder an einen persönlichen Menschen binde."

Und dann, Anfang Juni, mitten in der Schulzeit kommt der entscheidende Traum oder – wie ich inzwischen weiß – die erste Begegnung mit Mrs Tweedie auf einer anderen Ebene: „Ich bin an dem Ort angekommen, an dem Frau Tweedie zum Meditieren Besuche empfängt. Ich habe Decke und Sitzkissen unter dem Arm. Eine Frau führt mich in den Raum, in dem Frau Tweedie mit ungefähr 20 Frauen und Männern zusammen ist. Gerade scheint eine lockere Pause zu sein. Man redet und lacht miteinander. Ich werde zu Frau Tweedie geführt. Sie sitzt in einem Sessel und schaut mich an. Ich schaue sie an und weiß: Das ist deine Lehrerin. Ich bin angekommen. Sagen kann ich nichts, brauche ich auch offensichtlich nicht. Frau Tweedie weiß... In mir ist große Ruhe und Glück und Sehnsucht – die weibliche Seite der Liebe zu Gott. ‚Sie sind so alt wie ich‘, sagt Mrs Tweedie nur und schaut mich so klar und tief und mich kennend an. Ich begreife: Mehr braucht sie nicht zu sagen. Das heißt ja – entsprechend der Sufi-Tradition – : Wir sind durch langes Karma miteinander verbunden, so dass sie meine Lehrerin sein kann. Ich finde noch einen Platz am Boden und setze mich.“

Mit diesem Traum war ich mitten in der Nacht und mit heftigem Herzklopfen aufgewacht. Der Traum berührte mich zutiefst und weckte so viel Hoffnung in mir. Erst sehr viel später sollte ich die ganze Bedeutung dieses Traumes erfahren, da er ganz der uralten Sufi-Tradition entsprach; denn in einer alten Geschichte wird erzählt, dass eine Gruppe von Mystikern, – die man damals Kamal Posh, d. h. Deckenträger, nannte, lange bevor sie als Sufis bekannt wurden, – durch die alte Welt reisten von Prophet zu Prophet. Aber keiner konnte sie befriedigen. Jeder Prophet sagte ihnen, sie sollten dies oder das tun und auch das konnte sie nicht befriedigen. Dann eines Tages kamen sie zum Propheten Mohammed. Aber als sie bei ihm waren, sagte Mohammed nichts und doch waren die Kamal Posh vollständig befriedigt. Warum? Weil Mohammed Liebe in ihren Herzen entzündet hat. Sie erkannten, dass Mohammed um die Geheimnisse des Herzens wusste. Und so blieben sie bei ihm.

29. Angekommen bei meiner Lehrerin (1985)

Die letzten Wochen vor der ersten Begegnung mit Mrs Tweedie erlebte ich sehr intensiv: „Etwas ganz Eigenartiges erfahre ich in der letzten Zeit: Ich habe immer intensiver das Gefühl, als sei ich schon längst Schülerin bei Mrs Tweedie," so schreibe ich schon Mitte Juni in mein Tagebuch. „Die Nächte sind seltsam, ähnlich wie Mrs Tweedie sie beschreibt in der ersten Zeit mit ihrem Lehrer. Immer wieder wache ich mitten in der Nacht auf und dann ist da die Sehnsucht, eine ganz unbekannte Erwartung, verbunden oft mit starkem Herzklopfen. Es (?) zieht mich nach innen. Aber es kommen auch wieder Furcht und Widerstand. Soll dieses Ringen, der Schmerz nie ein Ende haben?"

Mitte Juni dieses Jahres erinnerte ich dann einen Traum, der gerade diesen Widerstand anspricht: „Wohl dem, der keinen Widerstand mehr hat auf der ersten Ebene, auf der zweiten Ebene und dem inneren Führer gegenüber." Im ihrem Buch fand ich dann die mögliche Deutung: „Ja, entweder sind Sie Gast auf meiner Ebene der Erfahrung oder auf der Ihren; doch zu aller erst ist eine völlige Hingabe notwendig, angefangen vom physischen Körper über alle Ebenen der Existenz"[35], so formulierte es ihr Lehrer und wird etwas später noch deutlicher: „Wenn sich jemand dem spirituellen Leben und der spirituellen Arbeit verpflichtet hat, darf es keine Zurückhaltung mehr geben, sondern nur die völlige Hingabe auf allen Ebenen. Nur so kann man die Arena betreten..." So ernste Worte hatte noch nie jemand zu mir gesprochen. Der Traum aber machte mich darauf aufmerksam, dass sie tatsächlich auch mir gelten könnten."

Ende Juli begannen endlich die Schulferien. Mit einer Freundin hatte ich – schon bevor ich von Mrs Tweedies Seminar wusste – eine zweiwöchige Reise durch Irland bzw. auch einem Aufenthalt in einem Cottage nahe einer Bucht geplant. Seltsamer Weise erinnere ich nur wenig von dieser Reise. 3 Seiten Naturschilderung in meinem Tagebuch – das war es. Hat es so viel geregnet? Oder, was ich eher annehme, war ich in meinen Gedanken und Gefühlen, mit meinem Herzen schon ganz bei Mrs Tweedie?

Nach 14 Tagen kamen wir – meine Freundin fuhr zuerst mit – dann endlich in der Nähe von Eyendorf, einem Dorf in der Nähe der Lüneburger Heide an. Hier hielt Mrs Tweedie in einem gemieteten Haus ihr Seminar ab. Wir richteten uns zunächst ein in der Ferienwohnung.

Am 12. August, mittags um 14 Uhr, stand ich erwartungsvoll, aber auch etwas furchtsam vor dem Seminarhaus und drängte mich schließlich mit den andern Teilnehmern hinein. Mrs Tweedie begrüßte mich, als würden wir uns schon lange kennen und erzählte mir, sie hätte heute Vormittag mit M. zusammen in Hamburg einen Rock gekauft. Ich konnte mich nur wundern..., vermochte diese so ganz einfache, unkomplizierte, unzeremonielle Art der Begrüßung überhaupt nicht einzuordnen. Zwar hatte ich schon vermutet, dass sie den äußeren Rahmen ihres „Seminars" in irgend einer Weise dem sehr unkonventionellen äußeren Rahmen der Zusammenkünfte bei ihrem Lehrer in Indien anpassen würde. Aber was ich jetzt erlebte – immerhin war ich mehrere Jahre durch eine sehr strukturierte Zen-Schulung gegangen –, erstaunte, verwunderte... mich doch sehr: Laut war es, wuschelig, unruhig, ein Hin- und Her zwischen Garten und Haus. Vielen jungen Leuten schienen eher Kontakte, Kommunikation, Geborgenheit als Spiritualität wichtig zu sein. Von überall her drang Unterhaltung, Lachen. Selbst im sogenannten Meditationsraum schliefen einige, andere lagen irgendwo auf dem Boden. Ich fühlte mich zunächst so fehl am Platz.

Aber ich wollte ja zu Mrs Tweedie. Sie ging zwischen den einzelnen Gruppen hin und her, begrüßte viele sehr persönlich und anteilnehmend. Zu mir schaute sie nicht ein Mal. Dann aber kamen die Meditationen, die sie mit uns hielt. Und da war sie wieder die Sehnsucht, das Herzklopfen... Die Ahnung der noch verborgenen aber doch so spürbaren Anwesenheit Gottes in meinem Herzen.

Nach den Meditationen suchte ich immer wieder einen Platz, um Mrs Tweedie sehen, auch hören zu können. Sie sprach sehr leise....eine ältere Dame mit weißem Haar und strahlend blauen Augen, alt und doch jung zugleich. Langsam begann ich auch zu begreifen, in welchem Maß es Mrs Tweedie gelungen war, ihr indisches Erleben hier umzusetzen. Hätte ich ihr Buch nicht gelesen, wäre ich vielleicht wie meine Freundin am nächsten Tag wieder abgereist.

Mein Unbewusstes kümmerte sich übrigens wenig um meine kleinen Außenverwirrungen. In der Nacht träumte ich, dass ich schwanger sei und das Kind in zwei Tagen kommen würde. Ich sollte nichts Anstrengendes mehr tun, nur noch loslassen.

Ich suchte diesem Hinweis so gut ich konnte zu folgen und all meine Vorstellungen, Normen, Urteile los zu lassen und mich nur um mein spirituelles Kind, das ans Licht kommen wollte, zu kümmern. Am zweiten Tag konnte ich schließlich in einer kleinen Runde, in der Träume erzählt wurden, Mrs Tweedie auch meinen Traum von der Ankunft bei ihr erzählen. Sie schaute mich sehr ernst an und wiederholte ihren Satz aus dem Traum: „Sie sind so alt wie ich." Und dann stellte sie die traditionelle Frage, die auch ihr Guru ihr gestellt hatte, als sie zu ihm kam: „Wollen Sie die absolute Wahrheit?" Ich konnte nur stammeln: „Ja, ich suche Gott."

Am dritten Tag schließlich fand ich den Mut, um ein Gespräch zu bitten. Als ich dann zum ersten Mal bei ihr saß, fühlte ich mein Herz wie aufgeweicht. Da war wieder die Sehnsucht – stärker, intensiver als sonst. Ich konnte sie nur bitten, ohne Einschränkungen, ohne Bedingungen, mir zu helfen auf dem Weg und mich als Schülerin anzunehmen. Nur einige wenige Sätze vermochte ich aufzunehmen, von dem, was sie zu mir sagte. So viel Bewegung war in mir. Sie hätte gebetet für mich in der Nacht. Ich sollte ihren Lehrer

Bai Sahib (was älterer Bruder heißt) am Abend ehrfürchtig anrufen. In der Nacht seien wir frei, könnten aus unserem Körper heraus. Da wären die Möglichkeiten...(dem Lehrer zu begegnen, wie ich später erfuhr). Dann umarmte sie mich „als Sufi", – als ihre Schülerin – eine so herzliche und warme Umarmung, so einfach und selbstverständlich.

Am Abend schrieb ich in mein Tagebuch: „Ich bin sehr glücklich. In mir ist ein Gefühl, wie angekommen zu sein. Was auch geschehen mag – eine Not hat ein Ende, die Suche nach dem Lehrer. Die Meditation heute nach der Begegnung war so ganz neu. Auf einmal war ich in einem hellen Lichtraum – ohne Gedanken, ganz ruhig war es. Aus der Ferne hörte ich noch Mrs Tweedies Stimme vom Ende unseres Gespräches: „Haben Sie keine Furcht". Der helle Raum in mir und die Stille blieben bis zum Ende der Meditation. Da schaute Mrs Tweedie mich an: „Den Frieden Gottes finden wir erst, wenn wir bei Gott sind", so als wolle sie mir sagen: Ich soll nicht meinen, das wäre es schon. Ich weiß ...Aber gut sind so kleine Ruhepausen. Dankbar bin ich dafür." (Tgb.)
Durch einen Traum in der folgenden Nacht wurde mir auf einmal verstehbar, dass meine oft etwas zwanghaften Rückzugstendenzen eine Art spiritueller Krankheit sein könnten, dass aber Mrs Tweedie, die mir im Traum als Ärztin begegnete, mir zur Heilung verhelfen würde. Ihr mich zunächst so verwirrendes, scheinbar ganz spontanes Wechseln von tiefer Meditation zu heiterem Plaudern, von Herz berührenden ernsten Belehrungen zu herzlicher, mitunter scherzhafter Zuwendung zu einzelnen Personen in der Gruppe schienen mir bald ein überzeugendes Heilmittel zu sein.

Die Nacht in der zweiten Woche werde ich wohl nicht mehr vergessen. Es war „eine seltsame Nacht, verwirrend, intensiv und doch irgendwie nicht unbekannt:

Um 2 Uhr wachte ich auf, eine Zeit, in der ich in letzter Zeit oft mit Träumen und Herzklopfen wach geworden war. Diesmal war da kein Traum, nur das Gefühl: Es ist eine besondere Zeit der Öffnung zu Mrs Tweedies Lehrer und wohl auch zu ihr hin. Ich wollte wieder weiter schlafen, aber etwas in mir ließ mich das Mantra „Allah" im Herzen wiederholen. Da ging eine seltsame schmerzende Bewegung durch den ganzen Körper – ein Energiestrom vom Herzen ausgehend, verbunden mit der Sehnsucht nach diesem namenlosen Gott, schmerzhaft, aber auch irgendwie süß, beglückkend, Herzklopfen, mitunter bis an die Grenzen des Bewusstseins gehend, doch dann wieder ganz nach erlebbar im ganzen Körper, offen vom Wurzelchakra bis unter die Schädeldecke. Heiß und wie offen waren vor allem die Fußsohlen und Handinnenflächen. Alles schien nach Gott zu rufen. Der Atem floss durch den ganzen Körper immer wieder in Wellen, mal stärker werdend, dann wieder ruhiger. Es war, als wolle eine Kraft mich durchlässiger machen.

Seltsamerweise war keine Angst in mir, auch nicht das Gefühl verlassen zu sein. Ich erinnerte die Traumstimme: „Wohl dem, der keinen Widerstand setzt" und die Deutung im Buch: Es ging um das Auflösen von Blockaden auch im Physischen.

Langsam wurde die Bewegung ruhiger, ich schlief ein und erhielt im Traum von Mrs Tweedie die Deutung dieser so ganz neuen Erfahrung. Es sei um Arbeit an der Kundalini-Kraft gegangen. Schon im Traum fühlte ich mich beruhigt und dankbar." (Tgb.)

Was mich aber am Morgen in großes Erstaunen versetzte, war die Tatsache der Führung in der Nacht, die ich zum ersten Mal hatte erleben dürfen.

Im Buch fand ich schließlich auch einige Erklärungen von Mrs Tweedies Lehrer über Kundalini. „Kundalini gibt es.... Normalerweise schläft diese Energie an der Wurzel der Wirbelsäule mehr oder weniger. Durch unser System wird sie jedoch sanft geweckt.

... Bei uns werden wir der Kundalini erst gewärtig, wenn sie das Herz-Chakra erreicht hat. Das bedeutet dann Friede, Glückseligkeit und ein erweitertes Bewusstsein. Wir wecken den ‚König', das Herz-Chakra, und überlassen es dem ‚König', auch die weiteren Chakren zu erwecken."[36]

Die Seminartage vergingen mit immer neuen Überraschungen. Mal regte Frau Tweedie freies Tanzen im Garten an, mal hörten wir eine besondere Musik, z. B. Vesper-Gesänge der Hildegard von Bingen, die mich mal wieder zum Weinen brachten..., mal wurden nur Träume erzählt und gedeutet...

Und dann gab es Stunden, in denen Frau Tweedie über den Sufi-Pfad sprach, in denen sie versuchte, uns das innere Wesen dieses Pfades näher zu bringen. Aber sie tat dies nicht durch Vorträge oder Abhandlungen, sondern jeweils aus der Situation heraus. So stellte ich natürlich viele Fragen – welche habe ich nicht einmal notiert –, aber sehr bald ließ sie mich mit meinen – vermutlich ein wenig intellektuellen Fragen – ganz einfach ins Leere laufen, beantwortete sie nicht, sondern gab mir zu verstehen, sie würden sich vom Herzen her klären, irgendwann. Im Buch las ich dann die Erklärung ihres Lehrers: „Unser System ist nie sehr verbreitet gewesen, es ist nur für wenige. Es geht von Herz zu Herz"[36]. Ich begann zu ahnen, warum in diesem System ein Lehrer so notwendig ist; denn nur durch sein Herz würde mir der Weg erschlossen werden.

An diesem Nachmittag wandte sie sich dann auch – scheinbar ganz unvermittelt mir zu: „Der Lehrer liebt seinen Schüler von Anfang an mit der ganzen Liebe. Die Liebe des Schülers zum Lehrer entwickelt sich langsam." Genau dies hatte, so erinnerte ich, ihr Lehrer auch zu ihr gesagt und nun sagte sie es zu mir. Ich war berührt. Am Abend fand ich dann im Buch weitere Sätze über diese Beziehung zum Lehrer: „Der Shishya (Schüler) muss Liebe für den Guru empfinden, denn nur durch Liebe schreitet man voran. Und Liebe zum Lehrer bedeutet Liebe zu Gott."[37] Und diese Liebe wird „vom Guru durch yogische Kraft im Herzen des Schülers erweckt, erschaffen."[38] Im Buch schildert Mrs Tweedie, dass sie damals ihren Guru nach der richtigen Haltung in dieser Beziehung fragte. Die Antwort ihres Gurus betraf nun auch mich: „Als erstes Vertrauen. Absolutes Vertrauen in den Guru. Man muss absolutes Vertrauen haben, dass er den richtigen Weg zur Wahrheit kennt. Ohne absolutes Vertrauen in den Guru kann man nichts erreichen."[39] Dass mir gerade die Haltung des Vertrauens nicht leicht fallen würde, sollte ich später erfahren müssen. Jetzt aber war ich nur glücklich und zu allem bereit.

An einem Nachmittag sprach Frau Tweedie auch von den psychologischen Aspekten dieses Systems. Immer würde auch psychologisch gearbeitet. So hätte ihr Lehrer Träume ernst genommen und in den Sufi-Gruppen würden Träume erzählt und gedeutet. Auch ginge es um Schattenaspekte, die in der Meditation auftauchen und erkannt würden. Dies war eine Auskunft, die mich sehr bestärkte, weil doch seit vielen Jahren Träume meine Wegweiser gewesen waren.

An einem Tag schließlich „lud mich Frau Tweedie direkt ein, auch zu ihr nach London zu kommen. Eine solche direkt ausgesprochene Einladung sei etwas Besonderes, so bedeuteten mir Anwesende, die schon länger Schüler waren. Natürlich machte mich diese Einladung glücklich und ich beschloss sofort, in den Weihnachtsferien nach London zu fliegen." (Tgb.)

Dann kamen die letzten Tage des Seminars. In meinem Ich-Bewusstsein ging es mir gut. Ich war angekommen und fühlte mich aufgenommen. „Nur in der Meditation, wenn ich in die Tiefe gehe, komme ich an so viel fast bodenlose und grundlose Traurigkeit, an Schmerz, der mit dieser Sehnsucht nach Gott und dem Erleben der Trennung von Ihm zu tun haben muss. Ich beginne zu begreifen, dass all der Schmerz vorher (in all den Therapien) nur Vorläufer war, gleichsam den eigentlichen Schmerz nur überlagert hat. Auf meine entsprechende Frage gestern bestätigte mir Mrs Tweedie diese Vermutung.

Auch schlug ich gestern wie „zufällig" in ihrem Buch die Stelle auf, an der sie von dem Kummer spricht, der so groß ist, „dass die Worte davor versagen. ...Solche ein Gefühl der Hoffnungslosigkeit. Und das Erstaunlichste daran ist, dass etwas in mir existiert, das gegen diesen Kummer nichts einzuwenden hat. ...Als wäre ich neugierig darauf herauszufinden, wo die Grenze ist. Wo ist der tiefste Punkt? Oder ist es eine Grube ohne Boden?... Das Natürliche für einen Menschen ist doch, Freude zu suchen und dem Schmerz auszuweichen."[40] Ich bin dankbar für Mrs Tweedies Bestätigung und auch für diese Stelle, ist mir doch in den letzten Tagen mitunter der Gedanke gekommen, ich sei masochistisch, gleichsam süchtig nach Schmerz. Vielleicht ist es doch nicht so. Ich will versuchen, Zweifel und Sorgen und Fragen ruhen zu lassen und anzunehmen, was ist. Vielleicht habe ich nicht umsonst in den letzten Jahren soviel Schmerz durchsitzen und durchstehen müssen, damit ich jetzt gleichsam geübter bin und auch unterscheiden kann zwischen dem „mind-Schmerz", dem persönlichen, und dem, der mit dem Pfad zu tun hat." (Tgb.)

So fuhr ich voller Hoffnung und gestärkt am 31. August nach Hause. Es regnete, gewitterte, stürmte, dann auf einmal war alles vorbei. Die Sonne kam hervor und über der Autobahn, auf der ich fuhr, spannte sich plötzlich und ganz unerwartet ein leuchtender Regenbogen.

„Es führt immer ein Weg aus der tiefsten Dunkelheit
über den Weg des Regenbogens.
Beschreite den Weg des Regenbogens,
gehe singend diesen Weg,
Und alles um dich wird Freude sein.“

Altes indianisches Gebet

30. Nachwirkungen dieser ersten Begegnung

Eigentlich hatte ich gedacht, bis Weihnachten, der erneuten Möglichkeit nach London zu fliegen, eine gewisse Ruhepause zu haben, zumal in der Schule sehr viel zu tun war. Ein neues Schuljahr
hatte begonnen. Ich bekam vier Oberstufenkurse in Deutsch und
Französisch, außerdem eine 9. Klasse in Deutsch und Religion.
Die Stoffpläne für diese fünf Klassen waren zusammenzustellen
und jeweils 4 – 6 Klassenarbeitstermine zu planen. Auch hatte ich
immer den Eindruck, eine neue Klasse zu übernehmen, bedeutete
besondere Anstrengung. Wir mussten uns aneinander gewöhnen.
Vor allem war es nicht einfach, den einzelnen Klasse bzw. Kur-
sen jeweils meine Arbeitsmethoden und Arbeitsdisziplinen nahe
zu bringen. Gewöhnlich dauerte es mehrere Monate, bis die mir
so erstrebenswerte Ruhe und Gemeinsamkeit beim Erarbeiten des
Lehrstoffes möglich wurden.

An zwei Nachmittagen hatte ich außerdem jeweils vier Behandlungen. Also ein volles Programm.

Ich musste bald merken, dass es eine Ruhepause in meinem inneren wie äußeren Leben so bald nicht mehr geben würde.

Schon auf der Heimfahrt kam es zu seltsamen Irritationen. Ich
versuchte, die vergangenen Tage und Ereignisse, vor allem auch

die Begegnungen mit Mrs Tweedie, wieder vor meinem inneren Auge zu sehen. Doch auf einmal musste ich zu meinem Schrecken feststellen: Ich kann Mrs Tweedies Gesicht nicht mehr erinnern. In Eyendorf konnte ich sie doch immer so lebendig in mir wahrnehmen. Und jetzt? Höchstens ihre Gestalt in der Ferne. Dass auf dem Sufi-Pfad der Lehrer ohne Gesicht und ohne Namen ist, hatte ich zwar gelesen, kam mir aber jetzt gar nicht in den Sinn. Dann aber geschah etwas sehr Seltsames: Ein Gefühl der Befreiung stieg in mir auf: „Mrs Tweedie zieht sich zurück, sie bindet mich nicht. Du bist nicht, wirst nicht abhängig von ihr. Du bist ganz frei." Eine seltsame Erfahrung. Da ist so viel Nähe in der Beziehung. Es zieht mich immer wieder, an sie zu denken, zu ihr hinzuspüren. Und dann ist da auch ganz viel Freiheit.

In einem Traum während dieser Tage sagte eine Stimme zu mir: „Ihre Mutter ist gestorben." Ich begriff sehr bald, dass es nicht um eine Ablösung von meiner persönlichen Mutter ging, – die war ja schon lange erfolgt –, sondern um die Überwindung eines alten Gedankenmusters, das mit meiner Furcht vor „Gegriffen-Werden, Fest-gehalten-Werden" zusammenhing, mit meiner Angst vor Enge, vor Gefangen-Sein, vor Gegängelt-Werden. Zur Bestätigung träumte ich in einer der folgenden Nächte: „Ich kann mich wieder an Mrs Tweedies Gesicht erinnern. Ich sehe sie ganz deutlich vor mir, sehe, wie sie mich anschaut, gütig, hell, erkennend und nah."

Mit diesem Traum verband sich beim Erwachen ein ganz warmes Gefühl in der Mitte des Herzens.

Als ich am Abend ihr Buch aufschlug, fand ich wie zur weiteren Erhellung zwei Stellen über die Beziehung zwischen Lehrer und Schüler:

„Je weiter der Schüler voran kommt, desto näher fühlt er im Laufe der Zeit den Meister. Dabei ist der Meister ihm nicht näher, er war ihm schon immer nah, nur der Schüler wusste es nicht."[41]

„Wir müssen zur Wahrheit empor wachsen, nur dann ist sie mitteilbar. Und es ist die Aufgabe des Lehrers, dem Schüler bei diesem Reifungsprozess zu helfen. Wie geschieht das? Dazu muss man in den Lehrer eintauchen. Nur dann wird das armselige Ich schwinden. Es ist wie ein freiwilliger Tod, ein Eingehen in die Wesenheit des Lehrers... Sich total dem Lehrer unterordnen ist der erste Schritt, der zur völligen Hingabe an Gottes Willen führt. Wir können nur ganz allmählich mit dieser Vorstellung vertraut werden." [42]

„Das ist wirklich nur ganz allmählich möglich", so schrieb ich in mein Tagebuch und fuhr fort: „Ich muss nur begreifen, dass diese Beziehung eben eine ganz andere ist als alle anderen, vor allem all die therapeutischen. Ich bin bereit – nur mein Ich (Ego) hat Angst. Es ist als schwämme ich in einem schnell dahin fließenden Fluss. Zwar könnte ich mich gegen den Strom stemmen, auch könnte ich vielleicht noch ans Ufer gelangen. Aber ich will es nicht. Ich will zum Meer und der Sonne am Horizont. So kann ich mich nur der Strömung anvertrauen und mit ihr schwimmen."

Einige Nächte später kam mir ein Traum zu, der eine entscheidende Erfahrung auf diesem meinem neuen Weg schenkte, der gleichsam, wie Mrs Tweedie es ausdrücken würde: ein Meilenstein war:

„Ich halte einen großen Krug mit frischer Milch in meinen Händen und höre jemanden zu mir sagen: ‚Wer so viel frische Milch zu geben hat, darf nicht in einem Kloster sein, wo sie sauer wird.' Ich begreife: Ich darf gehen, austreten aus dem Kloster. Ganzhingabe ist möglich außerhalb dieses Klosters ...Ich laufe zu Sr. M., die mich als Präparandin während meiner Schulzeit ins Klosterleben eingeführt hatte. Ich umarme sie. ‚Ich muss es Ihnen sagen. Ich bin so glücklich, endlich erkannt zu haben, dass ich ja Ganzhingabe will, aber dass es für mich in diesem Kloster-Rahmen nicht notwendig ist, dass ich draußen Ganzhingabe leben kann.'"

Im Tagebuch kommentiere ich selbst diesen wichtigen Traum: „Endlich begreife ich, warum ich in den unzähligen Klosterträumen noch nicht wirklich austreten konnte: Ich hatte noch keine wirklich Fortsetzung des Klosterlebens gefunden. Ich hatte die „Ganzhingabe" vergessen, war viel zu skeptisch geworden solchen großen Worten und Absichten gegenüber."

Ende des Monats schreibe ich: „In mir wird alles sehr ruhig und gesammelt, wenn ich los lasse und mich einlasse. In der Meditation sitze ich in einem hellen Raum meines Herzens und es ist still. Die Geister der Zweifel, Bedenken, Ängste tanzen draußen zeternd eine Art Verzweiflungstanz, aber sie können nicht herein in diesen Raum, so lange ich konzentriert bleibe auf Mrs Tweedie und der mit ihr verbundenen Sehnsucht nach diesem für mich so Antlitz losen Gott."(Tgb.)

In einem weiteren Traum (am 28.9.) kann ich mich endlich auch in einem tieferen Sinn aussöhnen mit meinem Klosterleben: „Ich bin noch einmal im Mutterhaus....Ich sehe all die Schwestern, mit denen ich befreundet war. Ich freue mich. So schön ist es hier. Doch ich musste einen anderen Weg gehen. Für mich war es hier zu eng geworden. Aber immer mehr begreife ich: Ich liebte das alles hier und ich liebe es noch heute. Jetzt erst kann ich dieses Gefühl zulassen, seit ich einen neuen Weg der Ganzhingabe gefunden habe..."

Seltsamerweise kommt mir im Oktober auch ein Traum zu, in dem „mein Vater gestorben ist. Ich bin sehr traurig. Ich habe ihn so wenig gekannt. Ich schaue mir die wenigen Sachen an, die geblieben sind: Eine Kerze mit einem kleinen einfachen Ständer."

Was bedeutete dieser Traum? Damals ließ ich ihn kommentarlos stehen. Heute frage ich nach seiner Botschaft. Ging es vielleicht um das Loslassen einer nicht mehr angebrachten patriarchalen Leistungsstruktur, mit der ich sehr identifiziert war. Letzteres erscheint mir im Zusammenhang überzeugend: Ich wollte doch schnell „vorankommen".

Und Mrs Tweedie sprach von „by and by, in zwei Jahren..." Dieser Pfad konnte nicht mit meinem alten Leistungsstreben gegangen werden. Das Licht einer einfachen Kerze würde meinen Weg erhellen und ich würde ihn darum nur Schritt für Schritt gehen können.

Mein Lieblingsevangelium (Mt 14, 22ff.) fiel mir in diesen Tagen wieder ein. „Wie Petrus habe ich das Sicherheit spendende Boot verlassen und mich auf den Weg zu Jesus begeben. Es ist dunkel, ungewiss, nur vorsichtig wage ich die ersten Schritte über das Wasser mit dem Blick fest auf Ihn bzw seine Stellvertreterin, meine Lehrerin, gerichtet. Wenn ich zur Seite schaue, Wellen, Wind, Dunkel wahrnehme, versinke ich...." (Tgb.)

Im Dezember schließlich bat ich am Abend Bhai Sahib um ein „kleines Zeichen", das mich besser verstehen ließe, um was es jetzt ginge. Das kleine Zeichen kam:

Traum:(4. 12. 85.) „Ich erwarte ein Kind. – Obwohl ich keinen Mann habe. – Mein Bauch ist schon ganz dick. Bald muss es kommen. Jemand sagt mir, es sei ein Kind der Schmerzen, ganz aus Schmerzen geboren. Wie werde ich es nennen? Maria Christine? Jedes Kind bekomme den Namen, den Gott für es bestimmt habe, so sagt Mrs Tweedie. Mir wird der richtige Name einfallen. Ich werde mein äußeres Leben umstellen müssen, wenn ich ein Kind habe..."

Ich war dankbar für diesen Traum, ließ ihn als Bild in mir wirken, ohne mich um weitere Deutungen zu mühen. Mit meiner Sehnsucht war ich zudem schon in London bei meiner Lehrerin.

31. Das erste Mal bei meiner Lehrerin in London

Am Jahresende 1985 flog ich endlich zum ersten Mal zu meiner Lehrerin nach London, um die Nachmittage bei ihr in ihrem Haus zu verbringen. Eine Bekannte hatte mir in einer kleinen Bed-and-Breakfast-Pension in der Nähe von Mrs Tweedies Haus ein Zimmer gemietet. So konnte ich mich bald nach meiner Ankunft dort auf den Weg machen zu Mrs Tweedies Haus. Dort warteten schon ungefähr 25 Frauen und Männer und pünktlich um 14 Uhr öffnete Mrs Tweedie ihre Tür. Alle drängten wir in ihre kleine „Flat", zogen die Schuhe aus, hängten unsere Mäntel in eine kleine Garderobe und suchten dann im „großen Zimmer" einen Platz auf einem Sofa, auf einigen wenigen Stühlen an der Wand, auf dem Boden rund um ihren Sessel.

Am nächsten Morgen schrieb ich meine ersten Eindrücke ins Tagebuch: „Nach einem guten englischen Frühstück mit Rührei und Bacon sitze ich nun in einem etwas dunklen, aber doch recht schönen Zimmer mit warm flackerndem Gasofen. Der große Sessel ist bequem und erlaubt mir, in das typisch englische kleine Gärtchen hinter dem typisch englischen kleinen Haus zu schauen. Draußen ist typisch englisches graues, trübes Wetter. Aber das ist mir gar nicht so wichtig. Ich spüre dem gestern Erlebten nach. Da ist ein Gefühl, wie angekommen zu sein nach langem Laufen, unendlich müde fühle ich mich, kaum Gedanken oder besondere Strebungen. Nur tief im Herzen fließt Sehnsucht, schmerzhaft.

Mrs Tweedie hat mich gestern ungemein liebevoll begrüßt und aufgenommen, so zugewandt, wie ich es mir vorher nicht hätte vorstellen können. Sie holte mich zum Gespräch in ihr kleines Schlafzimmer. „Wenn ich den Menschen doch sagen könnte, wie sehr Gott ein Liebender, der Geliebte ist." Immer wieder versuchte sie, mich teil haben zu lassen an dem, was sie erlebte. Sie war so nah und menschlich. Ich konnte nichts anderes sagen, als sie um Hilfe zu bitten. „Jeder muss den Weg allein gehen, das weiß ich." Ich glaube aber, ich konnte ihr verdeutlichen, um was es mir ging. „Wir verstehen uns, ohne weiter zu sprechen," war ihre Antwort.

Im Laufe des Nachmittags stellte sie mich mehrfach Frauen vor, die schon lange bei ihr meditierten und auf dem Sufi-Pfad waren, sehr geprägte Frauen, deren Augen Tiefe und Erfahrungen ahnen ließen. Auch erwähnte sie immer wieder, dass ich lange im Kloster war. Mir war das etwas unangenehm, aber Mrs Tweedie berührte es offensichtlich.

Sonst verlief der Nachmittag ähnlich wie ein Eyendorf. Zwischendurch konnte ich nicht umhin zu denken: Wie herrlich verrückt! Was bin ich froh, dass ich hier her gefunden habe. Alles ist so wunderbar menschlich, ohne Zwang und Einengung: tiefe Meditation, dann ein auserlesenes indisches Büffet (Silvester) in der Küche. Miteinander sprechen. Dann wieder langsames Sich-Sammeln im Hauptraum um Mrs Tweedie und dann small talk, small talk und daneben, darunter, dazwischen Meditation. Stanly, ein älterer Herr, saß im Hintergrund und hatte die ganze Zeit die Augen geschlossen, offensichtlich in tiefer Versenkung, andere redeten, plauderten, wieder andere schwiegen – verrückt für jemanden, der an Meditation im Zen-Stil gewöhnt ist. Aber ich fühle mich so wohl hier, so angekommen und aufgenommen. Wie wird der Weg weiter gehen?"(Tgb.)

Am 1. Jan. 1986 schrieb ich: „Ein neues Jahr hat begonnen. Der letzte Satz, der mir gestern Abend in Mrs Tweedies Buch entgegen kam und der mich durch die Nacht in das Neue Jahr begleitete, war: ...spirituelles Leben ist das Wegreißen aller Sicherheiten. Denn nur dann können wir überhaupt die letzte Sicherheit erlangen."[43]

Große Sehnsucht ist in mir, die Hände zu öffnen, auf Sicherheiten zu verzichten, mich führen zu lassen.

„Nicht wissend den Weg,

gehe ich den Weg,

mit geöffneten Händen,

mit geöffneten Händen. "

Seit über 10 Jahren begleitet mich dieser Satz. Jetzt gewinnt er eine ganz neue Bedeutung. Dann aber ist da auch die Erfahrung, ja angstvolle Ahnung, wie sehr ich auf einem spirituellen Weg auch in die Irre gehen kann. Nur große Aufmerksamkeit auf die innere Führung wird mir helfen können.

Nicht umsonst entdecke ich ja seit einem halben Jahr eine völlig neue Art von Träumen, in denen oft „jemand" links neben mir steht und mir hilft zu verstehen.

Gerade schlug ich im Buch die Seite auf, auf der Guruji über die Führung spricht: ‚In unserem System wird es (Lehren im Traum) so gemacht' [44]. Vielleicht kann ich es wirklich wagen, zu trauen, hin zu trauen auf die Führung in diesem System. Was soll ich sonst auch tun? Dies ist der Weg." (Tgb.)

Tagebuch: 3. 1. 86: „Ich bin sehr traurig. Gestern sprach Mrs Tweedie mit mir sehr liebevoll, zärtlich -. sie behandelt mich, als sei ich zart besaitet. Sie hätte mit ihrem Lehrer über mich gesprochen – in der Nacht. Er hätte gesagt, e s würde gehen, aber langsam, by and by, weil mein Herz gebrochen gewesen sei. Ich wäre ihr sehr lieb und sie wolle mich nicht mehr verlieren. Ich solle von Zeit zu Zeit wieder kommen zu ihr, hier nach London. Meine Träume solle ich aufschreiben und wir würden sie dann besprechen. Ja, die Träume, die ich von ihr hatte und in denen sie zu mir spricht, seien keine Träume, sondern Begegnungen in der Nacht; denn in der Nacht seien wir frei.

Später, als wir in der Gruppe über Träume sprachen, erwähnte sie meine Träume noch einmal: Ich hätte all diese Traumerfahrungen, weil ich schon viel Schmerzschulung hinter mir hätte. Die Jahre im Kloster hätten übrigens mit Karma zu tun. Aber das sei nun vorbei, aufgehoben. Und sie fügte zu mir gewandt hinzu: ‚Wenn sich jemand sehr anstrengt, muss auch ich mich anstrengen (wohl denjenigen vorwärts zu bringen). Das ist das Gesetz.'

Heute morgen stieß ich im Buch auf Kapitel 15 und auf Sätze, die so ganz in meine Situation passen und sie erhellen: „...Der Verstand ist in völliger Ruhe und scheint die ganze Zeit in aufmerksamer Furcht auf den Guru fixiert zu sein...Doch diese Konzentration auf ihn ist mühelos, leicht und natürlich..Ich nehme an, das ist auch der Grund dafür, warum in diesem Yoga-System der Lehrer für grundlegend gehalten wird; er hat die Funktion eines Brennpunktes für den Geist. Mit Hilfe dieser Methode lässt sich die auf einen Punkt gerichtete Konzentration leicht erreichen...Die Bemühungen liegen in diesem System ...in der Durchhaltekraft, der Opferbereitschaft, dem festen Willen, um jeden Preis weiter zu gehen, alles durchzustehen. ..." [45]"

Tgb. 5. Jan. 86: „Gestern Abend in der Meditation hätte ich am liebsten laut los geschrien, protestiert gegen diesen ungerechten Gott. Immer wieder lockt Er mich an, lockt mich heraus und dann heißt es nur noch: April, April! So wie diesmal: Broken heart und by and by ginge meine Entwicklung nur. – Aber was bleibt mir anders übrig. Ich habe keine andere Wahl, ich kann nur annehmen, ohne Bedingungen."

„Abends schlug ich wieder wie „zufällig" das Buch an einer Stelle auf, die eine deutliche Antwort bedeutete auf meinen misstrauischen Protest: ‚ Bhai Sahib erzählte uns, wie man Gott vertrauen und nicht an morgen denken sollte: Wir dürfen keine Pläne für die Zukunft schmieden. Machen wir Pläne, bedeutet das, uns mangelt es an Vertrauen. Wir folgen Anweisungen. Wir leben geführte Leben. Und das ist die Bedeutung des Ewigen Jetzt. Wir denken nicht an gestern; wir denken nicht an morgen; wir horchen in uns hinein und handeln dementsprechend. Die Folge davon ist, dass wir nur in der Gegenwart leben können."[46] Und zwei Seiten weiter: „Doch der Lehrer, der die Liebe in das Herz des Schülers gepflanzt hat, kümmert sich um ihn, so wie der Gärtner nach einer Pflanze sieht...Der Schüler muss sich völlig hingeben; und der Lehrer kann beurteilen, wann er für den nächsten Schritt reif ist."[47]

So werde ich einmal mehr versuchen, den ‚Weg zu gehen mit geöffneten Händen‘. Sehnsucht ist da, mich zu überlassen. Nur manchmal wagt sich noch eine leise zweifelnde Stimme durch: Du bist verrückt. Was machst du da, worauf lässt du dich ein. Dann ist da aber auch das starke Wissen: Ich bin frei. Ich bin niemandem Rechenschaft schuldig. Endlich kann ich das wagen, wonach ich mich mein ganzes Leben sehne, und mir fällt seltsamer Weise meine früheste Kindheitserinnerung ein, als ich beim Anblick des Meeres und der Sonne am Horizont los gerannt bin auf das strahlende Licht zu.

In mir ist wieder mehr Frieden. Das Herz schmerzt nicht mehr so stark, seit ich in der Nacht aufwachte und den Eindruck hatte, jemand habe mir eine heilende und schmerzlindernde Salbe über mein Herz gebreitet."(Tgb.)

Wenn ich heute all diese Tagebuchaufzeichnungen lese, wahrnehme, zu verstehen und einzuordnen suche, dann fällt mir auf, in welchem Maß ich schon hier zwischen den gegensätzlichsten Gefühlsstimmungen hin und her geworfen bin. „Nach dem System wird der Schüler ständig den Gegensätzen von Höhen und Tiefen ausgesetzt; das schafft die nötige Spannung, um Leiden hervorzurufen, die den Verstand besiegen"[48], so Bhai Sahib. Immer wieder erlebte ich Frieden, große Dankbarkeit, neues Vertrauen und dann wieder Fragen und Zweifel.

So schreibe ich noch in London. : „Ich denke immer wieder, ich bin verrückt. Ich tauche so sehr ein in ein ganz neues Leben – werde mir fremd. Was mache ich? In welch innere Abhängigkeit, in welche Not, auf welch neuen Schmerzensweg begebe ich mich? Vorgestern noch erschien es mir unmöglich, meine ganzen Sommerferien und alle anderen hier in London, in der Stadt, zu verbringen. Heute bin ich froh, wenn es möglich sein wird. Keinen Tag werde ich vermissen wollen. Ich bin verrückt und kann doch nicht anders, als mich so tief einzulassen, wie es nur möglich ist."(Tgb.)

An einem der letzten Nachmittage konnte ich schließlich meine mich doch etwas bedrängende Frage nach der Selbst-Übertragung auf den Lehrer los werden. „Ja, ja, die können sie haben – keine Schwierigkeiten, die wird später so – sie machte ein leichte Handbewegung – wieder aufgelöst." Hat sie eine Ahnung, dachte ich für mich in Erinnerung an meine Lehranalysen-Ablösung, wie furchtbar schmerzhaft die Ablösung einer Selbst-Übertragung ist. Ich erinnerte mich dann aber an ihre entsprechenden Erfahrungen im Buch. Der entscheidende Unterschied zur Lehranalyse liegt wohl darin, dass diese Übertragung eine doch in einem gewissen Maß bewusst eingegangene ist.

Schließlich begann die letzte Meditation an diesem letzten Nachmittag. Ich versuchte ganz los zu lassen, all meine Erwartungen zum Schweigen zu bringen, alle Sinne und Energien ins Herz zu lenken, zu dem Abschiedsschmerz, der heftig war. Dann auf einmal war es, als würde ich hoch genommen in einen neuen Raum und eine neue Tür wurde geöffnet. Meine äußeren Augen waren geschlossen, aber die inneren schauten in einen weiten

Raum hinein. Ruhe, Frieden, Gewissheit. Plötzlich stieg ein englischer Satz in mir auf: „The Teacher gives you and you have to
wait."Ich verstand: Der Lehrer wird mir geben, was ich brauche,
und meine Aufgabe ist es wach, schweigend, ergeben da zu sein,
zu warten, wann und wo und wie er/ sie mich weiter führen will.

Der Abschied von Mrs Tweedie war dann am Abend kurz, liebevoll, aber bestimmt. Ich weiß: Gehen muss ich allein. Aber ich
spüre Ruhe, Gewissheit und viel Dank. Ich weiß, dass ich wieder
kommen darf."

32. Erste Schritte auf dem Sufi-Pfad – das erste Jahr

Fast zehn Jahre sollte ich nun unter der zunächst auch äußeren
Obhut meiner Lehrerin Mrs Tweedie leben, gehen, lernen, bis sie
mich zu meinem zweiten Lehrer schicken würde.

Es wurden intensive Jahre inneren Erlebens. Ich ging natürlich
weiter zur Schule, gab meinen Unterricht, versuchte so oft es mir
möglich wurde, bewusst oder auch nur halb bewusst, weiter zu geben, wovon mein Herz erfüllt war. An drei Nachmittagen behan-
delte ich. Zunehmend kamen Jugendliche zu mir und verlangten
mir eher strukturierende und bewusst machende Fähigkeiten ab
als die Kinder, mit denen ich weitgehend spielerisch in die Welt
des Unbewussten eintauchen konnte.

In meinen Ferien aber flog ich nach London zu meiner Lehrerin. Die Organisation und Planung der jeweiligen Flüge mit
Spartarif verlangten mir manches ab. Aber ich erinnere nicht,
auch nur einen Tag, an dem ich hätte in London sein können, verpasst zu haben. Mein Herz sehnte sich mehr und mehr,
bei ihr sein zu können und das Licht und die Nähe des „Gelieb-

ten", wie die Sufis Gott nennen, in ihrer Nähe zu erahnen, zu erspüren.

Was erlebte ich in all der Zeit?

Rein äußerlich gesehen wäre da, wie ich schon andeutete, nicht
viel zu berichten; denn die Sufi-Schulung findet weitgehend auf
der inneren Ebene statt. Im besonderen Maß vertraut war mir zunächst der Umgang mit Träumen; denn „Seit altersher maßen die
Sufis den Träumen große Bedeutung bei und versuchten, die Führung zu verstehen, die sie anboten."[49]

Dieser wichtige Teil der Schulung war mir also nicht nur vertraut, sondern ich war auch glücklich, nun bestätigt zu bekommen, was ich schon so oft erfahren hatte, dass es nämlich außer
den psychologischen Träumen (Schatten-Träume und archetypische Träume) auch spirituelle Träume gibt und vor allem Träume,
in denen uns Erfahrungen von einer anderen Ebene zukommen
und wir dem Lehrer begegnen können.. So schenkte ich meinen
Träumen in ganz neuer Weise Aufmerksamkeit und freute mich,
sie bei meinen Besuchen in London Mrs Tweedie in der Gruppe
erzählen zu können.

Der Umgang allerdings mit diesen Träumen und die jeweilige
Deutung geschah in einer äußerst differenzierten – und wie mir
heute scheint – ganz fein auf die jeweilige innere Situation des
Schülers abgestimmten Weise. Manchmal hielt Mrs Tweedie einen Traum hoch wie einen Zettel und die Gruppe durfte sich mit
ihren Deutungsbemühungen darauf stürzen, was, wenn es mir geschah, ein Gefühl des Ausgeliefertseins hervorrief. Oder sie übergab den Traum Margret, einer sehr erfahrenen älteren Dame. Sie
vermochte dann eine Deutung knapp auf den Punkt zu bringen.
Manchmal wiederum veranstaltete Mrs Tweedie, um scheinbar

eine Deutung zu belegen, ein großes Drama. Einmal, als es um das Verstehen eines Namens in meinem Traum ging, mussten alle vom Sofa herunter und jemand darunter einen Kasten suchen, indem ein Heft lag, in dem Mrs Tweedie Namensdeutungen notiert hatte. Manchmal aber, in sehr seltenen Fällen, bekam Mrs Tweedie ein uraltes, ernstes Gesicht. Die Deutung, die sie dann formulierte, kam spürbar von einer anderen Ebene und erlaubte keine weiteren Fragen oder Zweifel.

Welche Schulungsaspekte wurden für mich neben den Träumen bedeutsam?

Die Sehnsucht des Herzens nach Gott, die ja gleichsam mein ganzes spirituelles Leben bis jetzt erfüllt hatte, begegnete mir jetzt als das Zentrum dieses Schulungssystems. Und diese Sehnsucht des Herzens nach Gott, dem „Geliebten", ist hier eng verbunden mit der Liebe des Schülers zum Lehrer; denn, so hörte ich schon in den ersten Wochen bei Mrs Tweedie eine Stimme in meiner Meditation: „First you habe to merge into the teacher and than in God." (Zuerst musst du mit dem Lehrer verschmelzen und dann mit Gott.) Bhai Sahib hat diese Wahrheit zu Mrs Tweedie am Anfang ihrer Schulung etwas ausführlicher formuliert: „Gott ist nirgends. Gott kann nur durch den Meister erkannt werden. Wenn Sie erst im Lehrer aufgegangen sind, dann werden sie Gott erkennen. Nur der Lehrer ist für Sie von Bedeutung. .. Indem man einfach nur wie er wird, wird man vollkommen."[50]

„..einfach nur wie der Lehrer werden." Was für eine Aussage! Dass die Sehnsucht des Herzens sehr schmerzhaft werden und das Herz gleichsam erweicht, um es für die Transformation, die Wandlung mehr und mehr zu bereiten, und dass die Beziehung zum Lehrer ein langer Entwicklungsprozess ist, sollte ich erst im Laufe der Jahre mehr und mehr erfahren und verstehen können.

Auf einer tieferen Ebene geschieht die Schulung, wie ich schon bei den ersten Begegnungen mit Mrs Tweedie erfuhr, von Herz zu Herz. Manchmal allerdings offenbart sie sich auch in verborgenen Zeichen und Hinweisen (hint), die der Schüler nur bei großer Aufmerksamkeit – „wie eine Katze vor einem Mauseloch", so nannte es Mrs Tweedie in einem Gespräch – wahrzunehmen vermag.

Letztlich aber ist es ein Weg „Alone to the Alone" (Allein zu dem All-Einen), was Mrs Tweedie oft wiederholte. Aber über und in allen Schwierigkeiten, Beunruhigungen, Beglückungen und Tröstungen, Zweifeln und Nöten stand eine Gewissheit: „Liebende begegnen sich nicht eines Tages irgendwo. Sie sind immer schon einer im andern." Rumi[51].

Aus den Jahren meines Weges mit meiner Lehrerin liegen mehrere dicke Tagebücher mit Aufzeichnungen über meine Träume, meine Begegnungen mit ihr und meine Erfahrungen in dieser Zeit vor mir. Ich versuchte zunächst eine gewisse Struktur in diesem 10 Jahre dauernden Schulungsweg zu entdecken, ähnlich wie ich oft in den Behandlungsprozessen meiner Patienten einen bestimmten Aufbau finden konnte und wie er mir in einzelnen Phasen meiner Traumarbeit erkennbar geworden war.

Aber – bis jetzt jedenfalls – vermochte ich keine Struktur im üblichen Sinn oder gar eine sichtbar strukturierte Kontinuität zu entdecken. Zwar gibt es in der Sufi-Tradition Beschreibungen von Entwicklungsphasen auf diesem Weg, so z. B. von Al-Hallj, einem Mystiker, der im 9. oder 10. Jh in Bagdad lebte [52], doch ich bin mir selbst zu nah, um mich hier einordnen zu können. Auch entwickelt sich der Weg mit einem wirklichen Lehrer wohl, so beginne ich langsam zu begreifen, in einer dem Intellekt und wohl auch dem Bewusstsein verborgenen Weise, und vor allem: dieser Weg endet erst mit dem Übergang in eine andere Welt.

Lediglich in den ersten zwei Jahren kann ich – natürlich erst jetzt aus dem Abstand – eine Wellenlinie erkennen. So erhielt ich zunächst viel Bestätigung, Ermutigung und Erhellung im ersten Jahr, das für mich wie eine Einführung wurde, ja wie eine Art Noviziat, und gleichsam einen Prozess der Introversion und Schattenbearbeitung einleitete. Im zweiten Jahr vertieften sich diese Erfahrungen und schenkten mir zum ersten Mal eine Erfahrung des Einsseins mit dem Göttlichen, eine Erfahrung, die ich nicht mehr vergessen würde und die die Sehnsucht vertiefte. Im dritten Jahr begannen dann, gleichsam wie ermöglicht auf diesem Fundament, innere Schwierigkeiten: zeitweise „Depressionen", Zweifel, Unsicherheiten, Fragen ...„Self made problems", wie Mrs Tweedie liebevoll diese Zustände nannte. In der Gruppe sprach man wissend vom Jo Jo-Syndrom.

Und dann ging der Weg weiter – in Wellenlinien zu einem unbekannten Ziel? In Spiralen in die Tiefe? Zur Mitte? Wie bei einem Labyrinth? Ich weiß es nicht.

Einführung in die Sufi-Schulung

Meine Einführung in die Sufi-Schulung begann mit zwei wichtigen Träumen, in denen Mrs Tweedie mich zu ihrem Lehrer brachte:

„Ich bin bei Mrs Tweedie in der Wohnung. Es ist Nacht und viele Frauen und Männer schlafen bei ihr. Am frühen Morgen gehen wir alle zusammen einen Berg hinauf zu einem Heiligen, der sehr „weit" (entwickelt) sein soll. Mrs Tweedie aber habe ihn erreicht, so erfahre ich. Wir betreten einen Saal, an dessen Ende der Heilige sitzt. Alle verbeugen sich vor ihm. Auch ich empfinde sehr tiefe Ehrfurcht, verneige mich tief, so, wie wenn ich seine bloßen Füße berühren wollte. Er schaut mich sehr aufmerksam und freundlich an, als würde er mich gut kennen. Woher? Seine Augen leuchten hell, klar, liebevoll. Er trägt einen Bart und eine Derwischmütze. Erst nach dieser Begrüßung erkenne ich, dass viele Menschen hier sind."(Jan. 86)

Als ich Ostern bei Mrs Tweedie in London weilte, winkte sie mich an einem Nachmittag zu sich, führte mich in ihr kleines Schlafzimmer, öffneten ihren Kleiderschrank und holte ein großes gerahmtes Photo von ihrem Lehrer, den sie immer liebevoll Guruji nannte, heraus. Ich konnte ihr nur staunend von meinem Traum berichten und dass der Heilige, zu dem sie mich geführt hatte, wirklich so aussah und Guruji war.

Einige Wochen später (13. 4. 86) träumte ich noch einmal von ihm: „Ein heiliger Lehrer steht vor mir. Er vermittelt mir Energie." Beim Aufwachen hatte ich ein sehr beglückendes Gefühl und das sichere Wissen, Mrs Tweedies Lehrer erneut begegnet zu sein.

In weiteren Träumen wurde ich nun auch eingeführt in die innere Beziehung zu meiner Lehrerin:

„Es geht um das Einswerden, das Einssein mit dem Lehrer. Ich bin mit Mrs Tweedie zusammen. Sie hält zwei Hälften einer Nuss in den Händen. Ich sehe in jeder Hälfte innen so etwas wie Honig, einen süßen Inhalt. Mrs Tweedie fügt beide Hälften zusammen. So wäre die Verbindung mit dem Lehrer. Ich spüre sehr viel Nähe zu ihr." (März 86)

Als ich den Traum erinnert und aufgeschrieben hatte, schaute ich in meinem Symbollexikon nach und fand staunend, was ich noch nicht gewusst hatte: „In der christlichen Literatur (ist die Nuss) verschiedentlich erwähnt als Sinnbild des Menschen... der süße Kern als Sinnbild der Seele. Als Christus-Symbol verkörpert...der Kern, der nährt und durch sein Öl Licht ermöglicht, die göttliche Natur Christi."[53]

Heute, während ich dies niederschreibe, staune ich nicht mehr nur, ich bin tief berührt. Mrs Tweedie veranschaulicht mir hier schon ganz am Anfang unserer Beziehung nicht nur die mögliche tiefe Einheit mit ihr, sondern, indem sie ein christliches Symbol wählt, verweist sie mich auch auf meine christliche Herkunft, die ich auch auf dem Sufi-Pfad nicht verleugnen dürfte.

Zwei weitere Träume, die ich bei Mrs Tweedie in den Sommerferien erinnerte, scheinen mir ebenfalls in diese Reihe der Initialträume zu gehören und gleichsam den „Weg" vor zu entwerfen.

Im Juli träumte ich in London: „Ich befinde mich in unterirdischen Gängen und Sälen, die alle sternförmig zu einem Zentrum führen. Die Säle sind groß und hell. Eine Stimme erklärt mir, ich dürfte in diese Säle hineingehen, aber ihr Geheimnis würden diese Räume in sich verbergen; denn jeder Saal enthalte einen Initiationsweg, den der jeweilige Anwärter zugehen habe, bevor er versteht. Dann komme ich zu dem Zentrum. Hier sei der Stein, der die Mitte bildet, schon sehr alt. Er ist blau.– Irgendwann überkommt mich Beklemmung: wie komme ich hier wieder raus. Ganz tief in mir aber weiß ich, dass ich keine Furcht zu haben brauche."

Als ich diesen Traum am Nachmittag in der Gruppe erzählte, übernahm Mrs Tweedie knapp und energisch die Deutung: Es sei ein großer Traum, den ich mit Deutung aufschreiben sollte. Der Stern sei natürlich ein Mandala, der blaue Stein das Zentrum, das höhere Selbst, und Blau die Farbe der Ewigkeit. Auch die Stimme, die mir die Erklärungen gab, sei das höhere Selbst. Und sie fragte mich: Haben Sie etwas Angst vor diesem Weg? Ja? Dann sei dieser Traum ein Statement. Von diesem Weg gäbe es kein Zurück mehr.

Der folgende Traum, zwei Wochen später, führte mich noch intensiver ein in diese Schulung und die Tatsache, dass es eigentlich kein Zurück mehr gäbe:

„Etwas zog mich sehr stark nach innen, in die Tiefe, ins Schwarze hinein. Ich folgte diesem Ziehen und spürte auf einmal, wie sich das Herz schmerzhaft in Sehnsucht zusammen zog....Dann fing meine ganzer Körper an sich zu schütteln, wobei die Bewegung von der Wirbelsäule ausging. Ich dachte: Das wird Kundalini sein. Wie bei der Körperarbeit müssen Schlacken aufgelöst werden und das erzeugt dieses Schütteln. Ich muss es einfach aushalten. Dann schaute ich wieder in das Dunkel. Am Ende des langen Ganges stand Mrs Tweedie ganz in Schwarz gekleidet, aber von einem weißen Licht umhüllt. Sie führte mich zu einem unterirdischen, einige Meter breiten Fluss. Eine junge Frau, blass und in weiße Gewänder gehüllt, kam in einem Kahn von der anderen Seite des Flusses herüber gerudert. Sie hatte dort Zeit verbracht. Sie sollte ich offensichtlich ablösen. Mrs Tweedies Gesicht wurde sehr ernst, verschlossen, entschlossen, uralt. Sie hieß mich in den Kahn steigen und stieß den Kahn vom Ufer ab. Erst als ich in der Mitte des Flusses angekommen war, lächelte sie und winkte mir wie zum Abschied. Und ich wusste, dass ich jetzt dort drüben, auf der anderen Seite des Flusses in einer Höhle Zeit zu verbringen hätte. Mrs Tweedie hatte mir eine Fakel für die erste Zeit mitgegeben. Aber sie würde bald verlöschen. Auch das Holz würde nicht lange für ein Feuer reichen. Ich wußte: Es würde um ein inneres Feuer gehen."

Als ich Mrs Tweedie diesen Traum erzählte, veränderte sich ihr Gesicht wie im Traum, wurde uralt und unpersönlich und sie sprach sehr bestimmt einige wenige Sätze zu mir hin: „Das war kein Traum. Das war eine Erfahrung. Da werden Sie sitzen können und warten. Und Sie werden sich verbrennen, wie ich mich verbrannt habe."

Diese Deutung und die Art, wie Mrs Tweedie sie gab, berührten mich tief, prägten sich unauslöschlich ein in meine Seele. „Da können Sie warten." Das war ein Schlüsselsatz, der noch heute seine tiefe Bedeutung hat: warten und doch nicht erwarten, warten in Geduld mit geöffnetem Herzen, mit „geöffneten Händen". Welch eine Aufforderung für einen ungeduldigen Menschen, wie ich es bin. Den ganzen Umfang dieser Forderung konnte ich damals – glücklicherweise! – noch nicht ermessen, ersehnte ich doch die Vereinigung mit dem „Geliebten" so sehr und vor allem bald. Dass der Liebende schon immer mit dem göttlichen Geliebten eins ist, war mir damals zunächst lediglich eine gar nicht nachvollziehbare intellektuelle Erklärung, nur manchmal, manchmal und zunehmend intensiver erahnbar in der Meditation.

Der zweite Schlüsselsatz: „Und Sie werden sich verbrennen, wie ich mich verbrannt habe" ließ mich zunächst ein wenig erschaudern, obwohl ich ja durch Mrs Tweedies Buch eine vage Vorstellung von dem Gemeinten haben konnte. Heute weiß ich klarer, dass es um ein Verbrennen des Ego (des Erfahrungs-Ich) gehen sollte, um ein mehr und mehr Auflösen, Loslassen dieses Ichs und seiner Wünsche, Erwartungen und Vorstellungen.

Zwei Tage später schrieb ich am Abend in mein Tagebuch: „Ich fühle mich sehr ruhig heute. Meditierte eine Stunde, ohne zu merken, wie die Zeit verging. Irgendwie ruht meine Seele in mir. Alle Entscheidungen sind gefallen. Keine Zweifel mehr. Ich fühle mich geführt und geschützt. Ich bin so dankbar."

Sufi-Schulung bezieht aber auch Tests ein, eine Art gezielten Impulses für eine innere Auseinandersetzung mit einem noch wichtigen Thema, u. U. einem Schattenthema, das vom Schüler eine Entscheidung fordert. Das konnte ich recht schmerzhaft Ende März erleben, als Mrs Tweedie für ein Wochenendseminar und einige weitere Tage meditativen Zusammenseins in Bern weilte. Wir saßen auf Stühlen und zum großen Teil auf dem Boden um sie herum. Ich stellte eine wenig bedeutsame Frage über das Annehmen einer Situation. Mrs Tweedie wandte sich auf einmal mir ganz zu, schaute mich mit ihren klaren, blauen Augen an und meinte nur, dass ich viel Liebe bräuchte und ob ich einen Boyfriend hätte. Auf meine Verneinung hin fragte sie weiter: Warum nicht? Ich zuckte mit den Schultern. Ich fühlte mich wie ertappt an einem ganz wunden Punkt. Mrs Tweedie rief unbeschwert und heiter in die Runde der immerhin 200 Teilnehmer : „So eine gut aussehende Frau. Wir müssen einen Boyfriend für sie finden." Glücklicherweise meldete sich auch in den kommenden Tagen niemand, der mir Boyfriend sein wollte. Ich aber war getroffen, betroffen und gezwungen, mich in den folgenden zwei stillen Meditationen schmerzhaft mit dieser Frage der Beziehung zu einem möglichen Partner auseinander zu setzen. Wollte ich wirklich noch einen „Mann"? Ich glaubte doch schon lange, der „Weg" sei mir viel wichtiger als die Frage nach einem Partner. Wollte mir Mrs Tweedie noch einen Mann zu schustern? Und dann in der Stille der Meditationszeit brach auf einmal sehr viel Schmerz in mir auf, Weinen auch und Schluchzen, vor allem Furcht, Angst noch einmal und wieder von einem Mann abgelehnt, gekränkt, benützt..zu werden. Dann erinnerte ich plötzlich ein Seminar, in dem es in Traumreisen um Erinnerungen an die ganz frühe Kindheit ging und ich begriff, dass diese meine Furcht vor Beziehungen mit einem Mann nicht mit meinen realen Beziehungen allein zu tun haben kann, – immerhin hatte ich ja auch sehr viel väterliche Zuneigung und Treue von Professor Heinen am Ende meines Studiums erfahren und viel freundschaftliche Zusammenarbeit mit den Priestern in Papenburg –, sondern wohl auch mit der frühen Ablehnung durch meinen Vater. Und dann ging diese innere Erhellung – anders kann ich es nicht nennen, was in diesen Stunden in mir vorging – noch einen Schritt weiter und mir wurde – schwach zunächst nur – bewusst, dass ich diese negativen Erfahrungen mit dem Männlichen wohl auch und immer noch Gott zuschiebe, mir deswegen so schwer vorstellen kann, dass er mich liebt. Ich erlebe so oft nur die dunkle göttliche Seite. Am

Abend in meinem Hotelzimmer war ich ruhiger geworden und spürte, dass es nicht mehr nur um einen vielleicht ganz unbewussten Wunsch nach einem Partner ging, nicht nur um die Auseinandersetzung mit Erfahrungen mit männlichen Personen in diesem oder u. U. auch in anderen Leben, sondern ebenso um eine Bewusstwerdung meines an manchen Stellen noch immer fest gefahrenen Männer- und vor allem Gottesbildes.

Dass diese so Furcht erregenden männlichen Anteile auch in mir lebten als eine Herrschaft des Mentalen dem Emotionalen gegenüber, das kam mir bei aller analytischen Ausbildung damals noch nicht in den Sinn. Diese Einsicht sollte mir erst in einer sehr viel späteren Lebensphase zukommen.

An einem der folgenden Nachmittage mit Mrs Tweedie in Bern erfuhr ich dann in besonderer Weise Beruhigung und Bestätigung für meinen inneren Weg. Zu Beginn verkündete Mrs Tweedie: „Heute erzählen wir Witze." Dies war eine Ankündigung, die viele sicher nicht von einer erleuchteten Lehrerin erwartet hatten, aber die Teilnehmer folgten schließlich der Aufforderung, meldeten sich zum Erzählen, zaghaft zuerst und dann immer mutiger. Es wurde dann auch viel gelacht. Schließlich versiegte der Witzevorrat und Sufi-Geschichten wurden erzählt. Als auch hier die Erinnerungen nachließen, wagte ich das Erzählen eines Märchens vorzuschlagen, was MrsTweedie offensichtlich gerne annahm. Ich wählte mein Lieblingsmärchen aus der Sammlung der Gebrüder-Grimm: „Die wahre Braut". Viele Male hatte ich dieses Märchen schon in der Schule und in Seminaren erzählt und gedeutet und es immer als Märchen verstanden, das die psychologische Entwicklung entweder in der Pubertät oder sogar in der Lebensmitte versinnbildet. Jetzt, als ich so ganz nah vor Mrs Tweedie saß, gleichsam ihr zu Füßen, verstand ich es auf einmal ganz neu als ein spirituelles Märchen, das den Weg aufzeigt von der Klärung der Gedanken, dem Ausloten des Unbewussten, der ordnenden und gestaltenden Arbeit am Erfahrungs-Ich mit Hilfe der „Großen Mutter" bis hin zum langen sehnenden Warten auf den Geliebten und schließlich die Vereinigung mit ihm.[54] Ich erkannte in diesem Augenblick ganz klar: Es geht nicht mehr um eine konkrete Beziehung zu einem Partner in meinem Leben. Der, auf den ich „warte", würde mir im Herzen begegnen.

Als ich meine Traum- und Tagebuchaufzeichnungen dieses ersten Jahres bei meiner Lehrerin durchging, fiel mir noch etwas auf, das ich erst langsam einzuordnen vermochte als ein sehr konsequentes Vorgehen in dieser Schulung. Ich hatte eine ganze Reihe Träume, in denen ich meiner Novizenmeisterin und Mitschwestern aus dem Kloster begegnete. Und immer ging es darum, sie für mein Verhalten um Verzeihung zu bitten und mich mit ihnen auszusöhnen.

Auch im Außen konnte ich bei einem Klassentreffen im Mutterhaus meine ehemalige Generaloberin treffen. Im Besuchszimmer wartete ich auf sie. Als sie das Zimmer betrat und wir uns sahen, geschah etwas in diesen „norddeutschen Räumen" ganz Ungewöhnliches: Wir liefen aufeinander zu und umarmten uns spontan und sehr, sehr herzlich. Ich spürte auf einmal, wie sehr ich sie gemocht hatte – trotz all unserer unterschiedlichen Ansichten. Gemeinsam gingen wir dann auch in die große Kirche und in die Sakramentskapelle, in der ich so viele Stunden verbracht hatte.

Heute – beim Entdecken all dieser aussöhnenden Begegnungen – begreife ich klarer: Um dem „Geliebten" im Herzen der Herzen mehr und mehr begegnen zu können, bedarf es der Befriedung und Aussöhnung mit den Mitmenschen.

Den Aussöhnungsträumen folgten dann Auflösungs- und Abschiedsträume. Einige Klosterträume (Soll ich austreten oder doch bleiben?) machten mir deutlich, dass es um das Aufgeben von Sicherheiten ging. Nach dieser Erkenntnis, ließ mich mein Unbewusstes mit diesen Szenen eine Weile in Ruhe. Anfang September träumte ich von einem Erdbeben in Thuine (Mutterhaus), bei dem der Kirchturm einstürzte. Alte kirchlich-patriarchale Gedankenformen verloren offensichtlich ihre Macht über mich. Ende Oktober schließlich verlasse ich im Traum auch das C.G. Jung-Institut, nachdem ich noch einmal durch alle Räume gegangen war und auch eine Reihe der Dozenten getroffen hatte. Meine neue „geistige Heimat" war die Gruppe in London geworden: „Einige aus der Gruppe sind hier zu Hause und Sie auch", sagte Mrs Tweedie in den Osterferien zu mir.

Immer wieder ermutigten mich auch in den Weihnachtstagen und zu Beginn des neuen Jahres die Sätze, die sie mitunter nach der Meditation zu mir sagte, so an meinem Geburtstag im Sommer: „Gott der Geliebte hat ihr Herz berührt. Es ist Gott als der Geliebte, nicht Gott als Richter oder Schöpfer. Es gibt einen Raum im Herzen, da ist nur Gott und die Seele, kein Mensch sonst. Da ist Liebe, Geliebtsein und Geborgenheit." Und ein paar Tage später sprach sie erneut zu mir über den Geliebten und „wenn man Ihm begegnet, dann ist da nichts als das Nichts, und das Nichts liebt Sie."

In der Weihnachtsnacht kam mir – ich weiß nicht mehr, von wo – ein Gedicht von Dschami, einem Sufi-Dichter zu, das mir auszudrücken schien, was ich fühlte und erlebte:

> *„Er, von dem ich weder Aussehen noch Namen kenne,*
> *hat mich bei der Hand genommen*
> *und mich an seine Seite gezogen.*
> *Er selbst ist meine Hand und auch mein Fuß.*
> *Wohin immer ich auch gehen mag,*
> *ich gehe tanzend und mit ausgebreiteten Armen."*

33. Aussöhnung mit meiner „inneren Nonne" – Das zweite Jahr (1997)

Silvester und Neujahr 1987 verbrachte ich wie schon so oft mit Freundinnen in Lenggries, denn Mrs Tweedie empfing zu diesem Zeitpunkt keine Besuche.

Beim Rückblick auf das vergangene Jahr (1986) am Silvesterabend wurde mir bewusst, wie reich das vergangene Jahr gewesen war – „so voller Liebe, die ich von Mrs Tweedie erfahren konnte", und wie sehr sich mein Leben seit der Begegnung mit ihr verändert hatte. „Wenn ich allein bin und die Augen schließe, dann ist Mrs Tweedie in mir und alles in mir, Gedanken, Vorstellungen, Gefühle sind wie hingezogen zu ihr," so schrieb ich in mein Tagebuch und fügte eine Stelle aus ihrem Buch hinzu: „...denn in Wirklichkeit gibt man sich durch den Meister Gott hin. Der Meister ist nur der Brennpunkt für die Aufmerksamkeit auf der körperlichen Ebene. In anderen Worten: Der äußere Lehrer weist auf den inneren Lehrer, das Selbst."[55] Ich begriff auch: „dass diese lange äußere Trennung durch Mrs Tweedies Abwesenheit in besonderer Weise für mich gut war. Ich bin gezwungen, diese Beziehung zu ihr ganz auf der inneren, geistigen Ebene zu suchen, zu leben." Und erleichtert fügte ich erneut hinzu: „Es geht nicht um eine äußere Abhängigkeit, um äußere Bindung. Diese Beziehung hat nichts mit psychologischer Analysenübertragung zu tun." Und gleichsam wie um mögliche Befürchtungen in dieser Hinsicht noch weiter auszuräumen, fand ich eine weitere Aussage ihres Lehrers, die mich berührte und die ich in meinem Tagebuch fest hielt: „Liebe in der Welt ist keine Liebe. Sie ist nur Moha (Verstrickung), ja nur Moha. Die einzige wirkliche Liebe ist die zwischen Guru und Shishya (Schüler), und es gibt keine Trennung. Die(se) Liebe braucht länger, bis sie fest haftet. Wenn das jedoch geschehen ist, dann erlebt man ein großes Glück.... wenn die wahre Liebe kommt, verliert alles andere seinen Wert..."[56]

In einem kurzen Traum am Ende des Monats bestätigte mir Mrs Tweedie gleichsam meine Erfahrung:

„Ich komme zu Mrs Tweedie. Sie sitzt am Tisch und schreibt. Andere stehen und sitzen um sie herum, aber sie schaut mich an. Ich bin voller Freude, sie wiederzusehen, gehe zu ihr. Sie umarmt mich: ‚Wir sind uns sehr viel näher gekommen in dieser langen Zeit (der Trennung)‘..."

Am Neujahrsmorgen fragte ich mich dann: Wie wird es aussehen dieses neue Jahr auf dem Pfad?. Wie wird es aussehen, das Warten und das Sich-Verbrennen, wie Mrs Tweedie mir zu meinem Höhlentraum gesagt hatte? Als ich wie sonst am ersten Tag eines Jahres das I Ging befragte, warf ich Nr. 5 „Das Warten". Welch ein Hinweis! So stand im „Urteil":

„Das Warten.
Wenn du wahrhaftig bist, so hast du Licht und Gelingen.
Beharrlichkeit bringt Heil.
Fördernd ist es, das große Wasser zu durchqueren."

Und im Kommentar dazu fand ich folgenden Satz: „Das Warten ist kein leeres Hoffen. Es hat die innere Gewissheit, sein Ziel zu erreichen."

Im Kommentar zum „Bild" ermutigten und lehrten mich vor allem diese Sätze: „..Solange die Zeit noch nicht erfüllt ist, soll man nicht sorgen und durch eigenes Machen und Eingreifen die Zukunft gestalten wollen, sondern in Ruhe Kraft sammeln durch Essen und Trinken für den Leib, durch Heiterkeit und Guter-Dinge-Sein für den Geist. Das Schicksal kommt ganz von selbst und dann ist man bereit."[57]

Nun, das „Schicksal" kam wie gewöhnlich bei mir zunächst in Träumen. Hatte ich im ersten Jahr mich aussöhnen müssen mit den Menschen, die mir in meiner Klosterzeit begegnet waren, so stand jetzt die Aussöhnung mit mir selbst als „Nonne" an. Irgendwie hatte ich geglaubt, einen Schlussstrich unter mein Nonnen-Leben und

Nonne-Sein ziehen zu können, musste aber zunehmend begreifen, dass diese Annahme doch reichlich naiv war. Wie konnte ich 23 Jahre eines intensiven Lebens, das ich doch mit ganzem Herzen zu leben versucht hatte, einfach ausradieren?

Schon Mitte Januar 87 träumte ich, ich sei mit Mrs Tweedie zusammen und es ginge darum, dass ich nun doch wieder eintreten und Gelübde ablegen will. Schon hatte ich mir einen schönen langen Rock und eine Bluse dafür gekauft. Ich würde die Zeremonie zusammen mit einem jungen Priester erleben und ich dürfte neben ihm am Altar stehen. Nach einigen Verwirrungen – Was werden die andern denken, muss ich vorher beichten? – fällt es mir wie Schuppen von den Augen. „Ich will eigentlich nur die Feier, das Ritual, nicht das Klosterleben, das leer und trübsinnig ist. Ich will eine Liturgie für das, was ich innerlich erlebe. Dafür aber brauche ich nicht wieder einzutreten."

Einige Nächte später träumte ich, bei Mrs Tweedie zu einem festlichen Essen eingeladen zu sein und plötzlich voller Entsetzen zu merken, dass ich noch Ordenstracht trage. Doch langsam erkannte ich, dass ich zu meiner Tracht stehen muss. Ich b i n Nonne.

Begegnungen in London

Als ich im Februar (Faschingferien) in London war, gab mir Mrs Tweedie eines Nachmittags eine „Practice" (eine Übung), und als ich ihr dabei diesen Traum erzählte und erklärte, dass ich wohl zu meinem Schleier stehen müsste, dass ich „Nonne war und Nonne bin", nickte sie: „Und ich habe Ihnen heute einen zweiten Schleier gegeben und das ist unser Geheimnis." In diesem Gespräch sprach sie auch von der Kraft der Gedanken: „Sie waren immer da, ich habe sie mehrmals gesehen. Ich wusste auch, dass Sie heute kommen." So konnte ich begreifen: Was ich fühlte, erlebte: die Nähe zu Mrs Tweedie war keine Illusion, sondern Wirklichkeit auf einer feineren Ebene.

Ein Jahr später schließlich träumte ich, ich ginge zu einem Altar, um erneut Gelübde abzulegen. „Diesmal aber bin ich in normaler schwarzer Kleidung und das Gelübde der Armut formuliere ich um in ein „Gelübde der Entsagung". Beim Erwachen fiel mir ein, dass Mrs Tweedie mehrfach zu mir gesagt hatte: „Haben Sie wenig Wünsche. ... Nur noch den einen." Und in einem Traum im April hatte sie mich aufgefordert, meine „personality" abzulegen. Was war damit gemeint? so fragte ich mich beim Aufwachen und erinnerte dann, dass dieser Begriff wohl das Ego meinte, also die aufgesetzten Kontroll-, Schutz- und Vorstellungsmechanismen, all die Wünsche, vor allem auch Erwartungen... Welch eine Aufforderung! Würde ich ihr je, auch nur ansatzweise, entsprechen können? Wochen später fand ich im Buch einen weiteren wichtigen Aspekt zu diesem Thema: „Wenn du spirituelles Leben willst, dann hast alles aufzugeben. Das ist ein Fakt. ... Aber das Geheimnis ist, dass du nichts aufgeben musst. Es fällt von dir ab... die Werte verändern sich. Das ist es, was der Lehrer tut. Er verändert die Werte in dir."

Begegnungen in Bern

Im April kam Mrs Tweedie für ein Wochenendseminar wieder nach Bern und natürlich fuhr ich hin, um daran teilzunehmen. Sie las die ersten Kapitel aus ihrem Buch. Diese Stunden, in denen sie von ihrem Weg und ihrer Sehnsucht las und das mit einer Stimme, die wie der Klang einer Glocke leise in meinem Herzen wider hallte, bewegten mich sehr. In mein Tagebuch schrieb ich am Abend: „...etwas weinte in mir, zerriss mich fast. War es, ist es die Sehnsucht? – Heute Nachmittag bin ich in der Pause einfach zu ihr gegangen, um sie zu fragen, ob dieses intensiver Werden der Sehnsucht mit der Practice zu tun hätte. „Ja, ja, die Sehnsucht wird stärker. Und Sie müssen die Practice tun. Dann leben Sie mehr in der anderen Welt. Und das brauchen Sie."

Nach der Pause las sie weiter aus ihrem Buch. Bei dem Satz ihres Lehrers: „Es braucht Zeit, eine Seele mit Gott schwanger zu machen. Aber es kann geschehen; es wird geschehen.." [58] wandte sie sich auf einmal mir zu, sehr ernst, fast etwas feierlich, beschwörend: „Die Sehnsucht wird stärker werden. Ich werde Ihnen keine andere Übung mehr geben...Haben sie wenig Wünsche!" Und zu den andern gewandt:„Sie hat sich heute etwas beklagt – natürlich indirekt, aber sie hat sich beklagt, die Sehnsucht sei so stark. Ich habe kein Mitleid mit jemandem, wenn er zu viel Sehnsucht hat – und die Sehnsucht wird wachsen – oh, ich kann grausam sein."

„Seltsamerweise war es mir irgendwie egal, was die andern dachten. Mir war nur wichtig, dass sie meine Sehnsucht ernst nahm. – Heute Abend ist mir auf einmal bewusst geworden, wie sehr ich doch noch gezweifelt hatte, nicht an Mrs Tweedie, nicht an Gott, sondern an mir und an der Echtheit meiner Gefühle. Immer wieder hatte ich mich gefragt, ob ich mir vielleicht doch etwas vor machte. Wann wird er wohl geheilt sein, mein spiritueller Minderwertigkeitskomplex?" (Tgb.)

Am folgenden Morgen fühlte ich mich „irgendwie etwas geheilter. Manchmal ist es, wie wenn Mrs Tweedie mich einfach etwas durchbläst und alles ist wieder klarer. ...Ich muss lernen, meinen Gefühlen zu trauen – das wird mir immer bewusster. Oder anders formuliert: Ich darf ihnen trauen, auch den spirituellen. – Ich fragte gestern auch noch nach dem Rumi-Satz: „Er ist es, ..der durch mich nach Sich Selbst ruft." Ich erhoffte eine Erläuterung. Natürlich bekam ich keine in der erwarteten Weise, sondern nur den liebevollen Hinweis: „Sehen sie, Ihr Herz hat verstanden. Ihr Verstand kann es nicht begreifen."

Sommerferien in Schottland

Ende Juli begannen die Sommerferien. Mrs Tweedie wollte sich zunächst noch 14 Tage von ihrer Promotiontour in den USA erholen. (– Ihr Buch war inzwischen als Gesamtausgabe in englisch erschienen –) Für diese Zeit kam Monika und mir ein ganz besonderer „Zufall" entgegen. Wir hatten erfahren, dass das Cottage in Schottland, in dem Mrs Tweedie vor Jahren ihr Buch geschrieben hatte, als Ferienwohnung zu mieten sei. Das Besondere an diesem Ort war zudem, dass Mrs Tweedie ihn in einer Vision gesehen und dann lange mit Freunden in Schottland gesucht hatte, bis sie ihn schließlich bei einer letzten Busfahrt entdeckte. So trafen wir uns in London, Monika und ich, und fuhren mit meinem Wagen die lange Strecke durch ganz England hindurch – in Luftlinie eigentlich immer gerade aus – bis zum äußersten Ende, bis zu einem kleinen Ort, der sich „Tongue" nannte und direkt am Atlantik lag. Die Vermieter, die wir bald fanden, da sie eine bekannte Weberei besaßen, waren freundlich und freuten sich offensichtlich, von Mrs Tweedie zu hören und Freunde von ihr aufzunehmen. Das Cottage war klein, sehr einfach eingerichtet, aber für jeden von uns gab es ein kleines Schlafzimmer mit Blick auf das in der Ferne liegende Meer. Wir fanden eine kleine Küche und Nasszelle und vor allem ein gemütliches kleines Wohnzimmer mit zwei großen Sesseln und einem schnurrenden, flackernden und vor allem wärmenden Gasofen. Die Tatsache, dass Mrs Tweedie hier neun Monate gelebt, geschrieben, meditiert hatte, ließ uns uns schnell wohl und heimisch fühlen.

Da wir uns vorbereiten wollten auf die bevorstehenden Wochen bei Mrs Tweedie, hatten wir beschlossen zu fasten, was unseren Tagesablauf sehr vereinfachte. Wir meditierten zunächst am Morgen und wenn es regnete und stürmte, was es leider sehr häufig tat, setzten wir uns jede in einen großen Sessel, hörten ruhige Musik und lasen in Mrs Tweedies Buch oder schrieben Tagebuch.

Zeigte sich irgendwo am Himmel ein blauer Fleck und verhieß etwas Trockenheit oder gar Sonne, dann brachen wir schnell in diese Richtung auf und erkundeten die wunderschöne Gegend am blaugrün schimmernden Meer mit den vielen einsamen Buchten oder in den Hills, wo wir auf schmalen, meist sehr feuchten Pfaden auf und ab durch Büsche und Gräser, über weite Wiesen durch Schafherden hindurch oder an wilden Pferden vorbei wandern konnten. Und immer wieder erblickten wir Regenbögen, die uns wie eine besondere Verheißung grüßten.

Langsam wurden wir stiller und stiller, das Denken verlangsamte sich, Sehnsucht und Frieden erfüllten das Herz. „Die Tage hier werden intensiver, als ich dachte," so schrieb ich in mein Tagebuch. „Mrs Tweedies Buch hier zu lesen, wo sie es geschrieben, zusammengetragen hat aus ihren vielen Tagebüchern, berührt in besonderer Weise. Manche Sätze, vor allem von ihrem Lehrer, sprechen mich besonders an.

Verwundert stieß ich auch auf eine Stelle, in der Mrs Tweedie eine seltsame Erfahrung in der Gegenwart ihres Lehrers beschreibt: „Plötzlich hatte ich ein Gefühl, als ginge ein elektrischer Schlag durch meine Brust, und einige Sekunden drehte sich der ganze Raum um mich....Im nächsten Moment stockte mir der Verstand, und Liebe durchflutete mich wie eine Welle..." Und dann gibt sie die Erklärung ihres Lehrers wieder: „So geschieht es in unserem System...Wem es widerfährt, für den ist es wie ein Wunder, denn er könnte es nicht allein bewerkstelligen. Für den Guru aber ist es eine ganz normale Sache, das zu tun." Es ginge darum, das „Herz zu wenden" und es geschähe durch das Herzchakra und es gäbe einen Ort (in der Seele des Menschen), der würde „das Herz der Herzen" genannt." [59] Beim Lesen dieses Abschnittes erinnerte ich mich augenblicklich an einen Traum, den ich Anfang Juni hatte:

„Ich bin bei Mrs Tweedie. Sie sagt mir, heute Nacht solle etwas durchbrechen, durchkommen bei mir. Ich solle mich vorbereiten.

So setze ich mich auf den Boden und lehne mich an die Wand, voller Aufmerksamkeit wartend auf das, was geschehen soll. Irgendwann, ganz plötzlich ist es, als dränge etwas in mein Herz ein, weite es, blitzartig, schmerzhaft. In meinem ganzen Körper beginnen gleichzeitig Vibrationen, die mich zeitweise schütteln, dann wird es wieder ruhiger..., nur ein seltsames Summen bleibt in mir."

Jetzt verstand ich, dass dieser ‚Traum' kein Traum, sondern eine Erfahrung war und mein Herz geweitet wurde, so wie es geschieht in diesem System.

„Es gibt nichts als IHN. ER umfängt einen überall. ...So beginnt man sich dem Leben zu ergeben, den Menschen, den Dingen, da sie ER sind, ER allein."[60] Diesen Satz schrieb Mrs Tweedie ganz am Ende ihres Buches, als sie schon das Einswerden mit IHM erfahren hatte. Und doch berührte er mich, die ich noch so am Anfang stand. Diese Aussage schien mir gleichsam alles zu fassen, um das es auf diesem Pfad ging.

All diese wunderbaren Erfahrungen verhinderten allerdings nicht, dass ich mich mitunter auch „help- and hopeless" fühlte und ich mich mit manchen Schattenträumen auseinander zu setzen hatte. Fasten, so wusste ich aus Erfahrung, spült auch seelisch manches Ungereinigte und Verdrängte ans Tageslicht.

Doch in dem Maß, wie die Tage vergingen, freuten wir uns auf die „Heimfahrt" nach London und die Begegnung mit unserer Lehrerin.

Drei Wochen in London

Am 18. Juli fuhren wir also wieder Richtung London und konnten am 20. Juli pünktlich mit all den anderen, auch vielen deutschen Schülern, denn es waren ja Sommerferien, in Mrs Tweedies kleine Wohnung drängen und uns einen Platz suchen. Drei Wochen lagen vor uns und mein Herz war voller Erwartungen. Erwartungen auf was? Die Nachmittage verliefen, wie ich es ja nun schon kannte. Nach der Meditation zog sich Mrs Tweedie häufig in ihr kleines Zimmer zurück und sprach mit einzelnen, die ihren Rat brauchten. Im Wohnzimmer war es entsprechend manchmal recht unruhig, fast etwas laut, nicht so friedvoll und intensiv, wie ich es erlebt hatte, wenn Mrs Tweedie anwesend war. Ich setzte mich wie immer in eine Ecke und versuchte zu meditieren, still, leer zu werden. Schattenträume in den kommenden Nächten zeigten mir dann allerdings, dass ich ein wenig zu stark nach innen ging, fast flüchtete, ein wenig resignierte, wohl um unempfindlicher zu werden für die Sehnsucht, vielleicht auch, um meine Ungeduld zu verdrängen, meine Erwartungen zu besänftigen.

An einem der kommenden Nachmittage holte mich Mrs Tweedie neben sich, neben ihren Sessel – ein Platz der seltsamer Weise von nun an immer für mich frei blieb, wenn ich in London war. – In ihrer Nähe spürte ich wieder eine sehr starke Energie und so viel Sehnsucht nach Hingabe, aber gleichzeitig war da auch ein Gefühl großer Hilflosigkeit, unfähig, selbst etwas tun zu können, – was ich ja in meinem Leben gewöhnlich vermocht hatte in den unterschiedlichsten Situationen. Jetzt konnte ich nur sitzen und mich öffnen dieser schmerzhaften Sehnsucht. „Sitting and waiting, without thinking of tomorow, only being in this moment and trying to surrender." (Sitzen und warten, ohne an morgen zu denken, nur in diesem Augenblick sein und versuchen, sich zu ergeben.)

„Das ist der erste Schritt..."
Und dann am 31. Juli – diesen Tag werde ich wohl nicht mehr vergessen – in der ersten gemeinsamen Meditation „veränderte sich langsam etwas in mir. Nicht mehr ich atmete, sondern es atmete mich. Schmerz strömte durch meinen ganzen Körper. Und

dann war da auf einmal nur noch Licht. Ich war nicht mehr – und konnte doch wiederum wahrnehmen: Ich bin nicht. Verschwommen fluteten Worte durch mich: „Ich bin Du, ich bin nicht, nur Du, Du bist." Mein Gesicht, mein Kopf, mein Inneres, Gefühle, alles schien aufgelöst, nur noch weit weg schien eine äußere Hülle um mich herum zu existieren. In diesem Nicht-Sein aber floss Energie, Licht, Liebe...

Nach der Meditation hatte ich das Gefühl: Ich habe mich verloren in der Meditation. Eine Art Schrecken, eher Schaudern erfüllte mich. Ich ging zu Mrs Tweedie, die glücklicherweise in ihrem Sessel saß. Sie schaute mich nur lächelnd an: „Das ist ganz normal. Das ist der erste Schritt. Vorher ist gar nichts möglich Das ist abstrakte Meditation, das ist Dhyana. Hab` keine Angst." Und zu einer älteren befreundeten Dame gewandt: „Sie denkt, sie sei verrückt geworden. Sag ihr, dass dies nicht der Fall ist, sonst glaubt sie mir nicht."

Am Wochenende fand ich dann im Buch die Stelle, an der Mrs Tweedie von ihrer ersten Erfahrung schreibt: „Ich vergesse mich selbst irgendwo in tiefstem Frieden."[61]

Ich hatte mehr das Gefühl, dass ich mich verloren hatte, ich einfach nicht mehr da war. Aber den tiefsten Frieden hatte ich auch gespürt, vor allem auch in der zweiten Meditation an diesem Nachmittag.

Die folgenden Erkenntnisse, die Mrs Tweedie zu ihrem Lehrer sagt, schienen mir meine Erfahrungen weiter zu erhellen, eigentlich zu bestätigen, was ich schon lange „wusste":

„Unsere Beziehung zu Gott ist etwas völlig anderes, als wir gewöhnlich glauben. Wir stellen uns die Beziehung Gott und Mensch als Dualität vor. Da ist Gott und hier ist der Mensch, der zu Gott betet...Dabei gibt es immer zwei. Aber so verhält es sich nicht. Ich habe entdeckt, dass unsere Beziehung zu Gott ganz anderer Art ist. Es ist ein Aufgehen ohne Worte und sogar auch ohne

Gedanken in ‚etwas'... in etwas, das so unvorstellbar, so grenzenlos ist, ein Eintauchen in die unermessliche Liebe, ein Verschmelzen mit ihr... Und der physische Körper und alles verschwinden darin. Gleichzeitig leidet der Körper....Er ist in diesem Prozess der Auflösung gespannt wie eine Saite. Das ist unsere Erfahrung von Gott, und anders kann sie nicht sein."[62]

In der kommenden Zeit war das Sich-Verlieren in der Meditation nicht mehr so absolut. Und doch hatte sich etwas verändert: „Etwas fließt durch mich, Sehnsucht? Ich bin wie ausgeliefert..., wie hingegeben. Nicht ich atme, es atmet. Nicht ich habe Sehnsucht. Sehnsucht i s t in mir. 'Nicht mehr ich lebe, sondern du lebst in mir.` So erinnere ich die Paulus-Worte." (Tgb.)

Geschenke

Ein paar Tage später rief mich Mrs Tweedie gleich beim Hereinkommen und zog mich in ihr kleines Zimmer. Sie wolle mir etwas geben und sie hielt mir das Bild eines sehr schönen Männerantlitzes hin. Ich wusste sofort, dass es ein Christusbild darstellte und ich es schon gesehen hatte. Wo?

Etwas wie Abwehr stieg in mir auf – zu beschreiben vielleicht als eine Art Enttäuschung über die Untreue des Geliebten. Aber das war mir damals noch nicht so bewusst. Mrs Tweedie musste es gespürt haben. Ob ich es nicht wolle? Sie hätte es schon länger und wolle es mir jetzt geben. Es sei die Zeichnung einer Christus-Vision von Gibran. Da es von Mrs Tweedie kam, wollte ich es natürlich und dankte ihr sehr. In den kommenden Stunden dieses Nachmittages aber spürte ich noch viel Schmerz und Enttäuschung aus vergangener Klosterzeit aufsteigen und wusste, dass ich in der Beziehung zu diesem „Jesus" doch noch manches auszusöhnen hatte in mir. Am Abend allerdings, als Mrs Tweedie wieder in ihrem

Sessel saß und wir diesmal Musik hörten, „spürte ich wieder so viel Geliebt- und Geborgensein. Was bedeutet da gewesener, vergangener Schmerz. Auf der höheren Ebene gäbe es keine Unterschiede, nur Einheit. Jesus und Guruji seien eins, so sagte Mrs Tweedie zu mir an diesem Abend." (Tgb)

Noch ein zweites sichtbares Geschenk bekam ich in diesen Tagen. Ich hatte Mrs Tweedie gebeten, mir etwas in ihr neu erschienenes Buch zu schreiben. „Ich werde Guruji fragen in der Nacht. Lassen Sie das Buch hier." Am folgenden Nachmittag übergab sie es mir. Gurujis Satz für mich lautete:
„Who am I?
There is no answer
without God."
Und ihre Erklärung: „‚Without God' meint, dass wir Gott sind. Auch Meister Eckhart spricht so – wir sind eins mit Ihm. So hätte ich diesen Satz zu verstehen.

Ich war berührt und tief dankbar. Bestätigten diese Aussagen doch meine so unerklärlichen Erfahrungen vor einigen Tagen.

Ein drittes Geschenk war das Allah-Mantra, das sie mir zu einer Atemübung gab: „Al- (Das) beim Ausatmen – wie ein Hineingehen in diese Welt. -lah beim Einatmen (Nichts) – ein Aufsteigen zu den Füßen Gottes." „Es gibt nichts als das Nichts – und das Nichts liebt dich." So hatte sie schon an einer anderen Stelle gesagt.

Am letzten Nachmittag dieser drei Wochen bei Mrs Tweedie hatte ich noch einmal eine besonders tiefe Erfahrung: „Es war zuerst, als würde alles aus meinem Kopf, aus mir herausgesogen, ich mir ganz genommen, beängstigend, beengend. Dann aber auf einmal öffnete sich etwas in meinem Kopf nach oben und ich fühlte eine große Freiheit. Gleichzeitig war da aber auch wieder dieses

Gefühl des Nicht-Seins – sehr seltsam – nicht zu lange, aber doch so, dass ich erfuhr, warum alles so genommen, fast ganz bewusstlos wird. Es geht um ein Hinein-Geworfen-Werden in einen anderen Raum."(Tgb.)

„Wie zu meinem Abschied an diesem letzten Nachmittag sprach Mrs Tweedie von der Absicht der Besucher: ‚Viele wollen nur wenig, sind mit einigen Erfahrungen zufrieden. Nur wenige wollen alles.' – Ich hoffe, sie weiß, dass ich alles will – ohne Bedingungen." (Tgb).

Wieder in Stuttgart

Mit dem Ende der Sommerferien begann das neue Schuljahr mit neuen Planungen, Vorbereitungen, Einarbeiten in die jeweils entsprechenden Lehrpläne, das Bekannt- und langsam Vertraut-Werden mit den neuen Klassen und vor allem die Vorbereitung auf den Schullandheim-Aufenthalt im bayrischen Wald mit meiner 10. Klasse. Die Tage vergingen so schnell und ich hatte Mühe, wieder richtig in Stuttgart anzukommen. „Irgendwie fühle ich mich noch gar nicht richtig angekommen, bin noch so müde. Die Arbeit fällt mir schwer." (Tgb.) Doch die äußeren Mühen und meine Müdigkeit hatten offensichtlich keinen störenden Einfluss auf die Meditation, die still und leer blieb, und auch nicht auf mein Unbewusstes, das mir erneut Schattenträume schickte.

„So verändert ist die Meditation seit dem ersten Dhyana-Erlebnis in London: ganz leer, ganz still, alles ist wie aus meinem Kopf herausgezogen – nichts – nur die Sehnsucht kommt zeitweise wie in Wellen aus dem Herzen, wie ein Schreien nach Gott. Dann ist wieder Stille, unendlicher Raum. Alles ist wie hingegeben in mir. Nicht ich atme, es atmet. Ist es so wie das erste Mal? Wohl doch nicht, denn ich nehme wahr, dass nichts ist: ‚Nicht mehr ich

lebe, sondern Du lebst in mir.' so erinnere ich die Paulus Worte. ...
N i c h t i c h h a b e Sehnsucht, Sehnsucht i s t in mir." (Tgb.)

Auch mein Unbewusstes schien nicht sehr beeindruckt von meiner Arbeit in der Schule und in der Praxis und meiner Müdigkeit. Eine Reihe von Träumen machten mir deutlich, dass erneut Arbeit am Schatten anstand. Sie konfrontierten mich mit verdrängten existentiellen Themen: Werde ich meine Arbeitsstelle behalten und immer Lebensmöglichkeiten finden können? Und: Leiste ich auch genug?

Ein „Werkzeug sein"

Das Leistungsthema wurde mir dann in letzten Wochen des Jahres unübersehbar ins Licht gerückt. Wie zufällig stieß ich auf eine Stelle im Buch, an der zunächst Guruji zu Mrs Tweedie spricht: „Dabei ist das einzig Wesentliche, fähig zu sein, sich zu verlieren. Irgendwo aufzugehen, absorbiert zu werden." Und ihre Erkenntnis: „Das sind klare Anweisungen, wie ich mich zu verhalten habe, wenn ich weg (in London) bin...Ich muss mir immer vor Augen halten, dass ich nur ein Werkzeug bin und nicht der Bewirker, und meine Pflicht tun und versuchen, die ganze Zeit woanders absorbiert werden..."[63]

Meine Reaktion im Tagebuch enthüllt einen ganz neuen Zustand in mir:

„Dies ist eine Antwort auf das, was mich in meinen Therapien schon so lange beschäftigt. So lange frage ich mich schon, was ich eigentlich tue, was eigentlich wirklich geschieht in den Behandlungen, was heilt? Früher hatte ich viele Konzepte, reflektierte gleichsam schon während meines Handelns und Reagierens die Zusammenhänge und möglichen Ursachen, Auswirkungen usw. Seit einiger Zeit weiß ich so gut wie nichts mehr, tue eigentlich nur, was mir einfällt im Augenblick. Irgendwie aber ist mein Herz voller Liebe, ohne das ich sagen könnte, ich beabsichtige dies in besonderer Weise. Es ist einfach so.

Manchmal komme ich mit diesen Nicht-Wissen wie in einen Minderwertigkeitskomplex. Alle Kollegen wissen, wie sie zu behandeln haben, wissen genau, welche Methode sie warum praktizieren. Und ich? Irgendwie habe ich alles vergessen, was ich je gelernt habe am Institut, in der KBT-Ausbildungsgruppe..."(Tgb.)

„Als ich vor ein paar Tagen noch einmal ein Tonband abhörte mit Mrs Tweedies Ausführungen in einem Seminar, durchfuhr es mich plötzlich, als ich sie sagen hörte, sie hätte alles vergessen müssen. Eine Zeit lang hätte sie nichts mehr gewusst. Vielleicht geschieht mir Ähnliches jetzt in meinen Behandlungen. Oft fühle ich mich ganz leer und dann ... plötzlich kommt ein Einfall, der der richtige zu sein scheint, denn er führt weiter. Vielleicht wird meine Art der Arbeit langsam ein wenig der Sufi-Methode angenähert; denn ‚das Einzige, das heilt, ist die Liebe,‘ so sagte es Mrs Tweedie in einem Seminar. Und ich erkannte schließlich: Tatsächlich gedeihen meine jungen Patienten ...."(Tgb.)

Dass diese Erkenntnis auch für meine Arbeit in der Schule in gewisser Weise gelten würde, zeigt ein Traum, in dem ein neu errichtetes Schulgebäude wieder abgebaut werden musste, da das Fundament nicht fest und stabil genug sei. Es muss jetzt erst in der Tiefe Erneuerung stattfinden.

Wie um meine Annahmen zu bestätigen, hatte ich einige Nächte danach eine ganz besondere Erfahrung: „Liebe kam in Wellen, durchflutete mich – oder war es Licht? Der Verstand war weg, wie ausgelöscht. Da war nur ein Gefühl, ganz aufgenommen zu werden – von was? Und dann spürte ich Mrs Tweedie ganz nah, ganz hell, näher als ich sie in London je erlebt hätte. Welch ein Trost!" (Tgb)

Bei all den Aufzeichnungen in diesem Kapitel über mein zweites Jahr bei meiner Lehrerin bin ich den Aufzeichnungen in meinem Tagebuch gefolgt und dabei wieder ganz eingetaucht in diese liebevolle, starke Energie, die ich bei Mrs Tweedie erfahren, erleben konnte. Oft war es, als sei sie mit mir im Raum, während ich schrieb, und vor der Zeit mit ihr und nach der Zeit mit ihr habe es nichts anderes gegeben in meinem Leben. Und doch kamen dann wieder andere, verwirrende Augenblicke, in denen ich mich fragte: Was habe ich gemacht mit all diesen wunderbaren und intensiven Erfahrungen? Habe ich sie genutzt? Wirklich in mich aufgenommen? Wo stehe ich jetzt, heute, 20 Jahre später nach so vielen weiteren Erfahrungen?

Den Hl. Abend konnte ich nach diesem zweiten Jahr in der Gruppe in London verbringen. Mrs Tweedie weilte den Nachmittag über in ihrem kleinen Zimmer bei einer schwer kranken Schülerin. Im Wohnzimmer war es laut, die Leute redeten und redeten. Die Stimmung erschien mir eher ein wenig faschingsmäßig als weihnachtlich. Erst gegen Abend, als Mrs Tweedie wieder zu uns kam und ein Inder bewegende Bhajans sang, begann ich wieder zu ahnen, wie unwesentlich doch alles Äußere ist.

Da Mrs Tweedie die Tage zwischen den Jahre allein verbringen wollte, flog ich bis zum 4. 1. wieder nach Hause, voller Dank und in Erwartung der kommenden Tage in London im Neuen Jahr.

34. Zerrieben zwischen den Gegensätzen – Das dritte Jahr (1988)

Als ich nach dem ersten Weihnachtstag in London wieder zu Hause in Stuttgart angekommen war, fühlte ich mich sehr müde, glaubte erst, es hinge mit der Umstellung zusammen, musste dann aber bald annehmen (Magenkrämpfe, Erbrechen...), dass es doch wohl etwas Ernsteres sei und ging in Anbetracht der bevorstehenden Feiertage zum Arzt, der mich nach einigen Überlegungen mit dem Notfallwagen ins Krankenhaus einwies. – Glücklicherweise erwiesen sich die Symptome im Nachhinein doch nur als Anzeichen einer etwas heftigeren Virus-Grippe. – Aber da lag ich nun, umsorgt von aufmerksamen Ordensschwestern (!) und auch versorgt durch Freundinnen mit dem Nötigen, und machte mir Gedanken, warum mir dies nun passiert sei.

Langsam begann ich den Symbolsinn der Symptome zu verstehen: „Auf einmal fiel es mir wie Schuppen von den Augen. In einer kurzen Traumszene vor einigen Nächten sagte ich ja zu Mrs Tweedie: ‚Manchmal ist wirklich alles zum Kotzen‘ und denke dabei an all die Mühsale auf dem Pfad. Und gerade all die Mühsale und aufbegehrenden Gefühle wollte ich mir nicht eingestehen, wollte sie als unedel unter den Teppich kehren. Vielleicht muss ich mir doch eingestehen, zugestehen, wie mir in den letzten Tagen alles bis zum Halse stand, zum Hals raushing, zum Kotzen war: dieses ewige hinter Mrs Tweedie Herfahren, Bangen bis zum letzten Augenblick, ob sie überhaupt da ist, das fürchterliche London, die Gruppe, die Weihnachten, am Hl. Abend, so laut und vordergründig in der Gegend rumquatschte. Ach, und all das Zerrissenwerden zwischen Außen (Schule und Praxis) und Innnen. Alles wurde mir irgendwie zu viel. So musste ich vielleicht außen herauskotzen, was ich mir an widerwilligen Gefühlen nicht zugestehen wollte. Vielleicht ist es auch so, dass die Seele auf dem Pfad viel schneller und heftiger reagiert. Sicher gehört das Wahrnehmen, Annehmen und Klären solcher Gefühle und Emotionen auch zum Annehmen der „dunklen Seite" der Seele, um die es ja immer wieder auch geht.

In meiner Seele ist nicht mehr nur Glück und Dankbarkeit darüber, dass ich bei Mrs Tweedie sitzen darf, sondern jetzt, da ich merke, dass es kein Entrinnen mehr gibt und die Mühen zunehmen, jetzt kommt auch das Aufbegehren aus irgend welchen dunklen Schichten meines Unbewussten, manchmal auch ein wenig Hoffnungslosigkeit." (Tgb)

Nach dieser Erkenntnis schlief ich trotz Silvesterknallerei und Schnarchen meiner Nachbarin 10 Stunden fest und wachte ausgeruht am ersten Tag des Neuen Jahres 1989 mit einem Traum auf. In diesem Traum war ich Mrs Tweedie begegnet und hatte ihr erzählt, wie es mir in den letzten Tagen so ganz unvorbereitet ergangen war. „Ihre Antwort: ‚Wenn man auf dem Pfad ist und alles will, dann ereignen sich seltsame Begebenheiten. Mir ist das auch so ergangen. Sie müssen das annehmen.‘ … ‚Wer auf dem Pfad ist und alles will..‘, hat sie gesagt. Sie weiß also, dass ich alles will…‘Manchmal ist es schon zum Kotzen‘, kann ich nicht umhin zu sagen.‘ Mrs Tweedie lächelt. Ich weiß, sie wird mir auch das verzeihen." (Tgb.)

Als ich nach all den Feiertagen und meinem überstandenen Krankenhausaufenthalt am 4. Januar wieder neben Mrs Tweedie saß, konnte ich ihr die Ereignisse der letzten Tage erzählen, auch meinen Krankenhausaufenthalt wegen der Virus-Infektion. „Ja, ja, das hatten hier auch viele. Sie dachten es sei Kundalini. Aber: es war: die Grippe," so reagierte sie lachend und ernüchternd für manche in der Gruppe. Als ich ihr schließlich auch meinen Traum berichtete, meinte sie nur: „Von jetzt an ist alles, was dir begegnet, ein Test…. Und die Gnade Gottes umgibt dich. Er oder Es ist immer mit dir. …Und ja, ich weiß, dass du alles willst. Man sieht es auch."

Ich muss gestehen, dass ich lange nicht den wirklichen Sinn von „Test" verstanden habe. Erst heute begreife ich mehr und mehr, dass es um eine Prüfung in der Beharrlichkeit auf dem Pfad geht.

„Tests sind die Lampe der Mystiker, das wahre Erwachen jener, die wach bleiben in der Nacht..." so zitiert Sarah Sviri einen Sufi-Ausspruch [64].

Am nächsten Morgen „in der Meditation spürte ich meine Lehrerin so nah, so nah, als berühre mein Herz ihr Herz und als flösse alle Sehnsucht in mir, die Sehnsucht meines ganzen Lebens, vielleicht auch vieler Leben zuvor, zu ihr hin. Und dann auf einmal hörte ich erneut die Sätze, die mir schon so bekannt waren: ‚First you have to merge into the teacher and than into God.' Und ich wusste: dies ist eine Nähe für immer." (Tgb)

Am Nachmittag jedoch, auf meinem Weg zu Mrs Tweedies Haus waren wieder Zweifel in mir: Mache ich mir nicht doch etwas vor? Bilde mir diese Erfahrungen nur ein? Ich bat Guruji, Mrs Tweedies Lehrer, um ein Zeichen, ein kleines Zeichen nur, dass ich mich nicht täusche. Und da – auf einmal, ziemlich unvermittelt, mitten im Winter, erblickte ich einen wunderschönen Regenbogen am Himmel. Ich konnte nur danken für dieses Zeichen und meinen Weg fortsetzen.

In den Sommerferien fuhren Monika und ich zu dem schon so lange ersehnten **„Suficamp"** mit unserer Lehrerin **in Schwarzsee** in der Schweiz.

Schwarzsee ist ein kleiner Ort an dem gleichnamigen See am Ende eines Tales gelegen, das umrahmt ist von Bergen und Wäldern. Wir hatten eine kleine Ferienwohnung gemietet ganz in der Nähe des Hotels, in dem Mrs Tweedie wohnte und in dem morgens die gemeinsamen Meditationen und nachmittags um 17 Uhr die Vorträge und Gespräche stattfanden.

Es war eine sonnige Zeit, die ich als einen besonderen Höhepunkt dieser Jahre in Erinnerung habe. Die viele freie Zeit erlaubte mir lange Wanderungen in der Umgebung. Am liebsten fuhr ich morgens gleich nach der Meditation mit der Seilbahn einen Berg hinauf, frühstückte auf einer sonnigen Hüttenterrasse mit dem Blick auf die Berge, schrieb meine Erfahrungen und Eindrükke vom Vortag ins Tagebuch und wanderte dann über satte Wiesen, durch kleine Wäldchen und vorbei an einsamen Bauernhöfen wieder hinunter ins Tal.

Am Nachmittag versammelten wir uns alle in einem großen Saal des Hotels. Mrs Tweedie hatte, so sagte sie zu Beginn, wenig vorbereitet für diese Zeit. Sie wollte uns zunächst vorlesen aus den gerade erst ins Deutsche übersetzten letzten Kapiteln ihres Buches. Hier schildert sie ihre Zeit nach dem Tod ihres Lehrers und ihre tiefen Erfahrungen in einem Ashram im Himalaya.

Diese Stunden des Zusammenseins mit meiner Lehrerin; in denen sie von ihrer Sehnsucht und ihren Erfahrungen las, berührten mich, der Klang ihrer Stimme und ihre Worte drangen tief in mein Herz. Mein Herz hörte, wonach es sich so lange gesehnt hatte. Die Aktivität des Verstandes schien irgendwie wie abgeschaltet. Nur manchmal in den Fragestunden wurde mein Verstand hell wach:

„Kann es nicht sein, dass man auf dem Pfad, wenn man sich müht, wenig Wünsche zu haben und entsprechend zu leben, dann doch so etwas wie Zwänge entstehen und man sich zwanghaft bemüht, alles recht zu machen?" – Meine Klostererfahrungen saßen mir doch noch im Nacken. – Doch Mrs Tweedie brachte mich durch geschickte Gegenfragen zu der erlösenden Erkenntnis: Die Liebe verhindert Zwänge und führt in die Freiheit.

Ganz konfliktfrei verliefen diese Tage in einer großen Gemeinschaft allerdings nicht für mich. Durch besondere Umstände nahmen wir in unsere Wohnung – mit drei Schlafzimmern – eine englische Bekannte aus der Londoner Gruppe auf. Unsere friedvolle Ruhe wurde durch ihre Austauschbedürfnisse gestört. Auch gemeinsame Wanderungen ergaben sich, die ich glaubte akzeptieren und mitmachen zu müssen, bis ich ziemlich verzweifelt aufbegehrte, wütend wurde und schließlich nach langem Ringen begriff: Ich darf zu meinem Bedürfnis nach Stille und Einsamkeit stehen. – Ich hatte gedacht, ich müsste darauf verzichten. Mein altes forderndes Gottesbild bedrängte mich immer noch zu gewissen Zeiten. –

Beim Aufschreiben dieser Erfahrung zogen noch einmal schmerzhaft und verbunden mit Gefühlen ohnmächtiger Wut viele Situationen aus dem Kloster in mir auf, in denen ich „um der Gemeinschaft und der Regeln willen" diese Sehnsucht nach Stille und Alleinsein verleugnen musste. Doch nicht nur im Kloster, auch später bei gemeinsamen Reisen mit Freundinnen, glaubte ich dieses „seltsame" Bedürfnis verdrängen zu müssen. Jetzt wusste ich: dieses Bedürfnis hängt zusammen mit dem inneren Weg und der Sehnsucht... Ich darf dazu stehen. Wie zur Bestätigung nickte mir Mrs Tweedie an diesem Tag nach der Meditation in besonderer Weise zu. Wusste sie um mein Ringen?

Nach zwei Wochen war dieses so besondere Seminar beendet. Mrs Tweedie flog wieder nach London, um sich auszuruhen und dann Anfang August wieder zu „öffnen".

Wieder in London

Da mir bis zum Schulbeginn noch genügend Zeit blieb, flog ich zu diesem Zeitpunkt ebenfalls nach London. Zwei Träume aus den vergangenen Wochen wollte ich ihr erzählen.

In der Nacht zu meinem 52. Geburtstag drang ein kurzer, aber doch sehr aussagekräftiger Traum in mein Tagesbewusstsein:

„Ich bin bei Mrs Tweedie. Es geht um das Verstehen der Bergpredigt, und zwar um den Vers: Selig die Armen im Geist. Mrs Tweedie ist ärgerlich über mich, weil ich so schwer begreife, nicht aufmerksam, nicht wach genug bin. Ich entschuldige mich...“

Die Bergpredigt habe ich nie sehr gemocht. Sie erschien mir so abstrakt und fordernd. Und jetzt kam sie mir im Traum zu und ich ahnte, dass dieser Hinweis etwas zu tun hatte mit meiner Frage, was „Entsagung“, die ich ja im Traum vor einiger Zeit gelobt hatte, konkret für mich bedeutet: Es geht um das Freiwerden von Wünschen, Erwartungen, Vorstellung, nicht mehr um äußere Armut, um die ich mich ja so lange vergeblich gemüht hatte. Als ich diesen Traum und meine Einfälle dazu erzählt hatte, reagierte Mrs Tweedie ganz anders als im Traum, so sanft, und dann sprach sie von dem Frieden, den die Welt nicht geben kann und den ich gerade neben ihr so intensiv gespürt hatte.

Der zweite Traum bezog sich auf die Art meines spirituellen Weges: Ich bin auf einer Insel gefangen. Es gibt drei Möglichkeiten zu entkommen....Ich wähle die dritte, und zwar durch das Schwimmen ans Festland.“

Mrs Tweedies Deutung war kurz: „Natürlich, das ist der Weg der Gefühle.“

Wie sehr mein Weg ein Weg der Gefühle ist, sollte ich in den kommenden Wochen erfahren. Die Arbeit in der Schule machte mir keine Schwierigkeiten. Und ich konnte mich schnell wieder einarbeiten. Ich hatte eine interessierte, lebendige 9. Klasse als eigene Klasse in Deutsch, Französisch und Religion bekommen, die mir die Arbeit mit einer etwas weniger ansprechbaren 11. Klasse erleichterte. Der Französisch Unterricht in zwei weiteren Klassen war mitunter mühsam, aber doch weitgehend eingeübte Routine. Die 8 Behandlungsstunden an zwei Nachmittagen mit Jugendlichen bildeten den mir so wichtigen therapeutischen und kreativen Gegenpol.

Im Außen also stand ich fest mit beiden Füßen auf der Erde. In meinem Inneren aber war häufig ein Meer von Aufruhr. Rauf und runter trugen mich die Wellen der Gefühle und der Wind der ungesteuerten Gedanken blies mir kalt ins Gesicht. Zwar bekam ich zu Beginn des neuen Schuljahres einen vorausdeutenden Traum, der, wenn ich denn aufmerksam genug gewesen wäre, ungemein hilfreich hätte sein können:

„Ich erkenne, erfahre auf einmal: Gott will gar nicht, dass wir so viel leiden, uns so quälen. Ich bin tief berührt, weine .." (Aug. 88)

Allerdings, so wusste ich aus vielen Hinweisen von Mrs Tweedie: Entsprechend dem Sufi-System wird der Schüler beständig zwischen den Gegensätzen gehalten, zwischen Auf und Ab. Das erst schafft die notwendige – und eben auch schmerzhafte – Reibung, die den Verstand und auch das Ego oder Erfahrungs-Ich in ihrer Herrschaftsstellung verringert.[64]

In dem Maß jedoch, in dem die Meditation intensiver wurde, in dem Maß schien es mir, ich würde tiefer und tiefer hinab steigen in mein Inneres. „So etwas wie Depression erfüllt mich. Es ist nicht Traurigkeit, eher eine große Hilflosigkeit, vielleicht auch Hoffnungslosigkeit... Manchmal habe ich das Gefühl, nicht mehr Herrin in meinem eigenen Haus zu sein. Wohin führt das alles? Führt es überhaupt irgend wohin? Wird Er mich erhören? Ich fühle mich allein, verlassen und weiß doch: Es muss so sein." (Tgb.)

Doch dann begann ich, angeregt durch ein Buch[65] zu begreifen: Es geht um die Auflösung alter, festgefahrener Erfahrungen des Ich, die in diesem Maß nur in der Tiefe des Unbewussten möglich werden kann Auf dem Sufi-Pfad wird dieser Zustand – wie ich erfahren konnte – erreicht durch das Arbeiten mit den Aussagen und Botschaften der Träume, durch das Meditieren in der Stille und Leere, durch die Ausrichtung auf den Pfad und durch die Begleitung und Einwirkung des Lehrers.

Anfang Oktober erkenne ich dann klarer und formuliere es ohne Beschönigung: „Kann es sein, dass ich mich so beschissen und elend und auch klein fühle, weil mein so mühsam aufgebautes Ich langsam aufgelöst wird und noch nichts Neues da ist? – Doch die Meditation wird intensiver. Manchmal vergehen 1 ½ Stunden, ohne dass ich es merke. Zuerst kommt so viel Sehnsucht, Sehnsuchtsschmerz. Dann wird es langsam ruhiger und irgendwann scheint sich das Herz etwas zu öffnen – ein Gefühl, eine Erfahrung steigt auf – und ich weiß: das muss Er sein, dieser Gott. Eine Ahnung von möglicher Seligkeit und alles andere wird unbedeutend." (Tgb.)

Als ich in den Herbstferien am Nachmittag wartend vor Mrs Tweedies Haus stand, öffnete sie die Tür früher als sonst, lud mich ein, hereinzukommen, und fragte mich, wie es mir ginge. Ich antwortete ehrlich, ohne etwas zu beschönigen: „Es geht mir seltsam.., alles ist grau. Ich sitze und sitze und warte auf etwas, was sich niemals zu ereignen scheint. Auch habe ich mich in den letzten Wochen herausgeworfen gefühlt.." „Ja, es gibt verschiedene Zustände auf dem Weg der Mystiker," war ihre schlichte Antwort und dann ging sie anderen die Tür zu öffnen. Auf einmal zog etwas wie Frieden und ein Gefühl großer Nähe in mein Herz. Jemand erzählte dann von einer besonderen Erfahrung, dass nämlich Gott uns glücklich wolle. Und da erinnerte ich mich wieder an meinen Traum mit der fast gleichen Aussage und Hoffnung und Mut erfüllten mich wieder.

In der nun folgenden gemeinsamen Meditation „erlebte ich auf einmal Licht, sehr viel Licht und das Spüren, Mrs Tweedie zu begegnen, ja für Augenblicke fast das Gefühl mit ihr eins zu sein, und dann das Wissen: Ob sie lebt oder gestorben ist, diese Beziehung währt für immer." (Tgb.)

Mögliche Zweifel über die Echtheit meiner Erfahrungen, die ja immer noch wieder auftauchten, behob ein Traum Anfang November:

„Ich bin in der Londoner Gruppe. Mrs Tweedie wendet sich zu mir: ‚Deine Meditation wird tiefer und tiefer.' Ich bin sehr berührt."

In einem weiteren Traum Mitte Dezember erlebe ich erneut das Schwinden aller Gedanken und Gefühle und ein tiefes Eins-Sein mit meiner Lehrerin.

So endete dieses Dritte Jahr mit meiner Lehrerin nach den Zuständen voller Zweifel, Überdruss und tiefen Depressionen nun mit so hoffnungsvollen und trostreichen Erfahrungen.

35. Weitere Jahre mit meiner Lehrerin (1989 – 1991)

Die folgenden drei Jahre verschmelzen in meiner Erinnerung mit den ersten Jahren. Meine Aufzeichnungen in den Tagebüchern sind jetzt etwas spärlicher, die „Ups and Downs" weniger ausgeprägt, die Gefühle ruhiger und friedvoller, das Vertrauen und die Erfahrung der „Nähe" tiefer. Etwas begann sich offensichtlich zu klären und zu festigen. – Schattenträume tauchten weiterhin auf, berührten jedoch zumeist schon bekannte Themen, forderten mich damit auf, bewusster mit meinen Mechanismen bzw. eingeschliffenen Mustern und Gedankenformen im Alltag umzugehen.

Zur Jahreswende 1988/89 konnte ich wieder in London sein. Mrs Tweedie hatte „geöffnet", um ihre vielen Schüler zu empfangen. Am letzten Nachmittag dieses Aufenthaltes kam mir ein besonderes Geschenk zu, das mich wohl meinen ganzen weiteren Weg begleiten wird. Nach der Meditation wandte sich Mrs Tweedie auf einmal mir zu – wie immer konnte ich am Boden neben ihrem Sessel sitzen – : Sie wüsste nun, welchen Satz sie mir in das Buch (die neue deutsche Ausgabe) schreiben wolle. Der Satz aber käme nicht von ihr. Er sei ihr gesagt worden.

Und jetzt zitierte sie mir diesen Vers von Rumi, dem berühmten Sufi-Dichter und Mystiker aus dem 12. Jahrhundert: „...und ich werde weinen und weinen und weinen,/ bis die Milch deiner Gnade mein Herz überschäumt." Ich fühlte mich in diesem Augenblick so sehr wahrgenommen, erkannt, hatte ich doch in der Meditation für kurze Zeit die Erfahrung: "Ich habe nicht Sehnsucht, ich bin Sehnsucht. Es atmet in mir und etwas in mir sehnt sich danach, sich hinzugeben." (Tgb) Am Abend schlug ich im Buch eine ergänzende Stelle dazu auf: „Das Licht wird durch die Sehnsucht zu dir kommen"[66].

Gegen Ende Februar kam mir ein recht ernster Lehrtraum mit Mrs Tweedie zu, in dem sie mich auf meinen wenig sinnvollen Konsum von Fernsehsendungen und Illustriertenlektüre aufmerksam machte. Wichtiger sei die Pflege der Beziehung zwischen meiner männlichen und weiblichen Seite, also zwischen Denken und Fühlen. Wie wichtig die Arbeit an diesen beiden Polen meiner Seele für mich war und ist, sollte mir erst in einer sehr viel späteren Lebensphase bewusst werden.

Zunächst konfrontierte mich ein anderer Traum mit einem anderen hindernden Schattenthema: Ich träumte zweimal sehr intensiv von meiner Freundin D., so dass ich mich fragen musste: Wen verkörpert D. für mich? Ist sie die Vatertochter in mir, die nur zu gerne immer wieder von Illusionen, Vorstellungen, Erwartungen träumt? In der Meditation kam dann in der Stille das Wissen zu mir, jede Erwartung aufgeben zu müssen und dass es Zeit braucht, bis „die Milch Seiner Gnade das Herz überschäumt." Ich verstand auf einmal: „Wenn Gott die Leere, das Nichts ist – wie kann ich Ihn erwarten? Er ist überall, nur ich muss „nichts" werden, um eins werden zu können mit Ihm." Doch auf der anderen Seite musste ich mir eingestehen: „Immer wieder packt mich das „Wollen", das Entsagen-Wollen, das Tüchtig-Sein-Wollen...Vorstellungen... – Heute würde ich sagen: alte mentale Willensprogramme. – „Ich muss wohl viel mehr lernen, vom (spirituellen) Herzen her zu leben."(Tgb.)

Anfang Juli ermutigt mich ein kurzer, aber symbolisch sehr dichter Traum:

„Ein kleiner, weißer, noch junger Elefant dient mir als Reittier. Er ist so schnell und wendig. Ich fühle mich wohl und sicher auf ihm. Vor mir sitzt ein kleiner, ungef. 2jähriger blonder Junge, mein Kind. Seltsamerweise scheinen mich die Leute auf der Straße gar nicht zu sehen."

Mrs Tweedie deutete diesen Traum in dieser ganz präzisen, knappen Weise, wie sie es gerne mit solch archetypisch-spirituellen Träumen tat: Der Elefant stünde natürlich für das Höhere Selbst auf dem die Persönlichkeit (das Ich) reiten könne. Das Ich sei also in Verbindung mit dem Höheren Selbst. Und das Kind stelle meine Zukunft dar. Dies sei ein guter und wichtiger Traum.

Sufi-Camp am Chiemsee

Im Sommer konnte ich an einem dritten großen Sufi-Camp teilnehmen, dieses Mal in Bayern in der Nähe des Chiemsees. Doch: Alles war so ganz anders als im vorigen Jahr. Landschaft und Wetter wirkten schwermütig auf mich. War es eine Vorausdeutung, dass dies das letzte Camp mit Mrs Tweedie sein würde? Schon im Juni hatte ich geträumt, Mrs Tweedie würde in 1 ½ Jahren sterben. Sie starb noch nicht um diese Zeit, aber schickte die meisten von uns, auch mich, fort. – Glücklicherweise verstand ich den Traum nicht als reale Vorhersage, sondern als Aufforderung zu einer gewissen Ablösung. Dem entsprach, dass Mrs Tweedie mich überhaupt nicht zu sehen schien in den ersten Tagen dieses Seminars. Und doch fühlte ich mich ihr nahe. In den folgenden Tagen kam ich natürlich nicht umhin, Fragen zu stellen und mich so sichtbar zu machen. Diese Fragen erscheinen mir im Nachhinein nicht mehr so bedeutsam. Bedeutsam, weil ermutigend und bestätigend, waren für mich jedoch einige Aussagen, die Mrs Tweedie anfügte. Als sie mir z. B. an einem Nachmittag eine Frage beantwortet hatte, fügte sie hinzu: „Christine ist wirklich auf dem Pfad. Ich spreche ganz wenig mit ihr. Ich sehe dich sitzen und weiß: keine Probleme und kann mich anderen zuwenden. Und ich brauche auch nicht mehr zu dir zu reden. Es geschieht schon von Herz zu Herz – und in der Nacht. Du wirst sehen. Und wenn etwas nicht in Ordnung gewesen wäre, hätte ich es dir gesagt." Und an einer anderen Stelle fügte sie nach einer Anrede ähnlicher Art hinzu: „Sie ist Schülerin eines großen Wesens." Ich war tief berührt. „Mein Gott, sie nennt mich Schülerin von Guruji, ihrem Lehrer. Das ist wirklich ein Zeichen von Guruji selbst, ein Zeichen der Bestätigung, dass ich wirklich auf dem Pfad bin."(Tgb.)

Wenn ich heute all diese Aussagen meiner Lehrerin, all die Zeichen und Bestätigungen lese, kommt mir die wohl doch etwas berechtigte Frage: Konnte ich denn gar nicht genug bekommen an Bestätigungen? Warum brauchte ich immer und immer wieder Zeichen? Wie viel Geduld haben Mrs Tweedie und Guruji aufbringen müssen? Erst heute allerdings, so viele Jahre später, weiß ich durch intensive Arbeitswochen in der Lebens-Grundsatz-Arbeit, dass Mrs Tweedie – und später auch mein zweiter spiritueller Lehrer Ralph Jordan – offensichtlich die tief in meinem Unbewussten vergrabene, eingemauerte, aber noch überaus wirksame resignative Seite gesehen haben müssen, der sie durch die vielen Bestätigungen – um die mich übrigens viele beneideten – entgegen gewirkt haben.

„Ein wichtiger Traum"

Nach dem Seminar erinnerte ich einen Geburtstraum, der mich bewegte und mir bis heute in Erinnerung blieb:

„Ich bin schwanger und warte auf das Kommen des Kindes. Jetzt schwimme ich in einem dunklen See. Dann liege ich auf einem Bett und warte auf das Kommen des Kindes. Schließlich ist auch eine Ärztin da und die Geburt beginnt: Ganz leicht kommt das Kind aus meinem Leib, ohne Schmerzen. Ich wundere mich. Das Kind ist klein, dunkelhäutig, gesund. Ich möchte es an mein Herz drücken, auf meine Brust legen. Das Kind wehrt sich aber zuerst noch, weil es etwas sagen will. Ich verstehe, dass es ‚Andreas' heißen will und dass es mich mit Bedacht ausgewählt habe für dieses Leben. Es habe schon einen Entwurf für dieses Leben: Sein Weg ginge aus einem Kloster heraus und führe in ein anderes."

Deutungshilfen für diesen Traum bekam ich bei meinem Besuch in London Anfang Januar 1990.

Mrs Tweedie betonte, es sei ein sehr wichtiger und tiefer Traum. Ihr erschien vor allem der Name „Andreas" von Bedeutung. „Andreas" hieße der Männliche. Zudem könne dieses Kind auf das göttliche Kind weisen, also ein Symbol für das Selbst sein. Llewellyn bestätigte diesen von Mrs Tweedie ganz lose hingeworfenen Hinweis: Zunächst sei das männliche Kind ein Animussymbol, das aber auf differenzierterer Stufe mit dem Selbstsymbol identisch werden könnte.

Andreas war auch einer der ersten von Jesus berufenen Apostel. Er hat die Lehre Jesu also noch ganz unverdorben aufnehmen und weitergeben können. Das Kind symbolisiert so eine ganz neue eigenständige religiöse Geist-Seite in mir. Diese Hinweise konnte ich annehmen und sie halfen mir weiter. Die Aussage, der Weg ginge von einem Kloster zu einem andern, ließen wir damals unbeachtet. Und auch heute ist mir noch kein wirklich verstehbarer Bezug erkennbar geworden, eher vermute ich, ist eine innere Einstellung gemeint.

Ende November kam mir ein Traum zu, der auf meinen möglichen weiteren Weg wies:

„Ich war zu einem Seminar und komme nun nach Hause zurück. Ich stehe in meinem Zimmer und entdecke auf einmal über meinem Bett eine reliefartige Schrift, die mir Angst macht. Langsam kann ich sie klar erkennen und lesen. Es geht um meinen Lebensweg. Ich soll und werde keinen Besitz von einem Haus haben, auch keinen Reichtum.

Arbeiten aber solle ich an den Wurzeln des Baumes. Ich sehe im Gegenlicht einen großen Baum mit weit ausladenden Ästen. An den Wurzeln erkenne ich Menschen, Erwachsene und Kinder. Als ich den Text gelesen habe, ist die Schrift verschwunden."

Beide Motive: die Schrift an der Wand sowie der große Baum sind alttestamentliche Motive (s. Buch Daniel), wenn auch offensichtlich hier in völlig anderer Bedeutung. Die Wahl dieser Motive durch mein Unbewusstes könnten so gesehen lediglich auf die Wichtigkeit dieses Traumes verweisen. Mrs Tweedie meinte dazu: „Etwas will sich in deiner Seele tun in nächster Zeit. Be carefull!"

Das Symbol der Arbeit an den Wurzeln regte mich zu mehreren Deutungseinfällen an: Könnte es darum gehen, dass ich zurückgehen sollte zu meinen geistig-religiösen Wurzeln, dass ich das Christliche neu entdecken sollte? Das würde sich ja mit dem Traum von der Geburt des Andreas verbinden, ebenso ließ es mich an meine Gral-Erfahrung in Sri Lanka denken. Auch sagte Mrs Tweedie mir, sie sähe ihre Aufgabe darin, Christentum und Sufismus zu verbinden. „Langsam beginne ich zu ahnen, dass mein Vorname, eine tiefere Bedeutung haben könnte und etwas mit meiner Lebensaufgabe zu tun hat," so schrieb ich in mein Tagebuch.

In Mrs Tweedies Buch fand ich etwas später einen weiteren wichtigen Hinweis zu dem Baumsymbol in einer Aussage Gurujis: „Liebe ist die Wurzel, und wie ein Baum hat sie viele sich in alle Richtungen streckenden Äste.."[67] Diese Deutung berührte mich besonders, weil ich in den Kindern des Traumes meine kleinen Patienten und meine Schülerinnen wieder erkannte, die so sehr der (selbstlosen) Liebe bedurften.

Mit diesen Träumen endete für mich mein viertes Jahr bei meiner Lehrerin.

„You have to pay as I had to pay." (1990)

Die erste Woche dieses Jahres konnte ich wieder in London verbringen. Mir war diesmal der Aufbruch von zu Hause etwas schwer gefallen. Ich hätte lieber die ersten Tage des neuen Jahres in meiner warmen Wohnung und mit Freunden verbracht, vielleicht auch ein paar Tage in Lenggries, in der Sonne und im Schnee.

Aber schon sehr bald konnte ich erfahren, dass meine Entscheidung für London doch die für mich angemessenere war. „Jedes Mal, wenn ihr hierher kommt, wird euch etwas, ja ein klein wenig mehr gegeben. Ja, jede Begegnung mit dem Lehrer bringt den Schüler ein Stück näher zur Wahrheit." Und dann wandte sich Mrs Tweedie ganz unerwartet zu mir: „You want the absolute Truth, I know it, but you have to pay, as I had to pay.. (Du willst die absolute Wahrheit? Ich weiß es, aber du hast zu zahlen, wie ich zu zahlen hatte)." und sie schaute mich an und mein Herz begann laut zu klopfen.

Wieder zu Hause in Stuttgart fragte ich mich: Womit zahle ich? Mit meiner Lebenszeit? Mit dem letzten Rest meiner „Jugend", mit meiner Kraft, Vitalität und Möglichkeit, Leben und Welt zu ergreifen und zu erfahren? Statt Reisen zu machen, wie viele meiner KollegInnen es taten, saß und saß ich in dem kleinen Haus bei einer alten Frau mit weißen Haaren und fühlte mich glücklicher, als ich es je vorher gewesen war. Seltsam! Manchmal macht mir diese Feststellung Angst und doch spüre ich dann wieder : Ja, meine „Seele" will wirklich nichts anderes.

Der kleine Weg

Im Februar kam mir ein Traum zu, der mir meine Situation erhellte und einmal wieder mich auch von möglichen illusionären Vorstellungen befreite:

„Ich bin ganz nah mit Mrs Tweedie zusammen. Es ist fast ein Verschmelzen. „Darf ich Sie etwas fragen?" Mrs Tweedie nickt. „Ich habe in Ihrem Buch gelesen, dass es hinderlich sei für das spirituelle Leben, mit beiden Füßen in der Welt zu stehen." Mrs Tweedie lächelt mich an: „Christine, das ist der kleine Weg." Ich bin irgendwie traurig über diese Antwort. Wäre ich doch so viel lieber einen schnellen Weg, z. B. den Tyaga-Weg, den Weg der Entsagung, gegangen."

Im Laufe des Tages wurde mir allerdings zunehmend deutlich, dass ich meine Lehrerin nicht verstanden hatte in der Nacht. Spricht sie nicht immer wieder davon, dass der Sufi-Pfad ein Pfad sei mitten in der Welt, „on the market place"? Als ich sie Ostern in London fragen konnte nach meinem Verstehen, bestätigte sie meine Deutung und bezog sich dann auch auf die altchinesische Zen-Geschichte „Der Ochse und sein Hirte". In dieser Geschichte wird der Weg des Hirten von dem Verlorensein im Außen bis zur Rückkehr in der „Grund und Ursprung" seines Seins geschildert. Nach diesem „Erwachen" kommt der Hirte mit „entblößter Brust und nackten Füßen .. herein auf den Markt."[68]

Jahre später erinnerte ich mich beim Lesen dieser Notizen schließlich an Therese von Lisieux, die mir schon vor meinem Klostereintritt so viel bedeutet hatte. Sie spricht von dem „kleinen Weg":

„Ich will ein Mittel finden, in den Himmel zu kommen auf einem kleinen Weg, auf einem kleinen, ganz geraden, ganz kurzen Weg, auf einem kleinen ganz neuen Weg. Ah, bleiben wir fern von allem, was glänzt, lieben wir unsere Kleinheit, lieben wir es, nichts zu fühlen, dann werden wir arm im Geist. Vertrauen, nur das Vertrauen muss uns zur Liebe führen."[69]

Ita Sackville-West schreibt in ihrer bemerkenswerten Studie über Teresa von Avila und Therese von Lisieux über Letztere: „Wenn der Ausdruck gestattet ist, so mag man sagen, dass ihre Frömmigkeit mit beiden Füßen auf der Erde stand."[70] Heute, wieder Jahre später, vermag ich mich nur zu wundern, wie sehr die „innere Führung" meine christlichen Wurzeln immer wieder zu integrieren suchte auf meinem scheinbar so weit entfernten Sufi-Pfad. Oder sind die wirklich spirituellen Wege nicht vielleicht doch viel näher miteinander verbunden, als wir es gewöhnlich meinen?

Was ist Schuld?

In den kommenden Monaten ging mir – angeregt durch Hinweise von Mrs Tweedie in der Londoner Gruppe – das Thema „Schuld" nach. Immer hatten mich Schuldgefühle geplagt, vor allem auch der Gedanke, nicht „recht" zu sein, ungenügend zu sein in meinem Bemühen und Tun: meiner Mutter gegenüber, im Kloster, in der Schule als Lehrerin, selbst während meines Studiums am Jung-Institut, bei meinen Behandlungen und natürlich auf meinem spirituellen Weg mit Mrs Tweedie. Auf meiner nächtlichen Rückfahrt im Schlafwagen von einem kurzen Ferienaufenthalt auf Juist geschah dann etwas, was ich wohl nie vergessen werde: Ich wachte auf, mitten in der Nacht, der Zug rollte und ruckelte, aber in meinem Herzen war ein Glücksgefühl, wie ich es so noch nicht vorher erlebt hatte, und auch ein Gefühl von großer Freiheit und tiefem Frieden. Eine Stimme klang in mir: „Ich bin nicht unschuldig, aber ohne Schuld." Als ich Mrs Tweedie bei einem späteren Besuch von dieser Erfahrung erzählte, meinte sie nur liebevoll: „The Beloved kissed your heart." (Der Geliebte küsste dein Herz.) Heute ahne ich, dass es eine kurze Erfahrung meines wirklich Seins war, eine Erfahrung, die dann möglich wird, wenn die widerstreitenden Gedanken und destruktiven Gefühle des konditionierten Ich (Ego) für einen Augenblick zum Schweigen kommen.

Schattenarbeit an meinem Selbstbild

Im Sommer dieses Jahres überschattete der Golfkrieg auch unser Leben in Europa. Manche der deutschen Schüler von Mrs Tweedie zogen es vor, in Deutschland zu bleiben, um möglichen Anschlägen aus dem Weg zu gehen. Da ich mich nicht verantwortlich zu fühlen brauchte für eine Familie, flog ich während meiner Schulferien trotz möglicher Gefahren nach London. Die Gruppe war so kleiner, das Zusammensein sehr viel ernster und an einigen Tagen der Woche wurde sogar geschwiegen, an anderen nur Träume erzählt. Schweigend neben Mrs Tweedie zu sitzen, ließ mich etwas mehr ahnen, was der Satz, den sie einmal zu mir hin sagte, bedeutet: „Da ist nichts als das Nichts. Und das Nichts liebt dich."

In dieser Zeit arbeitete Mrs Tweedie auch unübersehbar an meinem „Schatten", genauer an meinem doch noch recht undifferenzierten Selbstbild. Bei ihren augenscheinlich so wohlwollenden Aussagen wie: „She ist like an angel,...like a lamb.., she appears and disappears without a drama, sitting always an the same place near me ....with her healing presence", hätte ich mich in ein Mauseloch verkriechen können, wurde sogar wütend, schimpfte schon innerlich auf die „manierismen of an old woman", bis ich langsam zu ahnen begann, wie einseitig ich doch nur meine „deftige", fast bäuerlich, grobe Art zu sehen gewohnt war. Am letzten Tag der Sommerferien in London kam schließlich Mrs Tweedies Kommentar im Zusammenhang mit einem Traum: „Du fragst immer nach den Motiven, wenn jemand etwas zu dir sagt – und wenn es Liebe ist, einfach Liebe? Du hältst noch an zu vielem fest, an alten Konditionierungen, du willst immer Sicherheit..." Das alles sagte sie so liebevoll und mich anlachend: „Self made problems! Du gibst so leicht, aber im Annehmen deiner Eigenart und der Liebe anderer bist du so kompliziert, weil dein mind und die Konditionierungen dazwischen kommen."

Langsam begann ich auch wahrzunehmen, dass das Annehmen, ja auch nur Wahrnehmen der Liebe anderer Menschen in einem engen Zusammenhang steht mit meiner Beziehung zu Gott. Wie kann ich sonst annehmen, glauben, hoffen, dass dieser Gott mich liebt, vor dem ich doch mein ganzes langes Ordensleben ein Nichts sein sollte, was ganz anders zu verstehen war als das Nichtsein, von dem die Mystiker sprechen.

Gegen Ende des Jahres veränderte sich meine Meditation mehr und mehr, war teilweise so beglückend, wie ein Eins-Werden, Einssein. Ich bat Guruji um eine Erhellung, Erklärung und stieß im Buch auf folgende Verse:
„Spüre ich den Geliebten in meinem Herzen,
ist er gestaltlos,
Und es gibt nur die Fülle der Liebe dort."[71]

Und Mrs Tweedie schreibt dazu: „Das, was ich in meinem Herzen fühlte, wenn ich diese wundervollen Zustände erlebte, die mich so verwirrten, war demnach nichts anderes als die Fülle der Liebe...so einfach.. die Fülle der Liebe.. War es vielleicht doch Gott? Soll ich es so nennen .. Gott? Eine Vereinigung mit Etwas? Mit DEM? ...“

Und dann schrieb ich in mein Tagebuch: „Ich glaube, diese Stelle ist die Antwort auf meine Frage heute morgen, wenn auch in mir noch ein Zweifler laut redet: ‚So wunderbar waren deine Zustände nun auch wieder nicht. Wie kannst du dich überhaupt mit Mrs Tweedie vergleichen?‘

Vielleicht waren sie nicht soo wunderbar. Aber sie waren wunderbar – wie ein Einssein mit etwas – mit Ihm? Alles war raumlos, grenzenlos – wie nicht seiend und doch die Liebe im Herzen.“

Der Golfkrieg 1991

Zur Jahreswende hatte Mrs Tweedie diesmal geschlossen. Es ging ihr gesundheitlich nicht gut. So verbrachte ich die Weihnachtstage bei meiner alten Klosterfreundin Christine. Silvesterabend war ich wieder zu Hause und verlebte die letzten Stunden des Jahres allein in meiner stillen Wohnung. Gedanken gingen zurück. „Was war in diesem Jahr? Was hat sich verändert? Ich weiß es nicht. Ich weiß nur, dass mein Leben immer stärker ausgerichtet ist auf das eine Ziel, auf Ihn, Gott in meinem Herzen, auch wenn ich manchmal ermatte...“ (Tgb.)

Der Beginn des neuen Jahres lenkte meinen Blick in die Zukunft. Der Golfkrieg mit seinen Auswirkungen, Drohungen, Ultimaten und schließlich die brennenden Ölfelder brachten mich in eine ganz unerwartet starke Resonanz mit einer tief in mir verborgenen Furcht, ja Entsetzen. Es war meine Angst vor dem Unbekannten, Dunklen und Bedrohlichen, und doch hatte ich auch das Gefühl, teilzunehmen an einer allgemeinen Angst, die durch die Welt ging. Zum ersten Mal las ich mit wirklicher Anteilnahme die Geheime Offenbarung und fand Trost, ja so etwas wie Vertrauen in die göttliche Gegenwart:

„Ich, Jesus, habe meinen Engel geschickt als Zeugen für das, was die Gemeinden betrifft. Ich bin die Wurzel und der Stamm Davids, der strahlende Morgenstern. / Der Geist und die Braut aber sagen: Komm!...Wer durstig ist, der komme. wer will, der empfange umsonst das Wasser des Lebens." (Geh.Off.22,26f.)

Einige Nächte, nachdem ich diese Verse in mein Tagebuch geschrieben hatte, kam dieser Traum:

„Ich stehe an einer Quelle. Das Wasser dringt aus der Erde. Jemand sagt mir und weist dabei auf runde Steine, dass nun die Quelle eingefasst wird, damit sie als Brunnen immer Wasser gäbe. Ich koste das Wasser. Es ist kühl und frisch."

Ende Januar verschärfte sich das Wüten des Krieges. „Israel wird jede Nacht angegriffen. Im Golf schwimmen unvorstellbare Mengen Öl, die Sadam Hussein ins Meer pumpen ließ – eine Umweltkatastrophe ungeahnten Ausmaßes. Die Amerikaner bombardieren jede Nacht den Irak, 10000 Einsätze seit Kriegsbeginn. Nicht nur Soldaten, sondern auch viele Frauen und Kinder werden getötet. Es ist, als ob die ganze Erde leidet, sich windet im Schmerz. ..." (Tgb.)

Mrs Tweedie sollte in London gesagt haben: „Mystik hieße, im inneren Frieden zu bleiben angesichts aller beängstigenden Situationen." Und Margret, Mrs Tweedies Freundin, hätte in der Neujahrsnacht das Wort „Compassion" (wohl zu übersetzen mit „mitfühlendem Erbarmen") gehört.

So konnte ich nur mein Entsetzen und meine Furcht annehmen und zunehmend begreifen, „dass wir, die wir scheinbar noch im beschützten Frieden lebten, doch irgendwie teilnehmen an dem

Grauen der anderen und mitleiden mit denen, die mittendrin stehen in der Zerstörung. Vielleicht ging es auch darum, für sie zu glauben, zu hoffen und zu vertrauen: „The grace of God surrounds you in every space and form" (Die Gnade Gottes umgibt sich in jedem Raum und in jeder Form.)(Alte Sufi-Affirmation).

Vorbereitung auf die Trennung

Dass dieses Jahr 1991 mein letztes Jahr mit Besuchen bei Mrs Tweedie sein würde – jedenfalls für mehrere Jahre – erfuhr ich erst Anfang 1992. Tatsächlich aber schien ich innerlich – ohne bewusst die Zusammenhänge zu erkennen – vorbereitet zu werden auf diese äußere Trennung und eine erste Ablösung von egohaften Anhänglichkeiten an die äußere Form meiner geliebten Lehrerin. Doch: In meinem Herzen erlebe ich Nähe, Liebe, mit unter eine Ahnung von Einssein mit ihr.

Träume mit dem Motiv der Flucht aus Berlin und des Klosteraustritts machten mir bewusst, dass es erneut um das Aufgeben von Projektionen und Konditionierungen ging. „Alone to the Alone", hörte ich immer wieder Mrs Tweedies Stimme in meinem Herzen. „Die Meditation wird gedanken- und emotionsloser. Das Herz klopft und eine Liebe, die nicht meine ist, strömt." (Tgb.)

Am Beginn der Sommerferien hatte ich eine erste ganz konkrete Ahnung, dass es langsam Endzeit sei: „Als ich vorhin das Buch aufschlug, war es das Kapitel von Gurujis Tod und an seinem Sterbetag werde ich nach London fliegen. – Wie lange wird Mrs Tweedie noch bei uns bleiben? Ich habe das Gefühl, es ist langsam Endzeit – und doch ist keine Furcht mehr in mir, nur Vertrauen. Obwohl – es scheint, als habe Mrs Tweedie sich etwas aus meinem Herzen zurück gezogen..., aber ich weiß: es scheint mir nur so."

Und dann erinnerte ich einen entscheidenden Traum, dessen mehrfache Bedeutung mir eigentlich erst jetzt aufging:

„Ich stehe vor Dina Rees – einer hellsichtigen Frau und Devotee von Satya Sai Baba, von der ich mich vor meinem ersten Besuch bei Mrs Tweedie beraten ließ – . Von ihr erfahre ich, dass ich in einem zweiten Leben Selbstverwirklichung erfahren könnte. Dann würde sich das Tor zum „Nichts" öffnen. Ich bin traurig, erst in einem zweiten Leben? Ich wünsche, ersehne doch so sehr, in diesem Leben die „Wahrheit" zu erreichen. Hat Guruji es nicht auch versprochen, dass er uns am Ende holt?

Dann sagt mir Dina auch, ich würde in 4 – 5 Jahren sterben. Etwas irritiert mich diese Nachricht, ein kleiner Schreck huscht über mein Herz, aber ich kann es annehmen." (Anfang Sept. 91)

Zunächst brachte mich dieser Traum auf die ganz reale Erkenntnis, dass ich in 5 Jahren in den Vorruhestand gehen könnte, was mir ermöglichen würde, nur noch therapeutisch zu arbeiten, nicht mehr Stunden und Stunden mit schriftlichen Korrekturen verbringen zu müssen und vor allem mehr Zeit für meine Besuche bei Mrs Tweedie zu haben. Das hieße also: meine Lehrerinnenseite würde sterben. Dazu war ich absolut bereit.

Dass aber in fünf Jahren Mrs Tweedie endgültig „schließen" würde und gleichsam ein zweites Leben mit einem anderen Lehrer für mich beginnen sollte, konnte ich damals noch nicht ahnen. Der Traum aber zeigt mir heute erneut, in welchem Maß ich geführt und vorbereitet wurde auf die einzelnen Schritte bzw. Phasen in meinem Leben.

So sagte Mrs Tweedie an meinem letzten Nachmittag bei ihr im Herbst Sätze, deren trostvolle und zukunftsweisende Bedeutung ich erst später begriff, die aber heute noch immer in meinem Herzen nachklingen: „Die Beziehung zwischen Lehrer und Schüler ist für immer, von Leben zu Leben and there is no divorce. Und ich werde immer mit euch sein. ... Eine neue Phase hat begonnen."

36. Weggeschickt von meiner Lehrerin

Anfang März 1992 kam dann die Nachricht: „Mrs Tweedie hat zu gemacht (she closed)". Ganz in Schwarz gekleidet, – was immer ein Zeichen besonderer Bedeutung war, – hätte sie gewissermaßen alle Anwesenden vor die Tür gesetzt. Sie könne die vielen „projections" nicht mehr ertragen. Auch nähmen die Leute keine Rücksicht und brächten immer neue Menschen mit. Sie könne nicht mehr verschwinden, weil sie zu alt sei. Also müsse sie schließen. Sie wolle nur noch mit ungefähr 30 Schülern arbeiten, die, wenn es so weit sei, Nachricht erhielten.

„Seltsamerweise ist in mir weder Panik noch Angst. Werde ich zu den 30 Leuten gehören? Ich weiß es nicht. Wie Mrs Tweedie auch entscheiden wird, ich vertraue. „Die Beziehung zum Lehrer ist für immer", so höre ich ihre Stimme noch in mir nachklingen."(Tgb.)

Allerdings konnte mein Vertrauen nicht verhindern, dass ich doch in den kommenden Wochen innerlich angespannt auf eine mir günstige Nachricht wartete. Statt einer Nachricht erhielt ich zunächst Träume:

Im Traum bin ich „in London in Mrs Tweedies Haus. Sie hat tatsächlich wieder geöffnet für die, die die Nachricht auf einem anderen Weg erfahren haben. Mrs Tweedie begrüßt mich. Ich bin unendlich glücklich, weine vor Freude, dass ich hier sein, bei ihr sein darf."

Auf welcher Ebene bin ich ihr hier begegnet? Ein Traum Anfang Mai nähert sich deutlicher der Unterscheidung zwischen innen und außen an: Ich begegne also in dieser Nacht Margret, einer älteren Freundin von Mrs Tweedie, die schon lange auf dem Pfad ist. Sie sucht mir deutlich zu machen, wie ich meine gegenwärtige Situation der äußeren Trennung zu verstehen habe: Es ginge darum gleichsam „gesiedet", weich gemacht zu werden auf dem Pfad.

Schließlich bekam ich nach den Pfingstferien die Nachricht, dass ich nicht wieder eingeladen würde. Mein Gefühl war zunächst wie taub, unfähig irgendwie zu reagieren, wie ohne Leben. Dann aber geschah in der folgenden Nacht eine besondere Erfahrung der unsichtbaren Realität:

„Ich sitze ganz nah bei Mrs Tweedie und ich weiß: es ist Nacht und ich bin auf einer anderen Ebene bei ihr, mit ihr. Welch wunderbare Nähe! So real! Ja, realer als wenn ich sonst in London neben ihr sitze. So ist das also auf der anderen Ebene – wie kann ich mich da beklagen, nicht mehr in der Außenwelt zu ihr kommen zu dürfen. Wie intensiv, ja wunderbar ist das das Bei-Ihr-Sein in der Nacht!"

Dieser Traum war in seiner Intensität von starker Wirkung, schien gleichsam alle in meinem Unbewussten vergrabenen möglichen Resonanzfelder der Enttäuschung, Resignation, Verbitterung in heilender Weise zu beruhigen.

Sommerferien in den Bergen

Die Sommerferien verbrachte ich zunächst mit Monika, meiner Sufi-Feundin, in Lenggries, einem Dorf in Oberbayern. Wir meditierten gemeinsam und versuchten auf langen Spaziergängen uns gegenseitig zu ermutigen und Sinn zu finden in dieser neuen Situation. Nach zwei Wochen der Gemeinsamkeit fuhr sie wieder zurück nach Norddeutschland, und ich nahm dankbar das Angebot eines inzwischen befreundeten Bauern an, seine Almhütte auf dem Rossstein für zwei Wochen zu mieten. Nun, wenn auch nicht in den Himalaya wie Mrs Tweedie nach Gurujis Heimgang, so ging ich wenigstens in die Einsamkeit einer Almhütte, nur umgeben von muhendem Jungvieh. Vom zweiten Tag an fastete ich, kochte mein Teewasser und Trinkwasser auf einem zunächst qualmenden und zischenden alten Herd, nahm meinen Morgentee unter den neugierigen Augen des besagten Jungviehs ein, das sich, erstaunt ob des ungewohnten Anblicks, entspannt und klatschend um meine Hütte herum erleichterte. Also nichts mit Alm-Heidi-Romantik! Kein Entzücken wie am Walchensee oder an der Isar. Die Stille aber, die Weite, die majestätischen Berge auf der anderen Seite des Tales, die Einsamkeit und die Klarheit der Luft ermutigten mich, meine mitgebrachten Tagebücher zu lesen und all die bewegenden Begegnungen mit Mrs Tweedie am Tag und in der Nacht herauszuschreiben. Langsam erwachte wieder spürbarer in mir das Vertrauen: Mrs Tweedie hat mich nicht nur einfach hinausgeworfen, mich abgelehnt. Alles geschah aus der gleichen Liebe, mich weiterzubringen auf dem Pfad. Ich erinnerte einen Ausspruch von Guruji, den Mrs Tweedie uns einmal wiederholt hatte: „Glauben Sie, dass ich von Raum und Zeit abhängig bin bei der Schulung?" Auch begriff ich zunehmend: Immer war meine Lehrerin sanft und wohlwollend zu mir – und jetzt war dies der erste Test, der mich in dieser Art ganz allein und persönlich traf. Sie hat mich nicht betrogen.

Langsam konnte ich auch wahrnehmen: „Die Hütte wirkt bergend, die Kerze am Abend spendet warmes Licht. Das Feuer im Herd lodert sanft und beruhigend. Du, mein Gott, bist bei mir und berührst mein Herz."(Tgb.)

Neben den inneren Erfahrungen brachte mich das Almleben aber auch mit der äußeren Realität in Berührung: In der ersten Woche kam auf einmal morgens ganz früh und unerwartet eine Gruppe Frauen zur Hütte, um das Jungvieh auf andere Weiden zu treiben und dann in der Gemeinschaft mit Kuchen- Köstlichkeiten, Schlagsahne und Kaffee einen freien Tag zu feiern. Es war just mein 56. Geburtstag. Da sie Post für mich mitbrachten, hatten sie sich etwas Ähnliches schon gedacht und reichlich Kuchen-Proviant für mich eingeplant. Habe ich mich geärgert, dass ich

– mitten im Fasten – nicht an diesen köstlichen Genüssen teilhaben konnte!

In der Woche drauf kamen – wieder ganz unerwartet in der Früh – die Männer, um nach dem Jungvieh zu schauen, diesmal mit viel Bier – dass Männer schon am Vormittag so viel Bier verkraften können, hätte ich nie gedacht – Brot, Wurst und Käse. Die in einer für mich seltsamen „Fremdsprache" (bayrisch!) geführten Gespräche blieben mir unverständlich, nur der häufig wiederkehrende Name „Rosita" ließ mich aufmerken und an eine wohlgestaltete Bäuerin denken, deren Hochzeit bevorstand. Doch – wie ich später erfuhr – handelte es sich schlicht um eine preisgekrönte Kuh, allerdings offensichtlich auch sehr wohlgestaltet.

Dass die in der ersten Woche friedvoll erscheinende Natur auch eine ganz andere, dunkle und ängstigende Seite zeigen konnte, wurde mir in der Nacht zu meinem 56. Geburtstag erfahrbar. Schon am Abend setzte bei einbrechender Dunkelheit der Wind ein. Nur mühsam vermochte ich noch die schweren Holzfensterläden zu schließen. Dann in den kommenden Stunden wurde der Wind zum Sturm, und Regen prasselte auf das mit Steinen beschwerte Wellblechdach. Und dann polterte und schabte es an den Steinwänden der Hütte. Erst langsam begriff ich, dass es sich nicht um trunkene und bedrohliche Burschen (meine Phantasie!) handeln konnte, sondern um das Jungvieh, das Schutz hinter und an der Hütte suchte. Seltsam aber war, dass kein Windhauch die ruhige Flamme der Kerze im Innern der Hütte bewegte. Die Hütte wirkte wie ein sicherer Hort in all dem Toben. Erst nach Mitternacht wurde es ruhiger. Und als ich am Morgen meines 56. Geburtstages aufwachte, war der Himmel blau, klar und die Sonne schien strahlend auf die nassen Wiesen. Ein äußeres Geschehen..., aber doch in ihrer symbolischen Aussage wurde diese Nacht ein unvergessliches Geburtstagsgeschenk.

All diese Erinnerungen mögen wenig bedeutsam erscheinen, aber für mich waren sie wichtig, weil sie mich hinderten, in illusionäre Phantasien abzugleiten, wozu gerade das Fasten auch verleiten kann. Ich hatte also die Einsamkeit gesucht, aber in mitten der Stille suchte mich das „Leben" und wies mich so auf die mir gestellte Aufgabe, mich wieder vorzubereiten auf meine Arbeit in der Schule und Praxis.

Am letzten Morgen schlug ich noch einmal Mrs Tweedies Buch auf, um eine Botschaft für meinen weiteren Weg zu erhalten. Meine Augen fielen auf folgende Frage Mrs Tweedies an Guruji: „Wie werde ich leben können, ohne Sie zu sehen? ..jeder Tag, an dem ich Sie nicht sehe, ist ein verlorener Tag für mich. – Ja, so ist das mit einer großen Liebe," antwortet Guruji ganz knapp.[72] „Habe ich eine große Liebe?" so konnte ich mich nur fragen. „Ja, ich habe Liebe, vielleicht eine kleine, vielleicht eine durch Projektionen getrübte, aber es ist eine schmerzhafte, andauernde, vielleicht sogar im Augenblick auch eine Liebe ohne Erwartungen." (Tgb.)

37. Allein auf dem Weg

Zu Hause wieder angekommen und konfrontiert mit dem Schulalltag, den Behandlungen, den alltäglichen Bedürfnissen, begriff ich langsam: Ein wichtiger Lebensabschnitt, vielleicht der wichtigste in meinem Leben, war in gewisser Weise zu Ende gegangen. Dass die Beziehung zum Lehrer keine Trennung kennt, drang erst langsam tiefer in mein Herz: „The relationship with the Teacher is for ever and for ever and there is no divorce", so klang Mrs Tweedies Aussage in mir nach. Und: meine Aufgabe würde nun sein: „Alone to the Alone" zu gehen, wie Mrs Tweedie es auch oft formuliert hatte.

Da waren noch eine ganze Weile Gefühle der Trauer und des Schmerzes über die äußere Trennung in mir, zum Teil aber verdrängte ich sie auch; denn ich wollte zwar nicht mehr eine treue Ordensfrau sein, aber doch eine zugewandte Schülerin, die alle Prüfungen annimmt. Begegnungen in der Nacht halfen mir, das Vertrauen in die innere Verbindung nicht zu verlieren. Das war meine bewusste Einstellung und mein bewusstes Bemühen. In meinen unbewussten Tiefen allerdings kam ich wohl mit alten Enttäuschungen und alten Beschlüssen in Resonanz: „Nie mehr lasse ich mich ein, nie mehr vertraue ich..“; denn ein Jahr später (1993) ließ mich ein Unfall aufmerken. Mit einer älteren Freundin, auch Schülerin von Mrs Tweedie, hatte ich gerade erwartungsvoll einen sonnigen Urlaub in Portugal begonnen. Wir wanderten einen Hang hinunter zu einer Traumbucht.

Das weite Meer lag blau schimmernd vor uns. Und da rutschte ich auf dem steinigen Grund aus und mein linker Fuß hing schmerzend zu Seite. Wie wir zum Auto gekommen sind, weiß ich nicht mehr. Im Krankenhaus wurde mein Fuß nach langem Warten geröntgt und mit einem dicken Gips versehen. Mit dem tröstenden Hinweis: „No problem“ und ich könne die weiteren Urlaubstage ruhig am Pool verbringen, wurde ich entlassen. In Deutschland allerdings ergab sich 10 Tage später eine ganz andere Feststellung: „Was wir auch machen... die Prognose ist ungünstig, der Knochen „bröselt“ sicher schon.“ Nun, der Arzt der orthopädischen Klinik wollte doch eine Operation wagen. Am Abend vor der OP traute ich mich schließlich in London anzurufen und dort meine Situation und Angst zu schildern. Es war schon spät, aber man versprach mir, Mrs Tweedie noch einen Zettel unter der Tür her zu schieben. Mitten in der Nacht wachte ich auf, erfüllt von einem tiefen, lichtvollen Gefühl der Geborgenheit und des Schutzes. Die Operation am nächsten Tag gelang, so dass ich schon drei Monate später wie-

der auf zwei Füßen – mit leichten Schmerzen und Krücken zwar –
in die Sommerferien nach Bayern fahren konnte.

Natürlich plagte mich die Frage: Warum dieser heftige Unfall?
Was will er mir sagen? War ich nicht treu genug auf dem Pfad? –
Alte Gedankenformen überfielen mich geradezu und lösten natürlich Schuldgefühle aus. Erst in den Pfingstferien, ein Jahr nachdem
Mrs Tweedie mich fortgeschickt hatte, kam ich auf den Einfall,
doch noch einmal in meiner Vorstellung in den Schmerz des ge-
brochenen Fußes und in die Situation in der Bucht in Portugal
hinein zu gehen. Mein Tagebuch gibt Auskunft über mein Erleben:
„Das Seltsame war, dass der Schmerz im Fuß sehr schnell fühl-
bar wurde im Herzen, ein solcher Schmerz…Warum? Womit hat
dieser Schmerz zu tun? Bald aber nahm ich wahr: Es ist derselbe
Schmerz, den ich spürte vor einem Jahr bei der Trennung von meiner Lehrerin. Diesen Schmerz damals aber ließ ich gleichsam versinken, weil ich es ja "recht" machen wollte, weil ich „projections"
lösen und „tüchtig sein" wollte. Und irgendwie hatte ich mit dem
Schmerz auch die Sehnsucht mehr und mehr verloren und das
Meditieren wurde mühseliger und unkonzentrierter. Hoffnungslosigkeit stieg mitunter auf. All das geschah sehr verborgen. Bewusst wollte ich ja alles annehmen und den Weg gehen. – Als ich
diesem Schmerz weiter nach spürte, kam mir bildhaft die Parallele: Fuß brechen – Herz brechen. Ich sah mich am Hang sitzen und
mein Herz war so voller Schmerz und auch Enttäuschung: Wie
kann ich weiter gehen ohne Tweediji, wie werde ich ohne sie hin
gelangen zum großen Meer, um eins zu werden mit Ihm? Und ich
erkannte: Das Getrennt-Sein von meiner geliebten Lehrerin und
der Schmerz dieses Getrennt-Seins ist der Schmerz des Noch-Ge-
trennt-Seins von Ihm. …
Bei all meinen Bemühungen, den Trennungsschmerz anzunehmen, haben doch wohl wieder alte Verdrängungsmechanismen ge-

wirkt. Und das wohl umso mehr, als ich mich ja auch irgendwie „minderwertig, schuldig, unwürdig fühle. Es ist alles so vielschichtig... So lange in meinem Leben habe ich seelischen Schmerz, auch Sehnsucht und Traurigkeit, das Gefühl des Verlassenseins verdrängt, um im Außen existieren zu können. Langsam aber begreife ich, dass ich die Sehnsucht und auch den Schmerz immer wieder aufsuchen muss in meinem Herzen, weil der Schmerz auch weicher macht und das Herz öffnet." (Tgb.)

Eine Woche später begegnete ich Mrs Tweedie in der Nacht. „Wir sitzen zusammen und sie schenkt mir sieben kleine Symbole, die wie kleine Blumen-Broschen aussehen. Gegen Ende unsere Begegnung überreicht sie mir noch eine kleine weiße Blüte."

Diesen Traum empfand ich wie eine Bestätigung, dass meine innere Antwort und Klärung richtig waren. Die sieben kleinen Symbole ließen mich natürlich an die sieben Chakren denken, die sich vielleicht immer mehr öffnen sollten wie eine Blüte. Vielleicht weisen sie aber auch auf die sieben Jahre, in denen ich in all meinen Ferien zu meiner Lehrerin gefahren bin und ich darf diese Jahre betrachten als kostbaren Schmuck in meinem Leben.

In den anschließenden Sommerferien, die ich wieder in Lenggries, zusammen mit Monika, meiner Sufi-Freundin, verbrachte, kam mir bei der Körperarbeit bei Lucie noch ein weiterer Aspekt der Unfallursache zu: In mir war Angst, fast etwas wie Feigheit, Mutlosigkeit, Resignation: Allein kann ich den Weg nicht gehen. Tweediji war zum ersten Mal für mich ein Garant gewesen dafür, dass es möglich ist, den inneren Weg zu gehen... „Und nun hat sie mich allein gelassen – wie schon so oft in meinem Leben stehe ich da, ohne dass etwas Wichtiges geschehen ist. Führt denn der Weg nirgendwo hin?" (Tgb.) Mit Mühe erinnerte ich mich an die vielen ermutigenden Sätze, die Mrs Tweedieji im Laufe der Jahre zu mir gesprochen hatte. „Sie lebt als Schülerin eines großen Wesens", hatte sie einmal in einem Seminar von mir gesagt und natürlich Guruji, ihren Lehrer gemeint. „Mir ist, als würde ich erst langsam erwachsen, als müsste ich beginnen, meine Identität auf meinem Weg zu finden.," so schreibe ich gegen Ende der Ferien in mein Tagebuch und füge einige wesentliche Sätze aus dem Buch von Sukie Colgrave „Der Weg durch den Schmerz" hinzu:

„Der bloße Akt des Opferns genügt noch nicht als Vorbereitung auf die Vereinigung mit dem Selbst. Er muss begleitet sein von der bewussten Entscheidung, die Verluste nicht zu verhindern, sondern zu erdulden, alte Stützen und Sicherheiten loszulassen und vor allem: das Wünschen und Begehren selbst aufzugeben."[73]

„Ich will versuchen, „to do my duty", meine Pflicht zu tun, und einfach mein Leben zu leben." Mit diesem Vorsatz trat ich meine Heimreise nach Stuttgart und meinen Weg in ein neues Schuljahr an.

38. Erneute Begegnungen mit meiner Lehrerin nach drei Jahren

Im September 1994 hatte ich einen Traum, der mich glücklich machte, obwohl mir doch die Annahme, er habe einen zukunftsweisenden Charakter, unrealistisch erschien:

„Ich bin bei Mrs Tweedie. Sie scheint krank, schwach, da sie auf einem Sofa liegt. Auf einmal wendet sie sich mir ganz zu: „Du darfst wieder kommen; denn du hast keine Bilder mehr." Ich bin berührt, glücklich, erinnere mich, dass mir in letzter Zeit ja bewusst geworden ist, dass in meiner Meditation nur noch das Allah-Mantra sein sollte und keine Sehnsucht, kein Gedanke mehr an Mrs Tweedie, keine Projektionen mehr."

Am letzten Tag des Jahres verhieß ein weiterer Traum, ich dürfe wieder kommen und solle mich schon darauf einstellen.

Als ich schließlich Anfang März 1995 an einem Seminar mit Llewellyn, Mrs Tweedies späterem Nachfolger, teilnahm, kam mir eine weitere Botschaft zu. Llewellyn erzählte plötzlich – der Zusammenhang ist mir nicht mehr erinnerlich – eine Geschichte, die mich auf merken ließ: Ein Mann wollte in eine spirituelle Gesellschaft aufgenommen werden und unterzog sich deswegen vieler Prüfungen (tests). Man sagte ihm, er würde in 14 Tagen Nachricht bekommen, ob er zugelassen sei. Nach 14 Tagen aber bekam er einen Brief mit der Nachricht: Nicht bestanden. Der Mann fühlte sich wie vernichtet.. Er war sogar zu kraftlos, um sich das Leben zu nehmen. Er hatte nur noch die Kraft, morgens zur Arbeit zu gehen, nach Hause zu kommen, zu essen, zu schlafen und am nächsten Morgen erneut zur Arbeit zu gehen. Nach drei Jahren aber klopfte es an seine Tür. Der höchste Vertreter der spirituellen Gesellschaft stand davor, um ihm zu sagen, er sei nun aufgenommen. Diese drei Jahre seien der letzte Test gewesen.- Ich fühlte mich seltsam angesprochen von dieser Geschichte und spürte: sie galt – zumindest auch – mir.

Und tatsächlich, Ende April, fast genau drei Jahre, nachdem ich weggeschickt worden war, kam ein Brief von Mrs Tweedie: „I have always been thinking of you and I feel, that your sincerity, your faith and your love for humanity are such, that I would like you nearer to myself. When you have time, do come to London to the small group…"(„Ich habe immer an dich gedacht und habe das Gefühl, dass deine Ernsthaftigkeit, dein Vertrauen und deine Liebe zu den Menschen so sind, dass ich dich näher bei mir haben möchte. Wenn du Zeit hast, dann komm nach London zu der kleinen Gruppe.." Übers. v. Verf.)

Zuerst habe ich vor Freude geweint, als ich diese Zeilen gelesen hatte, konnte die Nachricht kaum fassen. Langsam aber wurde die Freude stiller und stiller, „die Bewegung ist tief innen im Herzen" (Tgb.)

Ende Mai schließlich gab es Pfingstferien. Mrs Tweedie hatte zwei „open days" angesagt und ich war glücklich, nach London fliegen zu können. Doch bevor ich abflog, schlug ich noch wie zur Vorbereitung eine Seite in Llewellyns Buch „The Call and the Echo" auf und stieß auf eine wichtige Stelle: „Wenn der Sucher durch den Prozess der Projektion hindurch gegangen ist, erkennt er den Lehrer als das Bild seiner eigenen tiefsten Bestrebungen. Wenn der Sucher genügend Vertrauen hat in dieses Bild und treu zu seinen Strebungen steht, dann kann er hinter die Form des Lehrers gehen, um seine eigene Göttlichkeit zu finden."[74]

Als ich mich schließlich, in London angekommen, auf den so bekannten Weg zu Mrs Tweedies Wohnung machte, spürte ich eine Veränderung in mir. Da war nicht mehr die bewegte, freudige Erwartung, die mich sonst zog und erfüllt hatte, sondern eher eine bildlose Stille, als würde ich zu einem „empty space", einem leeren Raum gehen. Seltsam! Freute ich mich nicht mehr? Wo war die ruhelose Sehnsucht?

Und als ich schließlich das Haus betrat, grüßte Mrs Tweedie mich nur ganz kurz und flüchtig, als wäre ich erst gestern da gewesen. Mein Platz am Boden neben ihrem Sessel war wie immer frei geblieben, obwohl doch viele andere Schüler in den Raum drängten und sich irgendwo niederzulassen suchten. Alles war wie immer und doch so ganz anders. Mrs Tweedie schien mir sehr verändert: älter, schwächer, aber unendlich viel geistiger, ferner. Etwas in mir wagte kaum zu atmen: a great human being! Und so viel Licht, dass ich zwar mit meinen physischen Augen nicht sehen, aber doch zu spüren vermochte. Später schrieb ich in mein Tagebuch: „Ich glaube, auch ich habe mich verändert. Ich bin nicht mehr die kleine spirituelle Tochter-Schülerin. Irgendwie erlebe ich mich erwachsener. Dreieinhalb Jahre allein gehen, sich selbst führen müssen, ist kein leichtes Training gewesen." Ein wenig glaubte ich auch zu erfahren, was Llewellyn meinte, wenn er schrieb: „Aber wenn der Schüler... sich ganz unterwirft, wird er heraus finden, dass die innere Verbindung mit dem Lehrer stärker geworden ist. In der äußeren Abwesenheit ist der Lehrer innerlich gegenwärtiger."[75]

Wieder zu Hause angekommen, fragte ich mich, was ich der Sufi-Gruppe, die sich jede Woche zur Meditation bei mir traf, würde erzählen können. Sicher wollten sie wissen, was ich gesehen, gehört, erlebt hatte. Glücklicherweise fand ich von Rumi einige Verse, die von der Begegnung mit seinem Meister sprechen und die genau das auszudrücken schienen, was ich erfahren hatte:
„Vor ihn trat gestern ich, sehr aufgeregt.
E s saß ganz still und fragte nicht nach mir.
Ich sah ihn an; das hieß: „Nun frage doch:
Wie ging es ohne mich denn gestern dir?
Mein Freund jedoch sah nur zur Erde hin:
„Sei wie die Erde still und ohn` Begier!"
Die Erde küsst ich, warf mich hin; das hieß:
„Verwirrt, berauscht wie Staub bin ich vor dir. "

„Ja, so war es und nicht anders," vermochte ich den Freunden nur zu sagen und sie schienen zu verstehen, fragten nicht weiter.

Und für mich fand ich von Rumi noch einen anderen Vierzeiler, der mir eine Ahnung gab von dem, was sich nach dieser erneuten Begegnung mit meiner Lehrerin vielleicht langsam, langsam in mir verwirklichen will:

292

„Mein Herz ist der Muschel gleich,
die Perle: des Freundes Bild.
Ich passe nicht mehr in mich -
E s füllt ganz das Herz mir aus. "

Ein Traum Anfang Juli konfrontierte mich zudem mit meiner Vergangenheit und der Liebe eines 23jährigen Ordenslebens:

„Ich habe (im Traum) mein Sterben vorweg geträumt. In diesem Traum, (den ich im Traum erinnere,) nehme ich das Sterben an. In mir ist Freude, Sehnsucht, Bereitschaft, mich von dieser „Welt" zu lösen. Ein helles Licht erstrahlt. Ich rufe: "Jesus, Jesus" und gehe dann in ein helles, strahlendes Nichts. – Nach dieser „Traumszene" bin ich im Traum verwundert über mich, dass meine Beziehung, Liebe zu diesem Jesus, von dem ich mich doch enttäuscht glaubte, noch immer so tief ist. Warum habe ich nicht nach Guruji gerufen oder mein Mantra wiederholt. Ich bin doch eine Sufi? – Ich werde nun doch wohl bald „sterben"; denn die 5 oder 6 Jahre, von denen damals Dina Rees sprach, sind ja nun bald um."

„Wer war dieser Jesus? Wo kann ich ihn finden?" so fragte ich mich in den kommenden Tagen. Und dann kam mir plötzlich die erlösende, erhellende Antwort: Jesus war für mich immer ein Name, ein „Bild" für den Geliebten, von dem die Sufis sprechen – und diesen Geliebten habe ich so oft in meinem Herzen gespürt, im Kloster und in den Jahren danach.

Nach einigen Ferienwochen im Sommer konnte ich erneut für zwei Tage nach London zu Mrs Tweedie fliegen. Sie hatte zu dieser Zeit nur noch ab und an zwei Tage „offen". Auch diesmal – oder besonders dieses Mal – wurde ich reich beschenkt.

Vor der Meditation kündigte Mrs Tweedie diesmal an, sie habe einen Satz zur Unterstützung zu geben. Manchmal würde das helfen: „Der Geliebte, Gott, sagt: unter welchem Namen du mich auch anrufst, ich höre dich und werde bei dir sein." Ich wusste: Dieser Satz ist eine Antwort auf meine Fragen und Verwirrungen im Zusammenhang mit meinem Jesus-Traum. Ich fühlte mich so tief verstanden und spürte Gurujis Hilfe und Führung, ich bin „under the shelter of our Sheik".

Als ich später meinen Jesus-Traum erzählte, reagierte Mrs Tweedie sofort: „Die Antwort hast du vorhin bekommen. Der Satz war offensichtlich für dich. Ich wusste es nicht, hatte nur das Gefühl, ihn sagen zu müssen." Dann schaute sie mich an und sprach dann ganz zu mir gewandt. Im Tagebuch suchte ich ihre Worte wieder zu geben: „Mein Herz war so bewegt und der Verstand konnte nur einiges behalten. Sie sprach von der Fülle und dem Nichts, von der Liebe zu dem Geliebten in der Tiefe der Seele und dass es ganz gleich sei, unter welchem Namen ich ihn anriefe. „Faith" (Vertrauen) sei das Wichtigste. Wer zu diesem Pfad gerufen sei, für den sei es das letzte Leben. Die vielen Leben, von denen Buddha spricht, seien schon voraus gegangen. Es wird möglich werden, mit dem Geliebten eins zu werden." (Tgb.)

Später sprach sie noch von einem Paradox auf dem Pfad: Einerseits müsse da das „killing longing" (die schmerzhafte, ja tötende Sehnsucht) sein. Andrerseits aber sei dieses Wünschen wiederum ein Hindernis. Letztlich aber könnten wir erst verstehen, was damit gemeint sei, wenn wir die „Schwelle" überschritten hätten.

Ich muss heute, während ich schreibe, gestehen, dass ich diesen so ungemein wichtigen Hinweis lange Jahre irgendwie immer wieder vergessen oder verdrängt habe. Erst jetzt nach vielen weiteren Erfahrungen, nach viel „Arbeit" an meinen unbewussten Blockaden ist dieses Paradox tiefer in mich eingedrungen bzw. bewusster geworden. In einem Traum fragte ich kürzlich Mrs Tweedie, wie ich die Mitte zwischen diesen beiden Strebungen finden könnte. An eine Antwort im Traum konnte ich mich am

Morgen nicht erinnern, aber plötzlich waren in mir die beiden Sätze: „Hier bin ich. Dein Wille geschehe." Wie ein Mantra klangen sie in mir nach.

Am zweiten Nachmittag konnte ich noch einmal eine Erfahrung erzählen.

Als ich meinen Bericht beendet hatte, nahm Mrs Tweedie ihr dunkle Brille ab und schaute mich direkt und sehr ernst an: „Es scheint mir, dass dies eine Erinnerung aus einem früheren Leben war. Du wirst diese Erfahrung der Einheit gehabt haben." Und dann erklärte sie mir zum dritten Mal, wie Heilen möglich sei: „Wenn du einem anderen ungefähr in 1m Entfernung gegenüber sitzt, so dass eure Auren sich berühren – so ungefähr wie du jetzt mir gegenüber sitzt –, dann wirst du irgendwann einen Strom von Herz zu Herz spüren und dann kannst du wissen, dass das Herz des anderen offen ist. Dann sage das erste, was dir einfällt. Du musst aber „faith" (Vertrauen) haben, das es geschehen kann, dass du so heilen kannst." Und als wenn sie meine leichten Zweifel wahrgenommen hätte, fügte sie hinzu: „Guruji hat gesagt, wir würden geschmiedet und geprüft, so dass wir niemals einen falschen Weg gehen können."

Immer noch ohne Brille und mir direkt in die Augen schauend sprach sie weiter zu mir: „Guruji hätte es zu ihr gesagt, jetzt aber sage sie es zu mir: Es kommt der Tag, an dem du in einen Saal kommst und nicht nur die innere Situation und Erwartung eines jeden einzelnen erfasst, sondern auch die der ganzen Versammlung." Dann sprach sie von der Einsamkeit, in die man kommt, wenn man die Menschen liebt, weil man dann keine Freunde mehr besonders lieben kann.

„Alles sehr seltsam," schrieb ich am Abend in mein Tagebuch. „Was wollte sie mir andeuten? Mein Herz war so bewegt und wurde so weit voller Liebe und Dank. Ich verstand und verstand irgendwo doch nicht... Aber ich werde mich erinnern und verstehen, wenn es nötig ist."

Heute – 15 Jahre später – scheint mir, als wäre dieser Besuch wie ihr ganz persönlicher Abschied von mir gewesen. Noch wusste ich ja nicht, wie nah das endgültige Ende der äußeren Begegnungen mit meiner Lehrerin war.

Den dritten Besuch in diesem Jahr erlebte ich – vor allem auch im Nachhinein – als ihren Abschied von der Gruppe. Irgendwann im Laufe des Nachmittags erzählte sie, dass sie neulich das Buch – ihr Buch – aufgeschlagen hätte und auf Gurujis Satz stieß: „I will not die (ich werde nicht sterben)". „Das waren Gurujis Worte und natürlich im übertragenen Sinn gemeint." Und nun würden es auch ihre Worte sein. Immer würde sie mit uns zusammen bleiben. Im Folgenden betonte sie auch, dass wir alle hier seit vielen, vielen Leben mit ihr verbunden seien und dass wir auch jetzt an ihrem Leben und an dem, wodurch sie ginge, teilnehmen würden. Wir sollten aufmerksam hinschauen auf das, was sich bei uns ereigne. Eines Tages würden wir verstehen. ... Wenn sie uns so sähe, wäre es ihr, als müsse sie zu uns sagen: „Beeilt euch, strengt euch an."

Gegen Ende des Nachmittags sprach Mrs Tweedie auch noch vom inneren Gebet für die politischen Vertreter, vor allem im ehemaligen Jugoslawien. Vielleicht könnte unser Gebet ein Tropfen im Ozean sein, den wir helfend beitragen.

Wir sollten aufmerksam sein auf das, was sich bei uns in der kommenden Zeit ereigne. Für mich hieß das vor allem, auf meine Träume zu achten. So kam mir schon Mitte Dezember ein sehr trostvoller, ermutigender Traum:

„Ich bin zusammen mit Mrs Tweedie. Wir stehen an einem Brunnen. Aus der Brunnensäule fließen zwei Ströme sehr klaren, fast weiß erscheinenden Wassers. Der eine Strom diene direkt der Heilung, so erklärt sie mir, der andere der Öffnung der Chakren – ich sehe dabei die Energie-Orte in der Wirbelsäule –, damit die Energie fließe und der Fortschritt auf dem Weg weiter gehen könne. Ich könne nun wählen zwischen diesen beiden Quellen. Ich wähle, ohne zu zögern, die Quelle, die weiter hilft auf dem Pfad."

Mir war als wollten mir diese nächtlichen Begegnungen sagen: Fürchte dich nicht, auch wenn du scheinbar allein gehen musst. Guruji und Mrs Tweedie werden mit dir sein und dich geleiten auf dem Pfad.

Das neue Jahr begann ich in Stille und innerem Frieden voller Hoffnung, Mrs Tweedie bald und häufig wieder zu sehen.

Im April 1996 jedoch hatte ich einen Traum, der mich offensichtlich auf einen neue Lebensabschnitt vorbereiten wollte:

„Ich bin mit Mrs Tweedie zusammen. Sie ist alt, wirkt krank.., aber ich bin bei ihr – unendlich nah, so als hätte sie mich umarmt, ganz an ihr Herz gedrückt, so nah, als seien alle äußeren Grenzen aufgehoben. Wir waren fast eins. Sie spricht leise, fast lautlos zu mir und ich verstehe, dass es darum geht, in einem ganz inneren Versprechen Hingabe an den Sufi-Pfad und Hingabe an die Aufgabe zu geloben. In dieser Nähe von Herz zu Herz gelobe ich Treue. Dann entlässt Mrs Tweedie mich und schickt mich zu einer Sufi-Zeremonie. Bevor ich gehe, lege ich eine wollene Decke um mich. Dann sehe ich einen Sufi-Sheik in einem weißen (liturgischen) Gewand an einem kleinen Altar stehen. Er scheint auf mich zu warten. Ich bin verwirrt. Dies scheint doch kein Sufi zu sein. Ein seltsames Gefühl überkommt mich, so etwas wie Misstrauen. Alles erinnert mich an Kirche und Kloster."

Diesen Traum konnte ich Mrs Tweedie noch am ersten Tag bei meinem letzten Besuch Ende Mai erzählen. Ich sehe noch heute, wie sie versonnen in die Ferne schaute und nur sagte: „Ein sehr persönlicher Traum." Dann gab sie die Deutung weiter an Margret, die von Integration des Christlichen in den Sufi-Pfad sprach. Damals wollte ich das gar nicht gerne hören. Aber Mrs Tweedie muss wohl gesehen haben, wohin mein Weg gehen würde. Ich brauchte aber noch eineinhalb Jahre, um die zukunftsweisende Realität dieses Traumes zu erfassen.

Am zweiten Tag dieses letzten Besuches bei ihr, warf sie uns alle buchstäblich hinaus. Irgend etwas – das ich vergaß – hatte sie erzürnt und so schloss sie die Zusammenkünfte „für immer und für immer" (today I close for ever and for ever.). Auf der Heimfahrt in einer kleinen Gruppe begriffen wir: Mrs Tweedie konnte uns nur im Zorn hinaus werfen, anders hätte sie es nicht gekonnt, nicht die Kraft gehabt, denn wir wussten, wie sehr sie uns alle liebte.

Am Flughafen am nächsten Tag schrieb ich in mein Tagebuch: „Mrs Tweedie hat uns alle hinausgeworfen und für immer geschlossen. Aber in meinem Herzen ist Liebe und Frieden und so viel Dankbarkeit und das Gefühl auf einer anderen Ebene mit ihr zusammen zu sein. Nur von Zeit zu Zeit huscht ein schwarzer Schatten Trauer durch mein Herz. Aber ich habe meine Lektion gelernt in den drei Jahren des Alleingehens. Sie ist immer mit uns."

Reflexion zur Zeit bei meiner Sufi-Lehrerin

Dass ich Innenwelt und Außenwelt mit einander zu verbinden hätte, war mir inzwischen bewusst geworden. So pendelte ich in diesem Lebensabschnitt hin und her zwischen den Besuchen bei meiner Lehrerin, bei denen ich zunehmend mehr Zugang zu meiner Innenwelt erfahren konnte, und meinem „Außendienst" in Schule und Praxis.

Von der „Reibung zwischen den Gegensätzen" allerdings wurde ich auch hier nicht verschont. Eine ganz neue Art von Polarität brachte mich immer wieder in innere Schwierigkeiten.

Diese Polarität hing eng zusammen mit dem universellen Gesetz: „Alles ist Schwingung"[76].

In Mrs Tweedies Gegenwart erlebte ich eine Schwingung, die in mir Frieden, stille Sehnsucht auslöste und alle „selbst gemachten Probleme" wie fort blies.

Zu Hause wieder angekommen erlebte ich mich für Tage wie einen Fisch, den man auf trockenes Straßenpflaster geworfen hat, kaum fähig, mich innerlich wieder in Bewegung zu bringen.

Zwischen diesen beiden Polen: hohe Schwingung bei meiner Lehrerin und schwere, dichte Schwingung, wenn ich mir allein überlassen war, musste ich eine Mitte finden.

Glücklicherweise – so möchte ich es heute bezeichnen – schickte Mrs Tweedie mich zu einem angemessenen Zeitpunkt weg. Als ich nach drei Jahren wieder kommen durfte, hatte sich mein Erleben gewandelt, ich hatte meine Schwingung, einen ersten Einklang im Zentrum meiner Seele gefunden.

Viele Menschen auf dem Weg erleben wohl Ähnliches. Man möchte nirgendwo lieber sein als in der Gegenwart des Lehrers.

Und wenn man noch keinen gefunden hat, so sucht man unentwegt nach ihm. Manche Menschen sind dann versucht, ihr reales Leben mit den vielfältigen Anforderungen aufzugeben, gleichsam alles weg zu geben, um nur in der wunderbaren Gegenwart des Lehrers ruhen zu können. Bei manche Menschen mag dies zu ihrem Weg gehören. Bei den Sufis allerdings – so betonte Mrs Tweedie immer wieder – muss der Geliebte auf dem Marktplatz gesucht werden, also in, bei und durch die Aufgaben des täglichen Lebens. Die Arbeit an dieser Polaritätsspannung zwischen außen und innen gehört zum Sufi-Pfad und ich werde dem lebenslangen Bemühen um Einklang zwischen diesen Polen nicht mehr entgehen können.

V

– Ein universelles Christentum –

Aussöhnung mit dem christlichen Weg (1996 – 2004)

„Wenn Gott allgegenwärtig ist,
muss Er dann nicht i n allem sein?
Wir müssen Ihn hinter seinem Schleier suchen. ...
Alle Dinge in der Schöpfung
erinnern diejenigen, die Gott lieben,
an Ihn.

Pramahansa Yogananda

39. Ein neuer Lebensabschnitt beginnt

Die nächsten 1,5 Jahre erlebe ich im Nachhinein als eine erneute Übergangszeit. Feierliche Entlassung aus dem Schuldienst (Vorruhestand) und die Feier meines 60. Geburtstag mit all den Freundinnen aus den verschiedensten Stationen meines Lebens, so aus Bremen, Lüneburg, Paderborn, Frankfurt und Stuttgart, bestimmten die Julitage. Danach folgte ein ungemein befreiender Urlaub an der Ostsee zusammen mit einer Freundin. Kein Druck mehr mit Planungen für das kommende Schuljahr belasteten mich, statt dessen erfüllte mich ein bis dahin ungeahntes Freiheitsgefühl.

Zurückgekehrt nach Stuttgart allerdings musste ich mich doch erst an diese neue Freiheit in so vielfacher Hinsicht gewöhnen. Glücklicherweise waren da noch drei Nachmittage mit Behandlungen, so dass doch etwas Struktur mein Leben begrenzte.

Eine Astrologie-Ausbildung

Allerdings: die Schule vermisste ich keinen einzigen Augenblick mehr. Dieser Abschnitt meines Lebens war abgeschlossen. Es fehlte mir lediglich noch etwas Neuausrichtung, sowohl in meinem äußeren Leben wie auch in gewisser Weise in meinem inneren.

Doch Einfälle hatte ich genug. So konnte ich nun endlich unternehmen, was ich mir schon lange wünschte, nämlich eine Astrologie-Ausbildung. Im Herbst fuhr ich also mehrfach nach Wien, um bei Ingrid Zinnel diese Ausbildung zu machen. Die neue Kenntnis und Erfahrung meiner Pluto-Bestimmtheit, die ich hier erfuhr (Sonne in Konjunktion mit Pluto), sollte mich noch lange und häufig beschäftigen, und zwar insofern als ich jetzt eine Ahnung bekam, wie stark ich von – häufig illusionären – Vorstellungen bestimmt bin. So fragte ich mich Ende Oktober: „Bin ich noch eine Sufi? Sehnsucht, die mich so lange getrieben, angetrieben hat, fühle ich kaum noch, eher Stille und irgendwo auch wieder Gewissheit. Liegt dieser neue Zustand daran, dass Pluto-Einflüsse geschwunden sind? Irgendetwas ist anders." (Tgb.) Dann kam noch eine heftigere Erkenntnis: Sonne in Konjunktion zu Pluto verweist auch auf ein intensives Symbiose-Bedürfnis, und zwar, da in Verbindung mit einem Jupiter-Ascendenten, im geistigen Bereich. „Waren also all die Jahre bei Mrs Tweedie bestimmt von meinem Symbiose-Bedürfnis? Und was war mit dem spirituellen Bedürfnis, eins zu werden mit dem Lehrer? War alles nur eine Vorstellung von Hingabe?. Worauf kann ich mich noch verlassen, wenn nicht auf mein Herz? Und was ist mit den Träumen? Mit all der Nähe zu Tweedieji, zu meiner geliebten Lehrerin in der Nacht? Seit sie uns zum letzten Mal raus geworfen hat, träume ich nicht mehr von ihr, auch nicht mehr von Guruji. Ist das alles ein Test? Ein Loslösen von Bildern und Vorstellungen? – Doch: Ganz tief in mir ist meine Lehrerin, nicht mehr mir gegenüber, nicht mehr Herz an Herz, sondern in mir..und da ist ein tiefes Wissen." (Tgb.)

Es waren nicht wirklich Zweifel in mir, aber doch leichte Verwirrungen, mit denen ich mich sehr allein fühlte.

Ein kleiner weißer Kater

Ein wichtiges Ereignis aus dieser Zeit kann ich nicht unerwähnt lassen: „Im November 96 zog Eliot vom Dornbusch bei mir ein, ein schneeweißes, kleines Hl.Birma-Käterchen mit blauen Augen in einem dunkel-braunen Gesicht.. „Ein Katzenkind – aber doch schon eine kleine Persönlichkeit mit viel Neugier und einem ausgeprägten Eigenwillen." (Tgb.) Eine Bekannte hatte mir zu diesem Schritt geraten: „Du hast noch nie ein Tier gehabt, wäre es nicht an der Zeit, das jetzt nachzuholen?" Ich muss sagen: Ich habe es nicht bereut, dieses kleine Tier zu mir genommen zu haben. Es wurde bald größer und dunkler und erhielt schließlich den etwas ausdruckstärkeren Namen „Knuddelwutt". Jetzt liegt er, wenn ich schreibe, so wie Katzen es gerne tun, auf dem Schreibtisch, mitunter nah neben dem Notebook oder etwas weiter auf dem Sofa und begleitet schnurrend oder leicht im Schlafe seufzend meine Bemühungen.

Inzwischen ist Knuddelwutt mit seinen 15 Jahren erblindet und lehrt mich täglich, wie man bedingungslos und flexibel mit Schwierigkeiten, auch mit körperlichen, umgeht.

Reisen

Natürlich entsprach ich damals auch etwas den üblichen Gepflogenheiten von Pensionärinnen. Ich reiste: Ostern 1997 nach Lanzarote, also zu einer Insel mit einer sehr intensiven energetischen Ausstrahlung. Die karge, aber in ihren Formen und Formationen, in ihren wechselnden Farben fast magische Vulkanwelt, die lautlose Stille an einem erloschenen Vulkan, die lichtlose Tiefe einer Grotte – all das beeindruckte mich zutiefst und half mir, tiefer in mich hinein zu horchen und zu schauen.

Im Oktober dieses Jahres schließlich buchte ich ein Meditationscamp in der Sinai-Wüste. Die Nächte unter dem „Tausendsterne-Himmel" irgendwo in einem Wadi, entfernt von der Gruppe, allein, eingehüllt in meinen warmen Schlafsack, sind tief eingeprägt in meinem Gedächtnis. Am Tage konnten wir nach dem Frühstück bis zum Abendessen allein und frei unsere persönlichen Heilorte aufsuchen. Ich kam auf meinen Wanderungen bald zu einem großen Monolith, der auf mich wie ein schützender Dady wirkte und mir viele Stunden Schatten und Geborgenheit bot. Je mehr ich mich einfühlen konnte in diese so ganz fremdartige karge Felsenlandschaft, desto mehr konnte ich spüren, wie belebt, wie durchdrungen von Leben diese scheinbar leblosen Felsenformationen in dem grellen Sonnenlicht standen. Zunehmend erschien mir die Wüste wie eine weise Lehrmeisterin, die mich einführte in ihre fast bildlose und gedankenlose Stille.

Eine wichtige Entscheidung

Die weitgehenste Entscheidung in dieser Übergangszeit traf ich wohl bei der Begegnung mit Ingeborg Hermann (Heute: Kaminski). Sie bot in dem mir durch den Trance Tanz vertrauten Zentrum zunächst geführte Meditation an und dann eine über mehrere Wochenenden gehende Schulung zu vertiefter Nachinnenwendung und intensiven Bilderfahrungen.

Ende November 1997 erwähnte Ingeborg so ganz leicht nebenbei: „Mein Lehrer aus Amerika ist da und hält dann und dann in einem Saal am Bahnhof einen Vortrag. Geht mal hin und schaut ihn euch an."

Nun, ich wollte ihn kennen lernen, diesen Lehrer, und ging an dem genannten Abend pünktlich hin, setzte mich in die zweite Reihe, um sehen und mich u. U. ungesehen machen zu können. Und dann pünktlich um 20.00 Uhr schritt dieser Lehrer durch den Mittelgang nach vorn zum Rednertisch. Gefolgt wurde er von seinem Team. Ich war sehr verwundert. Dieser Lehrer entsprach so gar nicht meinen durch Mrs Tweedie und ihren Schilderungen von Guruji geprägten Lehrerbild. Wer war dieser Mann, der da groß, blond, aufrecht, ungemein elegant gekleidet in auffallend amerikanischem Look daher kam? Nach den üblichen Einführungs- und Vorstellungsreden begann er schließlich zu sprechen – über Karma und Dharma, wie ich mich erinnere. Aber schon bei den ersten Sätzen – oder war es der Klang seiner Stimme? – durchfuhr es mich in seltsamer Weise. Alles in mir richtete sich auf, war wach, präsent, voller Respekt... Und dann kam es zu einem Blickkontakt – und ich „wusste": Hier ist ein großer Lehrer.

40. Erste Begegnungen mit meinem zweiten spirituellen Lehrer

„Ein großer Lehrer – ja, aber würde er mein Lehrer werden können? Ich bin doch eine Sufi. Mrs Tweedie und Guruji sind mit mir. Kann ich zu einem anderen Lehrer gehen? Ist das nicht Untreue oder Mißtrauen?" (Tgb.) So zweifelte ich lange und fragte mich immer wieder, ob ich mich auf diesen Lehrer einlassen dürfte, ihn gar bitten könnte, mich als Schülerin anzunehmen. Aber andererseits hatte ich das sichere Gefühl, dass dieser Lehrer mir helfen könnte, mich aus alten „limitations and blockades" herauszulösen. In seiner dynamischen, kraftvollen und heiteren Art wirkte er astrologisch gesehen auf mich wie ein „Uranus" (Wassermann), der meine fest gefahrenen „steinböckischen" (Saturn) Muster in Bewegung bringen könnte. So ging ich zu einem Wochenend-Seminar, zu einem zweiten mehrtägigen Seminar und schließlich zu einem Reading (Beratung).Seine Gedanken und die Art, wie er sie übermittelte, erschloss mir eine ganz neue Sehweise, beeindruckte, bewegte und erfüllte mich.

Plötzlich erinnerte ich mich auch, dass Mrs Tweedie erzählt hatte, wie sie, durch eine Vision angeregt, bis nach Marokko gereist war, um dort einen Meister zu treffen, der ihr noch eine besondere Energie zu vermitteln vermochte. So wagte ich es schließlich, mich anzumelden für ein vierwöchiges Retreat im Februar 1998 auf Hawaii (Big Island), wo dieser Lehrer zusammen mit einer Reihe Frauen und Männer ein Zentrum aufgebaut hatte.

Im Zentrum meines zweiten Lehrers

Hawaii – Big Island – Kaula Farm – die Bilder von Sonne am wolkenlosen Himmel, von blauem Meer, von sich im Wind wiegenden Palmen, grünen Büschen und roten, gelben, blauen, weißen Blüten werden wohl immer in meiner Seele bleiben.

Das Seminarhaus liegt am Hang, ungef. 500m über dem Meeresspiegel und erlaubt einen weiten Blick auf den blauen „Ocean". Vor dem langgestreckten einstöckigen Haus befindet sich ein Meerwasser-Pool, umgeben von einem gepflegten Rasen und einigen Sträuchern. Weiße Liegen und Stühle stehen dort und laden ein zum Entspannen. Hinter dem Haus liegt am Hang ein kleiner Park mit Orangenbäumen, Bananenstauden, Avocadobäumen, Sträuchern und Palmen. Ein schmaler Weg führt in Serpentinen zum Wohnhaus des Lehrers und des Teams. Die ganze Anlage wirkte auf mich harmonisch und einladend. Das Besondere aber war die Atmosphäre der Ruhe und des Friedens, die über allem lag.

Ich nahm nicht nur an diesem einen Retreat teil, sondern flog von da an 6 Jahre lang ein bis zweimal im Jahr zu einem drei oder vierwöchigen Retreat mit anschließenden Ferientagen. Ganz neu und beglückend wurde hier für mich die Erfahrung, dass spirituelles Bemühen und Sehnsucht nach dem Göttlichen und Lebensfreude und Gemeinschaft mit dem Lehrer und anderen Schülern so eng und harmonisch zusammen existieren dürfen. Eigentlich zum ersten Mal bekam ich auch eine wirkliche Ahnung, wie es ist, akzeptiert zu werden, wertgeschätzt und geborgen zu sein in einer „family", wie Ralph die Lebensgemeinschaft auf und in Hawaii und Deutschland nannte.

Dass Ralph wirklich mein zweiter Lehrer ist, wurde mir übrigens in diesem ersten Retreat spürbar. Ich hatte das Gefühl, dass irgendwann meine letzten Widerstände fielen wie das rasselnde Heruntergehen der Zugbrücke einer Burg. Als ich Ostern dann in dem kleinen Zentrum in Villmar bei Frankfurt zum Seminar ging, entdeckte ich auf einmal ein gerahmtes Photo an der Wand des Seminarraumes, auf dem Ralph in einem weißen langen Gewand an einem kleinen Altar steht. So hatte ich den Lehrer im Traum gesehen, zu dem Mrs Tweedie mich geschickt hatte. Ich konnte nur staunen.

Hier in dem Zentrum Kaula Farm nun lebten wir mit unserem Lehrer und seinen engeren Mitarbeitern/ Schülern zusammen. Dieses Zusammensein begann morgens mit dem Gebet im Kreis und einem köstlichen Frühstück. An einigen Tagen unterrichtete Ralph selbst, an anderen jemand aus der Hausgemeinschaft und Ralph stand dann häufig in der Küche und bereitete mit Tommy das Mittagessen für uns. Der Unterricht fand in den ersten Jahren in einem großen Livingroom, natürlich mit Blick aufs Meer statt. Etwas später entstand, ungef. 200 m entfernt, eine nach allen Seiten offene Halle, die „barn" genannt wurde. Hier hatten wir Schatten, spürten aber den warmen Wind und konnten während des Unterrichts immer mal wieder an Kuh, Ziegen, Hühnern und Truthähnen vorbei zum Meer schauen. Das Mittagessen fand wiederum im Haupthaus statt, wobei Ralph es sich nicht nehmen ließ, selbst uns die ihm für uns angemessen erscheinende Portion auszuteilen. Die Mittagspause gestaltete jeder nach seinem Bedürfnis im Pool, im Schatten oder in der Sonne oder in einer Hängematte im Garten hinter dem Haus. Um 15 Uhr begann der Unterricht erneut und endete erst um 17.30. Anschließend fand wieder das gemeinsame Abendessen statt. Es folgte eine Freizeit und schließlich endete der Tag um 23 Uhr mit einer gemeinsamen Meditation in der „Barn". Es war dunkel geworden. Über uns spannte sich der 1000 Sterne-Himmel und in der Ferne rauschte der dunkle Ozean. Im Herzen wurden die Erfahrungen des Tages noch einmal sichtbar, spürbar und manchmal trat dann tiefe Stille ein.

Das Programm war dicht, lang und intensiv. Doch alle paar Tage kündete Ralph einen „Ocean-Day" oder einen Ausflug zu einem der besonderen Plätze der Insel an. Besonders unvergesslich bleibt mir der Tag, an dem Ralph uns alle an einem ruhigen Platz in einer besonders schönen „Beach" zusammen kommen ließ. Er saß auf einer Liege und wir durften Fragen stellen. Sonne auf der Haut, Wind im Haar, in der Ferne das Rauschen des Meeres und ein großer Lehrer, der in Geduld und mit so viel Zuwendung und Zuneigung unsere schlichten Fragen beantwortete. Ich war glücklich in dieser Stunde.

Mitunter gab es auch besondere Feste am Abend mit Musik und Tanz, z. B. am Valentine's Day. Und manchmal, manchmal durfte Ursi, eine Musikerin, sich ans Klavier setzen und Ralph sang. – Ach, auch heute noch nach so vielen Jahren spüre ich in der Erinnerung die tiefe Bewegung, die mich erfüllte, wenn er sang: „I walk with God".

Ralph war ein Lehrer „zum Anfassen". „I am an open book", sagte er oft, und doch war in mir immer eine tiefe Ehrfurcht, und ich blieb mir immer bewusst: Hier ist die Person Ralph, der mit uns lachte und uns auch necken konnte, der mich z. B. ganz unvorbereitet einlud zu einem Spaziergang, um dann unversehens mit mir und anderen – natürlich bekleidet – im Pool zu landen. Aber gleichzeitig sah ich immer auch den Lehrer in ihm. Und der Lehrer ist für mich als einer Sufi immer auch der, durch den Gott erkannt werden kann.[77]

41. Erhellungen und Weiterführungen – ein neues Gottesbild

Welche Erhellung und Weiterführungen konnte ich nun in all den Jahren mit Ralph Jordan, meinem zweiten Lehrer, auf meinem spirituellen Weg erfahren?

Ralph Jordans **Grundanliegen** war – wie er immer wieder betonte – „evolution" durch Bewusstwerdung. Damit folgte er seinem Lehrer Pramahansa Yogananda, dessen höchstes Ziel darin bestand, "die Dualität der Schöpfung zu überwinden und die Einheit mit Gott zu erkennen".[78]

Eine Grundlage seiner „philosophie", seiner Lehre waren die universalen Gesetze, die vermutlich zurückgehen auf den ägyptischen Meister Hermes Trismegistos und die zunächst nur mündlich weiter gegeben wurden, erst 1908 zum ersten Mal in Chicago erschienen unter dem Titel „Kybalion".[79]

Ralph hat sich allerdings nie direkt im Unterricht mit der Herkunft dieser hermetischen Texte befasst. In seinem Unterricht wurde deutlich und spürbar, dass er weder etwas Angelesenes, noch mühsam Erforschtes oder gar Zusammen-Getragenes lehrte. Er brachte Wissen von einer höheren Ebene, d. h. er gab weiter, was ihm von den Meistern der höheren Ebenen zukam. Er formulierte dieses Wissen dann so, dass er annehmen konnte, seine Schüler würden es verstehen und in ihrem Leben umsetzen und verwirklichen können. Weder das Verstehen und noch weniger das Umsetzen waren leicht, aber Ralph besaß unendliche Geduld, unsere Fragen zu beantworten und schon Erklärtes noch einmal mit anderen Worten und konkreteren Beispielen zu erläutern.

Insofern als Ralph sein Wissen von einer höheren Ebene bekam, hielt er sich auch nicht an die genaue Aufzählung oder Nennung der vor Jahrhunderten im Kybalion oder der Tabula Smaragdina überlieferten Gesetze, sondern fügte andere Gesetze, die sich aus den ursprünglichen ableiten ließen, hinzu.

Für mich wurden zwei dieser Gesetze von Bedeutung, weil sie mein – seit Jahrhunderten im Christentum geprägtes – Bild von

Gott als urteilendem und strafenden Richter endgültig wandelten. Sie erlösten mich von der doch noch tief und weitgehend unbewusst in mir sitzenden Vorstellung von einem Gott, der mir Bestrafung für meine Untreue und Ungemach als Prüfung schickt.

Es handelt sich dabei zunächst um das „Gesetz der Kompensation (des Ausgleichs)", wie Ralph es nannte. Er bezog dieses Gesetz weitgehend auf unsere Gegenwart und verstand darunter, dass wir zurück bekommen, was wir aussenden, und zwar emotional, mental, psychisch, physisch und spirituell. Das „Gesetz von Ursache und Wirkung" sah er eher im Hinblick auf vergangene Leben und bezog es darauf, dass alle Gegebenheiten in unserem heutigen Leben eine Ursache in früheren Leben haben, und zwar sowohl positiv wie negativ.

Das Aufnehmen und Verstehen dieser Gesetze ließen mich langsam, aber doch ungemein befreiend begreifen und erfahren, dass ich nicht Opfer eines fernen Schöpfers, sondern dass ich selbst der Erschaffer meines Lebens und meiner Umstände bin. „Die Situationen, die heute in eurem Leben sind, sind selbst erschaffen".[80]

Allerdings: Diese Gesetze konkret in meinem Leben wahrzunehmen und sinnvoll zu verwirklichen, war nicht einfach und dauerte. Zu sehr war ich doch auch gewöhnt, nicht nur Gott, sondern auch Personen oder widrige Umstände als Verursacher von Ungemach und Verhinderungen anzusehen. Ralph trug natürlich dieser Schwierigkeit Rechnung, wenn er darauf hin wies, dass „mentale, emotionale und physische Bemühungen" notwendig sind. „Wie könnt ihr 100-prozentig geben, wenn eure Emotionen woanders herum wandern? Soll ich euch sagen, was mir gesagt wurde? Du willst es nicht, bis du es isst, trinkst, schläfst und lebst, 24 Stunden am Tag".

Wie konkret und differenziert die Arbeit mit „Affirmationen, positiver Selbstdisziplin ...und positivem Selbstverstehen" ist und wie mühsam und schmerzhaft das Wiederentdecken und Auflösen der „Unausgeglichenheiten aus der Vergangenheit" sein können, erfuhr und begriff ich erst 2 Jahre nach Ralphs Übergang (2004) in der Begegnung mit Sandrana Nusselein und der ihr von ihrem geistigen Lehrer Warumuel gechannelten Lebens-Grundsatz-Arbeit.[81] Über diese Begegnung und die intensive und tiefgehende Arbeit mit Sandrana Nusselein und einer ersten Ausbildung in dieser Therapieform werde ich in einem späteren Kapitel berichten.

Zunächst möchte ich noch weiter über meine Erfahrungen mit Ralph schreiben. In engem Zusammenhang mit der Lehre über die universalen Gesetze stand bei Ralph auch die Huna-Philosophie aus dem alten Hawaii. Ausgehend von dieser Lehre betonte er immer wieder die Bedeutung des Verzeihens (Ho`oponopono) uns selbst und den Menschen gegenüber, von denen wir glauben, sie wären uns etwas schuldig geblieben.

Nie werde ich die erste Seance mit Ralph hier in Deutschland vergessen. Wir (die Teilnehmer des Seminars) saßen eng zusammengedrängt in einem kleinen Raum, der völlig abgedunkelt war. Während wir sangen, ging Ralph, wie ich später erfuhr, in einen tiefen Trancezustand, so dass sein Ich mit den Fähigkeiten des Denkens, Wahrnehmens und Fühlens wie in einen Totzustand fiel und sein Körper, vor allem die „voice box", die Stimme, ganz den Schwingungen von einer höheren Ebene dienen konnten. Eine Wesenheit, die sich Desert Flower nannte, moderierte gleichsam das weitere Geschehen. Jede anwesende Person wurde begrüßt, was für mich fast befremdend mit viel Heiterkeit und Lachen geschah, und gefragt, was sie, Desert Flower, für sie tun könnte. Während die einzelnen Teilnehmer Meister-Wesenheiten wie z. B. Yogananda oder Johannes baten zu kommen und ihnen Fragen zu beantworten oder Lebenshinweise zu geben, tauchte in mir – ausgelöst auch durch ein Ereignis in den vorhergehenden Tagen – noch einmal ungemein schmerzhaft meine Enttäuschung durch das Kloster und – sicher auch etwas infantil – meine Enttäuschung an Jesus, dem Christus, auf, dem ich schon so früh mein Leben übergeben hatte. Und ich erbat, was eigentlich kaum je von jemanden sonst ausgesprochen worden war, mit Ihm zu sprechen. Es war dunkel, ich hatte die Augen geschlossen und doch war es mir, als käme von ganz weit her ein heller Lichtstrahl und eine wunderbar zarte Energie. Er nannte seinen Namen: „Ich bin Jesus". Ich konnte meinen Satz nur beginnen:"Du kennst meine Sehnsucht seit so langer Zeit...", dann konnte ich nicht weiter sprechen, Tränen liefen..., ich war sprachlos...Die Stimme aus dem Licht in der Dunkelheit aber antwortete: „Die Türen sind offen... Du bist es wert... Du wirst auch anderen dazu verhelfen, ihren Wert zu erkennen. Aber zuerst musst du dir verzeihen. Ich gehe neben dir und unterstütze dich." So erinnerte ich in meinem Tagebuch Seine Worte.

Mit dieser Begegnung in einer ersten miterlebten Seance von Ralph begann meine bewusste Aussöhnung und Versöhnung mit dem Christentum. Ralph hielt sonntags Gottesdienst, predigte lebensnah und überzeugend über Bibelstellen und feierte an Ostern mit uns das Abendmahl. Die für mich intensivsten Feiern aber waren die Feiern der Ordination von einigen Schülern zu Geistlichen. Bei meinem ersten Besuch in Villmar hatte ich eine solche Feier zum ersten Mal miterlebt. Das Ritual und die eingefügten Symbole (Rose, Kerze, goldener Ehe-Ring, weißer Schleier) riefen längst vergessen geglaubte Erinnerungsbilder an meine Gelübdeablegungen wach. Ich ahnte zunächst nur die Möglichkeit, in einer solchen Ordination meine Gelübde auf einer neuen, bewussteren, vielleicht auch gewandelten Ebene zu erneuern. Schon im Herbst 1999 jedoch wagte ich Ralph zu fragen: „Könntest du dir vorstellen, mich zur Geistlichen zu ordinieren?" Seine Antwort war nur ganz schlicht: „Natürlich".

42. Meine Ordination zur Geistlichen der „Ecomenical Church of Light"

So begann ich mich vorzubereiten auf meine Ordination zur Geistlichen, zunächst natürlich auch auf einer ganz äußeren Ebene; denn die Zulassung war – außer an eine gewisse moralische und spirituelle Reife – an einen mehrstündigen Test über eine Reihe theologischer und esoterischer Bereiche und an das Halten von sechs 20minütigen Predigten gebunden. Das Lesen und Lernen fiel mir nicht schwer, erlebte ich sogar als interessant und anregend. Das Predigen machte mich glücklich; denn zu sprechen über das, was mein Herz erfüllte, hatte ich schon immer geliebt. Natürlich wählte ich meine Lieblingstexte: z. B. Der Sturm auf dem See (Mt 8, 23-27), Der Gang Jesu auf dem Wasser (Mt 14, 22-31), Die Emmaus Jünger (Lk 24, 13-32 und übergab die Predigten (nach dem ich sie gehalten hatte in dem kleinen Zentrum in Villmar) meinem Lehrer schriftlich und ins Englische übersetzt ein Jahr später. Im Frühjahr 2001 schließlich fragte er mich, wann und wo ich ordiniert werden wollte: „Auf Hawaii mit all den Blumen und im Sommer?" Ich stimmte glücklich zu. Im Sommer am Ende des Seminars fragte er mich nach dem Ort, an dem die Feier stattfinden sollte: am Pool, in der Barn oder im Livingroom? Er fragte nach der Art der Blumen, die ich mochte, nach den Lieder, die ich liebte, sogar nach dem Essen, das ich mir an diesem Tag wünschte. Und ich konnte beitragen zum Verlauf des Rituals durch meine speziellen zusätzlichen Symbol-Wünsche: Überreichen eines goldenen Kreuzes, das er entworfen hatte und in dessen Mitte eine Lotusblüte zu erkennen war und das die meisten seiner Schüler trugen, und einer neuen englischen Bibel.

Am 22. Juli 2001, meinem 65. Geburtstag, fand dann meine Ordination zu einem „Minister der Oecumenical Church of Hawaii" statt.

Der Tag war sonnig, der Himmel blau, die Luft warm. Ich ging früh in die Barn, machte meine Tai Chi-Übungen und meditierte. Als ich zum Frühstück kam, entdeckte mich Ralph durchs Küchenfenster und stimmte das „Happy Birthday" an. Es folgten Glückwünsche, Umarmungen, kleine Geschenke und Glückwunschkarten von der ganzen Family. Nach dem Frühstück begann Ralph mit seinen Küchenhelfern das Festmahl für den Abend vorzubereiten. Ich wies Angebote, mich zur Beach zu fahren, ab und verbrachte den Vormittag lieber zusammen mit Ralph in der Küche. Irgendwann schlug er vor, die Zeremonie der Ordination mit mir und meiner „Mentorin" zu üben, wobei natürlich noch andere Anwesende sich zu uns gesellten. Alles geschah nun mit viel Lachen und Heiterkeit, so dass alle Schwere aus meinen Erinnerungen an die Gelübdeablegungsfeiern im Kloster wie fort geblasen wurden. Tommy, der Manager, Koch und Sänger der Family übte dann die „special songs", die ich mir gewünscht hatte, und Ralph setzte sich mit uns zusammen zu einem familiären Kaffetrinken. Die letzten Stunden vor der Feier um 16.30 Uhr verbrachte ich wieder allein und in Stille.

Zum gegebenen Zeitpunkt versammelte sich die Family, alle noch anwesenden Seminarteilnehmer und einige Freunde aus der Umgebung im Livingroom. Mit Sigrid, meiner Mentorin, durfte ich dann bei dem ersten Lied „Nearer my God to Thee" den großen mit vielen Blumen geschmückten Raum betreten und in der hintersten Reihe Platz nehmen. Ralph predigte zunächst ganz allgemein über die Ordination als ein Sakrament, zu dem die „Kandidatin" gekommen wäre durch die Erkenntnis: Ich bin mehr, als ich bis jetzt gesehen habe ... und durch die Entscheidung, Gott und den Menschen zu dienen. Er wollte gewissermaßen die Anwesenden mit einbeziehen und vorbereiten auf dieses doch nicht alltägliche Geschehen. Vor allem sprach er über die Seligpreisungen in Mt 3: „Selig die Friedfertigen..." „Es ist Jesus Christus, der sich als universeller Friedensstifter unseres Gottes zeigt so wie Krishna, Buddha, Mohammed. Wir beginnen unsere wirkliche Reise mit dem Licht dieser Erleuchteten."

Dann erst leitete er über zur eigentlichen Zeremonie der Ordination. Tommy sang Ralphs Lieblingslied, das auch meins geworden war: „How can I say thanks for the things you have done for me? ... To God be the glory .. for the things He has done...." Sigrid führte mich nun zum Altar und Ralph stellte an sie die Frage, ob sie mich geprüft und bereit fände für diesen Schritt. – Wie sehr erinnerte mich schon dieser Beginn an meine Gelübdefeiern im Kloster. – Sigrid bejahte und nun überreichte Ralph mir ein Symbol nachdem anderen und sprach dabei über ihre tiefere Bedeutung.

Beim Überreichen der Kerze, der weißen und roten Rose sprach er von dem inneren Licht auf dieser Reise, der inneren Stärke und dem Erkennen, dass wir wie eine Braut sind, die auf ihren Bräutigam wartet, der mit ihr verschmelzen will und sie mit Ihm. „Sie macht Sein Leben vollständig, so wie ihr Leben vollständig wird durch Ihn."

Dann hängte er mir das goldene, von ihm entworfene, Kreuz mit dem Blütenblatt in der Mitte um: „Dieses Kreuz symbolisiert deinen Weg. Es symbolisiert nicht etwas, an dem du hängst; denn du bist herunter gestiegen. Es symbolisiert die Reise, die du machst. Ob diese Reise dich nach Westen, Osten, Norden oder Süden führt, du wirst immer in deinem inneren Zentrum sein, in dem Zentrum, in dem deine Kraft ist, deine Liebe, dein Licht. Das ist die Wahrheit, die dich lenken wird auf dieser Reise. Das ist die Wahrheit, die weit hinaus geht über das orthodoxe Verstehen. Erinnere dich immer, dass du die Kraft hast, diese Reise zu machen, zu deinem Licht und deiner Weisheit."

Es folgte das Überreichen der Bibel und schließlich die Aufforderung nieder zu knien, um den weißen Schleier zu empfangen: „Dieser Umhang ist ein Symbol für den Umhang, den der Sohn erhielt, als er zu seinem Vater zurückkehrte (s. Lk 15, 11-32). Es ist der Umhang, der dich wärmen wird, wenn Angst über dich kommt. Dieser Schal ist das Symbol deines Wunsches, die Ablenkungen des Lebens zu lassen, nicht die Freuden, aber die Ablenkungen und zurück zu kehren zum Haus deines Vaters, in dem Fülle ist, Liebe ist und Wahrheit. Dies ist der Mantel, der dein geistliches Amt repräsentiert. Er ist weiß, denn als Jungfrau im Geist, in deinem Traum, in deinem Glauben und Verstehen gehst du hinein in die heiligste der Zeremonien, in diese Ehe zwischen dir und deinem Gott. Dies ist das Sakrament, das der Mensch nicht zerstören kann, denn der Mensch ist dazu bestimmt, zurückzukehren zu seinem Bräutigam und Gott. Dies ist das Sakrament, das alle anderen Sakramente übersteigt, weil es diese Einheit in einem Geist, in einem Bewusstsein ausdrückt.

Christine, während du vor deinem Gott kniest, lass dein Inneres erfüllt werden von dem Wunsch, deinem Gott Demut zu bringen, Hingabe, Verstehen, Geduld und Toleranz. Am wichtigsten aber von allem ist: Gib Ihm dein vollständiges Vertrauen. Denn dies sind die Geschenke, die wir unserem Gott bringen."

Als letztes Symbol steckte er den goldenen Ehering an den Ringfinger meiner linken Hand.

„Ein goldener Ring hat immer die Vereinigung von zwei Menschen ausgedrückt, die entschieden hatten, zusammen zu leben und gemeinsam die Schwierigkeiten des Lebens zu konfrontieren.

Auch im esoterischem Sinn haben wir den goldenen Ring als Symbol für den Beginn eines neuen Zyklus und den Eintritt in eine neue Hingabe von Herz und Geist. In meiner Autorität als Gründer und Oberhaupt dieser Kirche und im Namen deines Bräutigams stecke ich diesen Ring an deinen Finger als eine Erinnerung, dass du niemals mehr allein gehen wirst, niemals wieder in der Wildnis weinen wirst, ohne die Stimme deines Bräutigams und Herrn zu hören, wenn er sagt: Sei still, dies ist nur vorübergehend und hat keine Auswirkung auf deinen Zweck und deine Absicht. Du wirst nicht länger allein gehen, aber du wirst in einer dauernden Gemeinschaft mit deinen geistigen Kräften und dem Hl. Geist sein." (Übers.: Dagmar Raimondo und Verf.)

Die Zeremonie endete mit der Überreichung des Zertifikates für die Ordination und einigen abschließenden Worten von mir an die „Gemeinde", die ich natürlich nur schwer hervorbrachte; denn mein Herz war übervoll und Tränen erstickten meine Stimme.

Es ist eigentlich kaum möglich, wiederzugeben, was in diesen zwei Stunden an spiritueller Dichte und hellem Licht entstanden war.

Ralph selbst sagte später: „Spirit was very close" (Der göttliche Geist war sehr nah) und bestätigte, was ich bewegend gespürt hatte: Es war nicht mehr nur Ralph, der da vor mir gestanden und gesprochen hatte, sondern Jesus Christus selbst hatte hinter ihm gestanden. Und irgendwann an diesem Abend verriet Ralph mir auch, was er untrüglich gesehen hatte: „Mrs Tweedie was here, smiling and tears in her eyes, because her girl did, what she had predicted." (Mrs Tweedie war hier, lächelnd und mit Tränen in den Augen, weil ihr Mädchen tat, was sie schon voraus gesagt hatte.) –Dieser Tag war einer der bedeutensten und beglückensten in meinem Leben.

43. Die Beziehung zu meinem zweiten Lehrer

Ich war in den Jahren bei Mrs Tweedie zu sehr zu einer Sufi geworden, als dass mich nicht von Anfang an die Frage nach der inneren Beziehung zum Lehrer und auch zu diesem Lehrer beschäftigt hätte. Doch sehr bald konnte ich wahrnehmen, dass er in dieser Hinsicht ganz in der indischen Tradition und in der Nachfolge seines Lehrers Pramahansa Yogananda lebte und lehrte.

Und so konnte ich z. B. bei Yogananda ähnliche Aussagen finden, wie ich sie von Mrs Tweedie gehört hatte:

„ ...der Guru ist nur ein Kanal für Gottes Macht und Weisheit. Gott ist der wahre Guru. Der Guru gleicht einem Transformator, der den normalen Haushaltsstrom in eine höhere Spannung transformiert ...

Einstimmung auf den Guru bedeutet vollständiges, von Herzen kommendes Akzeptieren seiner Anleitung sowie seiner Handlungen....Einstimmung bedeutet auch, auf die innere Anleitung des Guru in deinem Herzen zu hören."[82]

Wie nun konnte ich diese Nähe und Führung von meinem zweiten Lehrer Ralph erfahren? Wie weit konnte ich lernen, mich „einzustimmen" auf ihn?

Begegnungen in der Nacht

Da waren zunächst die Träume, seltener zwar als bei Mrs Tweedie, aber nicht weniger klar und deutlich. Da Ralph in all seinem Lehren vor allem ein Ermutiger war, so enthielten diese Begegnungen in der Nacht, die wie Träume wirkten, aber keine waren, auch vor allem Ermutigungen und Verheißungen, die mich stärkten und trösteten auf dem Weg.

Im April 2000 erinnerte ich zum ersten Mal eine Begegnung in der Nacht: „Ich gehe neben Ralph durch einen Frühlingsgarten. Er bricht ganz zart und vorsichtig einen kleinen Blütenzweig von einem Baum und reicht ihn mir liebevoll." Wusste Ralph von dem Lieblingslied meiner manchmal etwas romantischen Seele? „I come in the garden alone,/ while the dew is still on the roses,/ and the voice I hear, falling on my ear,/ the Son of God discloses. Refr.:

and He walks with me,/ and He talks with me,/ and He tells me I am His own..." Ich empfand diese erste Traumbegegnung als einen mich berührenden Gruß und eine Bestätigung dessen, was ich in den vorhergehenden Osterfeiern mit meinem Lehrer erfahren hatte.

In einem Traum sang Ralph selbst für mich. Von meiner Ordination und all den wunderbaren Erlebnissen auf Hawaii zurückgekehrt, fühlte ich mich (Sommer 2001) doch etwas allein, ein wenig traurig.. Da sah ich Ralph im Traum vor mir und hörte ihn singen: „And He will raise you up on eagle`s wings/ bear you on the breath of dawn/ make you to shine like the sun/ and hold you in the palm of His hand."

Hätte ich mir eine eindringlichere Ermutigung vorstellen können?

In dem gleichen Zeitraum erlebe ich mich in einem Traum im Seminar mit Ralph. Natürlich sitzt er vorne, ich irgendwo in den hinteren Reihen. „Ich spüre zu ihm hin und nehme eine tiefe Verbundenheit wahr, ganz unabhängig von Blicken, Gesten oder gar Worten"(Tgb.).

Ermutigende Verheißungen kamen mir auch in folgenden zwei Träumen zu:

„Ich bin zusammen mit anderen Schülern bei Ralph. Er will uns etwas von dem erleben lassen, was wir ersehnen und wozu wir bestimmt seien, aber jetzt nur für einen Augenblick, gleichsam zur Ermutigung und damit wir uns wieder mühen („Eine Karotte für den Esel", so erinnere ich etwas respektlos im Traum, was Mrs Tweedie manchmal sagte.) Doch auf einmal erlebe ich eine noch nie erlebte Licht erfüllte Weite und Seligkeit des Herzens. Ich öffne die Arme weit."(Tgb.)-

Ralph war es immer wichtig, mir zu verdeutlichen, dass es meine Aufgabe sei, zu lehren, anderen Menschen meine Erfahrungen und mein spirituelles Wissen weiter zu geben. In einem Traum (Sept. 2000) konfrontierte er mich nicht nur mit meinen doch noch recht negativen Gedankenformen der Selbstbeurteilung und mit meinem mangelnden Vertrauen, sondern er ließ mich auch erahnen, was Lehren in seinem Sinn wirklich ist:

„Ich bin in einem Vortragssaal und gehe zu dem Stuhl des Lehrers. Hier liegt Ralphs Flöte, auf der nun ich spielen soll. Ich bringe keinen Ton heraus und bekomme Zweifel: Ich kann doch überhaupt nicht auf der Flöte spielen, ich habe keine Ahnung von Tonfolgen...Ich versuche zunächst ganz mit meinem Lehrer eins zu werden, mit ihm eins zu sein, hoffend und irgendwie auch wissend, dass dann die Töne kommen, aber ich laufe stattdessen davon, mich furchtbar schämend."

Das Bild der Flöte erinnert natürlich an die Flöte Krishnas, mit deren Tönen und Klängen er die Sehnsucht der Hirtenmädchen weckte. So hatte Ralphs Stimme und haben seine Worte mich oft gelockt.

Ralphs Deutungshinweis zu diesem Traum in einem Gespräch war knapp: „Symbolisch zeigt dir der Traum, dass du mich immer noch nicht in dir gesehen hast, weil du immer noch versuchst, dich mit mir zu verbinden, anstatt zu versuchen, mich auszudrücken." Seltsam, aber ich verstand damals noch nicht wirklich den Unterschied zwischen Eins-Werden mit ihm und ihn ausdrücken.

Erst einige Jahre später verstand ich: Die Form der Flöte mit ihren sieben Tonöffnungen symbolisiert energetisch gesehen den Bewusstseinskanal mit der Verbindung zu den sieben Chakren. Wirkliches Lehren, wie ich es bei Ralph erlebte und an das er wohl auch dachte, wenn er mich zum Lehren aufforderte, würde erfordern, dem Fließen göttlichen Bewusstseins im Bewusstseinskanal keine Widerstände, Störungen mehr aus dem Denken oder Fühlen entgegen zu setzen. Erst dann würde ich den „Lehrer" in meinem Lehren wirklich ausdrücken können, erst dann würde ich auf seiner Flöte spielen können.

44. Schulung in Gesprächen (Readings)

Diese wenigen Träume, die ich hier zitiere, deuten gewissermaßen an und voraus, um welche Themen es in meiner Beziehung zum Lehrer, zu meinem zweiten Lehrer gehen würde.

Auf der bewussten Ebene fand seine Schulung bzw. Unterweisung natürlich in den Seminaren statt und vor allem in seinen sehr persönlichen Antworten auf die Fragen der Teilnehmer. Ich möchte aber hier eingehen auf die halbjährlichen persönlichen Gespräche mit ihm, die Readings genannt wurden, weil er gewöhnlich zunächst die Situation und wichtigen Themen des Schülers aus dessen Aura „las". Ich hatte die wunderbare Möglichkeit 13 Readings mit Ralph zu erleben. Die Gespräche wurden auf Band aufgenommen und ich habe sie mir jedes Mal in mein Tagebuch übertragen.

In den ersten Gesprächen ging es zunächst um Ermutigung und Neuausrichtung auf meinem Weg.

Schon in meinem ersten Readings erinnerte er mich, dass es auf meinem Weg des Dienens nicht mehr nur um Aufopferung gehen solle, sondern dass es wieder Zeit sei, auch mich selbst mehr kennenzulernen, mich dabei nicht in Selbstverleugnung zu verfangen, sondern bei der Konfrontation mit meinem Schatten geduldiger mit mir umzugehen; denn dies sei konstruktiver auf dem Weg der Selbstmeisterung.

Ralphs Hinweise waren so einfach und schlicht, und ich fühlte mich nicht nur wahrgenommen, sondern auch erkannt in meinem mitunter immer noch ein wenig zwanghaften Streben nach Entwicklung.

In einem anderen Reading ermutigte er mich, einige meiner „Kriege mit Kirchentum und (klösterlicher) Spiritualität zu einem Ende zu bringen und zu erkennen," dass ich „ohne die Starrheit von Kirchentum Gottes Zweck besser zu dienen" vermöchte als Beraterin, Therapeutin, Heilerin. ...„Und sobald du dir selbst verzeihst, dass du dich als Versagerin fühlst und als jemand, der desillusioniert wurde, wirst du die Tür öffnen für sehr viel mehr Unterstützung von deinem höheren Selbst und von deinen Helfern und Führern."

So war Ralph: Persönliche Entwicklung, Fortschreiten auf dem Weg, sah er immer auch als eine Weiterentwicklung in der Fähigkeit, anderen Menschen „zu helfen, sich selbst zu helfen."

Sehr deutlich und in einer für mich völlig unerwarteten Weise vermittelte er mir ein Jahr später: „Es ist jetzt die Zeit für dich, ausgerichtet zu sein auf deinen spirituellen Wegen und Schritt für Schritt Techniken anzuwenden, die du als sinnvoll erkannt hast. Und es ist Zeit, dich der Lenkung und Ausrichtung des Lehrers zur Verfügung zu stellen, den du dir gewählt hast. ... Wenn du das volle Potential deiner Kommunikations- und Heilfähigkeit erreichen willst, dann ist es Zeit für dich, aufzuhören, dein (inneres) „Kind" zu verleugnen. Es ist Zeit für dich etwas zu spielen, anstatt so ernst zu sein in deiner Suche. Du hast gefunden, was du gesucht hast. Jetzt kannst du zufrieden sein und brauchst dich nicht mehr für dies oder das anzustrengen, sondern kannst etwas von deiner Zeit dem „Kind" geben. So kannst du mit Freunden zusammen sein und genießen, was dir zur Verfügung steht. Und etwas von deiner Zeit kannst du in deine Arbeit stecken, in dein Lehren, in die Entwicklung deiner Meditationsgruppe, die du Schritt für Schritt in den Prozess ihrer Selbstentdeckung führst." Und ich bräuchte dabei nicht vollkommen zu sein. Ich könne zufrieden sein mit dem Wissen, Samen zu säen und dass durch Düngung diese Samen zu wunderbaren Bäumen werden könnten.

Das waren ganz neue Worte für mich, so ungewohnt. Sie erlaubten mir „zu genießen" und das bezog ich natürlich auf meine Hawaii-Aufenthalte. Ich durfte genießen die Sonne, das Meer, den Garten, die Ausflüge, die liebevoll zubereiteten Mahlzeiten, vor allem aber die Freundlichkeit, Aufmerksamkeit und Zuwendung der Family und Ralphs so spürbare Liebe.

Konnte ich diese Worte aber auch auf mein spirituelles Streben beziehen und wirken lassen? Habe ich sie in dieser Hinsicht überhaupt verstanden? Ich glaube kaum. Zu fremd war mir eine solche Erleichterung und zu heftig blockiert in der Tiefe meines Unbewussten, wie ich erst sehr viel später in der Arbeit mit Sandrana Nusselein erfahren konnte.

Im zweiten Teil der „Readings" konnte ich Fragen stellen. Meine Fragen bezogen sich zumeist auf meine „Beziehung zum Lehrer" und auf innere Erfahrungen, denen ich noch nicht so recht traute.

So erlebte ich auch während des Jahres seine Nähe intensiv, fragte mich jedoch und dann auch ihn während eines Readings zweifelnd, ob diese Erfahrung nicht vielleicht doch Illusion sei. Seine Antwort kam ohne Zögern: „Sie war Wirklichkeit. Ich werde immer mit dir sein, denn ich lebe in deinem Herzen. Und mein Geist (spirit) wird mit dir sein und da ist keine Trennung." Das waren die gleichen Worte, wie sie mir von Mrs Tweedie so vertraut waren. Großes Erstaunen erfüllte mich. Ich wagte schließlich auch von dem Satz zu sprechen, der plötzlich in der Meditation in mir aufgetaucht war: „I am lost in the heart of my teacher." (Ich bin verloren im Herzen meines Lehrers) Und dass mit diesem Satz ein Gefühl von Weite und Licht verbunden gewesen sei. „Genau", war seine Antwort. „Und wenn du annimmst, dass du im Herzen deines Lehrers bist und dass du dich so erweitern kannst, dann wirst du nicht nur in das Licht hinein kommen, sondern du wirst auch alles, was existiert, im Licht sehen."

Gegen Ende eines der Gespräche konnte ich eine weitere mich beunruhigende Frage anbringen: „Der Sufi-Pfad, wie ich ihn bei Mrs Tweedie kennen lernen konnte, ist unauslöschlich in mir..." „Das sollte er auch sein. Er sollte, muss (needs to be) ein Teil deines Lehrens sein, so wie ein Teil von dem, was ich lehre, Yoganandaji ist. Da gibt es keine Trennung. Alles ist Teil des großen ganzen Kreises."

Und als ich ihm schließlich von Mrs Tweedies Heimgang im Sommer erzählte und von dem Gefühl der Nähe zu ihr, antwortete er ohne Zögern: „Sicher. Mrs Tweedie wird da sein, dich immer lieben und ermutigen. .. Sie weiß, dass du vieles integrieren wirst in dein Lehren...und dass du Brücken schaffen wirst zwischen dem östlichen Sufi-Weg und dem westlichen Christentum".

Das waren Antworten, die mir den Weg wiesen, den Weg, auf dem ich meine christliche Herkunft, den Sufi-Pfad und Ralphs Lehren von den universalen Gesetzen verbinden konnte. Eine neue Weite des Denkens und Erlebens öffnete sich vor mir.

In einem späteren intensiven Reading kam Ralph noch einmal auf die Bedeutung des Katholizismus für mich zu sprechen. Er hatte in einem Seminar erwähnt, ich sei immer noch verhaftet an den Katholizismus. Ich bat um genauere Erklärung und fragte ihn, ob diese Verhaftung mit meinem Selbstbild zu tun hätte. „Ja", war seine Antwort. „Du misst und bewertest dich immer noch. Du siehst den Katholizismus noch nicht als deinen besten Freund, der dich auf die Suche brachte. Ohne diese Erfahrungen hättest du nicht zu Mrs Tweedie gefunden, sicherlich nicht zu mir und du hättest deinen Weg ins Leben nicht erkannt. Wenn du dieses Karma in diesem Leben ausbalanzieren willst, dann hast du „Katholizismus" als deine größte Hilfe an zu sehen." Mit diesen Hinweisen machte mir Ralph, wie schon in anderen Zusammenhängen, erneut deutlich, dass die Umstände in unserem Leben als positiv und hilfreich, ja als Lernlektionen zu sehen sind, die zu größerer Bewusstheit führen können, wenn wir sie denn wahrnehmen, konfrontieren, durchstehen und transformieren.

In den Readings konnte ich auch Träume erzählen und erhielt Deutung oder Bestätigung.

In einem mich sehr bewegenden Traum erlebte ich mich in der Gegenwart eines weisen Lehrers.

„Auf einmal spürte ich, wie mein Herz gleichsam aufbrach, sich weit öffnete. Alles wurde unwichtig und ich konnte nur lachen, lachen und stammeln: `Wie absurd. Mein Leben lang suchte ich Gott. Aber ich bin es."

War diese nächtliche Erfahrung das, wovon die Sufis dichten:
„Das, was du am meisten wünschst,
das, was du suchst auf allen deinen Reisen -
verliere dich selbst, wie Liebende sich verlieren,
und du wirst E s sein." Attar[83]
War diese Erfahrung eine hoffnungsvolle Vorausdeutung, auf das, was möglich werden kann?

Ralph, mein Lehrer, bejahte dies.

Während unserer letzten Begegnung kam mein Lehrer noch auf sein Anliegen, in Deutschland eine „academie", ein Zentrum zu schaffen. In diesem Zentrum wolle er „Lehrer, mit und ohne Diplom, die zugewandt, liebevoll, fürsorglich sind, die zuhören können und die sehen, dass die Welt da draußen schön ist, auch wenn sie sich nicht so darstellt." Und dann machte er eine Aussage, die mich später noch in Verwirrung und Schwierigkeiten stürzen sollte: „Soweit ich sehe, wirst du eine der Hauptlehrer dort sein."

45. Vorbereitung auf den Abschied

Im Sommer 2003 konnten wir nicht mehr verdrängen, dass es unserem Lehrer nicht gut ging. „I have some little health problems" (Ich habe einige kleine Gesundheitsprobleme), so suchte Ralph uns zu beruhigen und wir hofften, er würde sich auch diesmal wieder heilen können wie vor 15 Jahren bei einer schweren Krankheit. Im Nachhinein allerdings wird mir deutlich, wie sehr er Zeichen setzte und uns mit diesen Zeichen eigentlich Hinweise gab, dass die Zeit seiner äußeren Gegenwart sich einem Ende näherte.

So wurden seine Hinweise zu unserer inneren Situation und unseren Widerständen sehr viel direkter und deutlicher. Er habe seine Samthandschuhe ausgezogen, so verkündete er uns. Im Tagebuch schreibe ich, dass jede Frage im Unterricht einer Mutprobe gleichkäme, denn die zu erwartende Konfrontation wurde heftiger.

Ein ganz besonderes Zeichen setzte er uns bei einem Ausflug ins Waipio Valley, dem alten Tal der Könige, das umgeben ist von hohen Bergen, sich aber mit dem Lauf eines Flusses öffnet zum Ozean. Hier wollte er ein Ritual mit uns begehen.

Zur Vorbereitung gab er uns die Aufgabe, uns einem Gegenstand der Natur zu nähern, unsere Überlegenheit als Mensch aufzugeben und uns zu fragen: Wie kann der Manitu (Geist) dieses Gegenstandes mit mir eins werden, wie kann ich meine Energie mit seiner verschmelzen lassen.

Als ich mich auf den Weg machte und Ausschau hielt nach einem Ort, der mich anziehen könnte, sah ich wunderbare alte Bäume. Aber dann kam ich zu dem Fluss und ich hörte Mrs Tweedie in meinem Herzen: „Wir sind wie Flüsse, wir fließen dorthin, wohin wir geführt werden." So setzte ich mich nahe an den Fluss und sehr bald begann er in mir mit mir zu sprechen:

„Ich fließe und fließe. Komm, folge mir, folge mir.
Ich komme aus den Bergen.
Regen und Quellen gaben mir ihre Wasser.
Jetzt fließe und fließe ich und mein Ziel ist der Ozean.
Und mein Wunsch ist es, eins zu werden mit ihm.
Dann ist mein Schicksal erfüllt und ich bin frei. –
Nur manchmal ist der Ozean zu stark
und seine Wellen zwingen mich zurück.
Und dann kann ich nur seine Stärke ertragen und geduldig warten,
bis er sich wieder beruhigt und ich meinen Weg fortsetzen kann.
Vögel und wilde Pferde trinken mein Wasser.
Menschen werfen manchmal alte Sachen in mich
und verunreinigen mich.
Aber ich weiß: dies ist alles Teil meines Schicksals.
Komm, folge mir, folge mir.“

Während ich so saß und der Stimme lauschte, wurde mein Atem stiller und sanfter. Und es war, als flösse der Fluss durch mich hindurch, der Weite des Ozeans entgegen. Keine Gedanken mehr, nur tiefer Frieden.

Als wir zur fest gesetzten Zeit alle zurück kehrten zu unserem Lagerplatz, saß Ralph unter einem hohen Baum und ließ sich unsere Erlebnisse, Erfahrungen berichten. Nach dem ich geendet hatte, sagte er nur: „Der wichtigste Teil deiner Erfahrung sind die Wellen, die vom Ozean kommen. Das ist deine Angst, dass die Wellen dich von deinem gewohnten Weg abbringen könnten. Du solltest erkennen, dass sie dich stärker machen, damit du mit dem Ozean verschmelzen kannst.“

Als wir alle erzählt und er immer wieder seine Hinweise oder Erklärungen dazu gegeben hatte, lud er uns ein, unsere Badesachen anzuziehen und mit ihm zum Fluss zu kommen. Hier ließ er uns ungefähr 200 m von der Mündung entfernt einen Kreis in der Mitte des Flusses bilden. Er stellte sich direkt in die Mitte des fließenden Wassers, das ihm bis zu den Ellenbogen ging. Und dann begann das Ritual. Unser Lehrer nahm jeden seiner anwesenden SchülerInnen für kurze Augenblicke auf seine Arme, trug ihn, wiegte ihn im Wasser und schickte ihn dann dem Ozean entgegen, so dass er für eine Weile im Wasser den Wellen des weiten Meeres entgegen trieb, bis die vorsorglich aufgestellten Helfer ihn in Empfang nahmen. – Begreiflicherweise war ich tief berührt, hatte ich doch, ohne von Ralphs Absicht zu wissen, das Ritual in meiner Meditation vorweggenommen. So ließ ich das Geschehen intensiv in mich einsinken – mein Teacher trägt mich und übergibt mich dem Ozean – und ich hörte seine Worte über das Einswerden mit dem Göttlichen als ein ganz besonderes Geschenk, das ich nicht mehr vergessen würde.

Als das Seminar beendet und nur noch 8 Teilnehmer ihren Urlaub in Kaula Farm verbrachten, kam Ralph eines morgens und teilte uns mit, Spirit hätte ihm gesagt, er solle uns zu einer Gratitude Party einladen. Vier Tage später – so lange brauchte die Family mit Ralph, um alles vorzubereiten – zogen wir in unserer festlichsten Kleidung, versehen mit kleinen Geschenken, pünktlich hinauf zu Ralphs Haus. Zuerst gab es noch im Garten ganz besonders gut gemixte Drinks. Dann wurden wir in seinen Livingroom gerufen. Der große Tisch war festlich geschmückt mit Blumen und gedeckt mit dem kostbaren Rosengeschirr. Mit einer kleinen Figur als Tischkärtchen war jedem sein Platz angewiesen. Bei mir war es natürlich ein kleiner weißer Kater in Anspielung auf meinen Kater Knuddelwutt. Und dann begann Ralph, der Lehrer, uns zu bedienen mit dem von ihm bereiteten Essen. Und dann, als wir alle versorgt waren – natürlich auch mit köstlichem Wein – setzte er sich, immer noch mit einer Schürze bekleidet an ein kleines Telefontischchen und unterhielt uns. Beim Dessert angelangt, verkündete er schließlich, dies sei auch eine Geburtstagsparty, denn am nächsten Tag hätte Chrissi – so nannte er mich – Geburtstag. Noch heute fühle ich in mir beim Schreiben eine ganz besondere tiefe Dankbarkeit für diese „Gratitude-Party", die ich inzwischen auch als eine Abschiedparty erkenne. Ralph feierte seinen Abschied von diesem Leben und uns und wandelte diese Feier um zu einer Geburtstagsparty. Tod und Leben, so nah beieinander.

Ralph hatte immer ein besonderes Gespür für kleine, symbolisch dichte Gesten. Im Frühjahr 2004, als er schon nicht mehr von kleinen Gesundheitsproblemen sprechen konnte, zu deutlich mussten wir erkennen, dass es ihm schlecht ging, ja, er offensichtlich litt, rief er mich eines Morgens nachdem Frühstück zu sich an den Tisch: „Möchtest du für einen Tag meine schwarzen Perlen tragen?" Ich war damals tief berührt, gerührt, spürte so sehr seine Liebe, seine Nähe, die er mir hier zum Ausdruck brachte. Aber erst heute beim Schreiben durchfährt es mich: Schwarze Perlen! Sind sie nicht ein Bild für Tränen der Trauer. Wollte er mir zwei Monate vor seinem Heimgang schon sagen, dass er gehen wird? Und ich habe es nicht verstanden.

46. Der Abschied – Begegnungen im Traum

Als Ralph zwei Monate später den Unterrichtsraum in dem kleinen Zentrum bei Frankfurt betrat, um das Osterseminar zu halten, war ich zutiefst erschrocken. Er war um Jahre gealtert. Seine Hände zitterten wie bei einem alten Mann und er war doch erst 65. Auch hustete er sehr, sehr oft. Die Ratschläge seiner Freunde in Hawaii, die Tour nach Deutschland abzusagen, hatte er abgewehrt. Er wollte offensichtlich bis zum letzten Augenblick im „Service" (Dienst) für Gott und seine Schüler sein. In meinen Notizen vom Ostermontag, dem letzten Tag seines Lehrens, finde ich den Satz: „Wenn wir anderen nicht helfen, helfen wir niemandem, dann sind wir einsame Menschen ohne einen Zweck in diesem Leben."

Vor der Pause an diesem Tag sagte er nur, er wolle sich ein wenig hinlegen und käme etwas später wieder herunter. Er kam nicht mehr. Wie Dagmar, die immer mit ihm reiste und ihn übersetzte, uns später sagte, war er von da an nicht mehr der gegenwärtige Lehrer, sondern wohl schon immer wieder in einer anderen Dimension. Mein ganz persönlicher Abschied hatte am Tag zuvor stattgefunden. Ich stand schon an der Treppe, als Ralph aus dem Unterrichtsraum kam, mühsam und gestützt von einem Schüler. Da wandte er sich noch einmal zu mir, unsere Blicke trafen sich, er nannte meinen Namen: „Chrissi" und wir umarmten uns. Unendlich viel Liebe kam mir zu und auch ich suchte ihn meine Liebe und Dankbarkeit spüren zu lassen.

Einige seiner Schüler brachten ihn nach den Seminaren, die nun Nick, sein Partner, für ihn hielt, noch in eine Klinik zur Untersuchung und dann nach Cleebronn, einem kleinen Zentrum in der Nähe von Stuttgart. Von hier aus rief mich Nick am 25. April abends an. Ich sollte am nächsten Morgen kommen. Es ginge zu Ende. Am nächsten Morgen, dem 26. April, aber klingelte um 5 Uhr das Telefon: „Ralph did his transition", Ralph hat seinen Übergang in die andere Dimension gemacht. Als ich eine Stunde später dort ankam, lag mein Lehrer schon aufgebahrt im großen Wohnraum. Aber war es noch mein Lehrer? Ich hatte den Eindruck, dass er schon weit weg war und ich nur noch seinen zurück gelassenen Körper sah. Noch konnte ich nicht trauern. Mein Gefühl war wie stumm, Gedanken flüchteten. Erst Tage später und nach dem Verinnerlichen der letzten Traumbegegnungen konnte ich spüren, was er gesagt haben soll: „Wenn ihr mich in euren Herzen leben lasst, kann ich euch nicht verlassen." Und langsam, langsam zog wieder Frieden ein in mein Herz – für eine Weile.

Die letzten Begegnungen mit meinem Lehrer im Traum

5 Nächte vor seinem Heimgang träume ich: „Es ist Nacht. Ralph sitzt in einem Sessel und ist in tiefer Meditation. Wir Schüler dürfen abwechselnd bei ihm sein. Ich sitze neben ihm, werde irgendwann abgelöst. Habe ich geschlafen oder war ich mit ihm in einem tiefen Zustand, so frage ich mich." Dieser Traum tröstete mich in der Zeit danach, zeigte er mir doch, dass ich in den letzten Tagen zwar nicht äußerlich bei ihm sein konnte – nur die aller engsten Schüler, die auch sonst mit ihm lebten, pflegten ihn –, dass aber meine Seele mit ihm war.

In der Nacht zum 25. April muss Ralph wohl schon seinen Körper verlassen haben, denn „ich sah ihn in einem wunderschönen himmelblauen Anzug daher kommen. Er sah wieder gesund und jung und sehr schön aus." Nach all meinen Begegnungen mit Verstorbenen in der Nacht, hätte ich diesen Traum verstehen müssen, aber ich verstand nicht... oder wollte nicht verstehen.

Dann in der Nacht seines Heimganges träumte ich: „Es geht darum, Ralph als Präsidenten anzuerkennen. Ich schreibe seinen Namen in eine Ernennungsurkunde: Reverend Dr. Jordan." Dieser Traum verweist durch die Folgeszene auch auf das Zentrum, das er so gerne noch zum Leben gebracht hätte. Aber in jedem Fall galt er auch für mein ganz persönliches Leben, dem mein Lehrer Ralph Jordan weiterhin vorstehen würde.

Mitte Mai, also nur drei Wochen später, kam es zu einer ganz besonderen Begegnung: „Ich sehe Ralph vor mir gehen – in seinem blauen T-Shirt. Ich denke und erkenne dann: Ralph ist doch gegangen – und doch sehe ich ihn so wirklich und nah vor mir. Er ist da von der anderen Ebene, so weiß ich plötzlich. Ralph gibt mir nur ein Stück Brot, sagt aber nichts." Er brauchte auch nichts dazu zu sagen, denn am Morgen beim Erwachen erkenne ich sofort den Bezug zu einem meiner Liebslingsevangelien: Die Begegnung der Jünger mit Jesus auf dem Weg nach Emmaus (Lk 24,13ff). Die Jünger erkennen Jesus, als er sich auf ihrem Weg zu ihnen gesellt, nicht, klagen ihm aber ihre Trauer und Zweifel über den Weggang Jesu. Jesus erklärt ihnen, warum alles so kommen musste. Sie bitten ihn dann, mit ihnen einzukehren in eine Herberge. Dort schließlich erkennen sie ihn am Brotbrechen und als sie wieder allein sind, tauschen sie sich über das Erlebte aus: "Brannte nicht unser Herz, als er unterwegs mit uns redete und uns den Sinn der Schrift erschloss?" So bedeutete dieser Traum Trost für mich und Versicherung, dass er mich weiter lehren würde.

Einen Monat später bestätigt mir mein Lehrer diese Deutung: „Ralph steht mir gegenüber. Blick ruht in Blick – eine ungemein innige Begegnung. Ralph erklärt mir dann, dass er gleichsam alle Bereiche in mir mit seiner Energie bestärken, unterstützen könnte – nur: er müsse aufpassen, dass mein Herz nicht verbrennt. Dann sehe ich Ralph gesund und kraftvoll gehen. Ich bin sehr verwirrt: auf welcher Ebene sehe ich ihn? Er ist doch gestorben..." Beim Aufschreiben dieses Traumes – der natürlich kein Traum ist – erinnere ich einen Ausspruch von Mrs Tweedie: „Nur ein Herz, das sich leer gebrannt hat, ist zur Liebe fähig."

Fünf Jahre später, Anfang April 2009, zu Beginn der Osterwoche, bestätigt mein Lehrer erneut seine Unterstützung: „Ich bin in einer Art Seminar mit Ralph. Es ist etwas dunkel, Stille, kein hörbares Lehren. Ich sitze irgendwo etwas weiter hinten, fühle mich aber sehr verbunden mit meinem Lehrer und erkenne auf einmal:

Wie bei Mrs Tweedie so geht auch Ralphs Lehren zu mir von Herz zu Herz." Ich erwachte sehr glücklich aus diesem Traum.

Im Frühjahr 2004 jedoch fühlte ich mich sehr allein, verlassen nun auch von meinem zweiten Lehrer. Wie würde mein Weg weiter gehen? Einen dritten Lehrer auf der äußeren Ebene würde es nicht mehr geben, dessen war ich mir sicher. Die Beziehung zu einem wirklichen Lehrer ist etwas so Besonderes, so innerlich, so dauernd, dass man sie nicht beliebig wiederholen kann. Es bleibt eine Beziehung „for ever and for ever. And there is no divorce", wie Mrs Tweedie es formulierte, bevor sie uns verließ.

Reflexion zur Zeit bei meinem zweiten Lehrer

Nach dem Bemühen, Außenwelt und Innenwelt auf verschiedenen Ebenen zunehmend mehr in Einklang zu bringen und die Pole hohe Schwingung und niedere Schwingung einander anzunähern, begegnete mir bei Ralph Jordan eine ganz neue, unerwartete Dimension der Polarität von innen und außen.

Ralph suchte offensichtlich in seinem Zentrum und während unseres Zusammenseins spirituelle (innere) Erfahrungen und das Erleben und die Freude an der Schönheit dieser Welt (außen) zu verbinden. Die Szene, in der Ralph mir einen Smaragdring als Symbol für meine Kostbarkeit nahe zu bringen suchte, habe ich schon geschildert. So bereitete Ralph für uns auch die köstlichsten Speisen, führte uns an die schönsten Orte der Insel, sang Lieder und bereitete Partys für uns – das alles mit dem Ziel, Gott und seine Liebe in allem Seienden, also auch in der sichtbaren Schöpfung wahrnehmbar und greifbar zu machen. – In mir wirkten immer noch alte „asketische Muster", so dass dieses neue Erleben für mich zunächst etwas verwirrend und durchaus nicht selbstverständlich war.

Ralphs Unterricht diente dazu, diese Verbindung, dieses Einssein zwischen sichtbarer Schöpfung und dem Schöpfer und das Einssein des Schöpfers mit seinen Geschöpfen, die Gegenwart Gottes in der Seele und in den vielfältigen Aspekten des Lebens uns bewusster erfassen und begreifen zu lassen.

Damit bezog sich unser Lehrer offensichtlich auf die universellen Gesetze [84], nämlich auf das erste Gesetz: „Das All ist Geist, das Universum ist geistig." Er bezog sich aber auch auf seinen Lehrer Pramahansa Yogananda, der „die Dualität der Schöpfung zu überwinden und seine Einheit mit Gott zu erkennen" mit den Propheten aller Zeiten als „höchstes Ziel der Menschen" betrachtete[85].

Sathya Sai Baba drückt diesen Zusammenhang so aus: „Die göttliche Kraft kann sich nur in der scheinbaren Vielfalt (maya) der Schöpfung auswirken. ...Nur durch diese kann die dahinter liegende Realität offenbart werden."[86]

So konnte ich in dieser Zeit erfahren und lernen: Spirituelles Leben, die Suche nach dem Gott in meinem Herzen, darf verbunden und begleitet, erfüllt und belebt sein von der Freude, der Farbe, der Bewegung, dem Licht seiner Schöpfung und der Begegnung mit Menschen auf dem Weg.

Diese Einheit von innen und außen immer mehr bewusst wahrnehmen und dankbar wertschätzen zu lernen, stellte sich mir mit der Zeit zunehmend als eine wichtige Lernaufgabe.

VI

Endgültig:
„Alone to the Alone"
(2004 –)

„... doch ist die e i n z i g e Sehnsucht
die Sehnsucht nach dem Gebranntmarkt-Werden
durch das göttliche Licht,
... nach der Vereinigung mit dem großen Licht
des einzigen Meisters, mit Gott."

„Geisthelfer Warumuel"

47. Wieder allein auf dem Weg

So befand ich mich gewissermaßen wieder in einer Art Niemandsland. Eigentlich hätte ich es inzwischen wissen müssen, dass nach einem Abschied eine erneute Umstellungs- und auch Wandlungsphase anstand, aber ich erinnerte mich zu diesem Zeitpunkt nicht an vergangene Lern-Erfahrungen. Ralph, mein Lehrer, hatte mein Leben und das unserer Gruppe hier in Deutschland stark durchdrungen und durch sein Sein bestimmt. Es entstand zuerst so etwas wie Leere, dann aber eine ganz neue Lebenssituation im Äußeren, vor allem aber auch in der inneren Ausrichtung. Erst langsam konnte ich mich neu orientieren.

Eine weitere äußere Veränderung kam hinzu. Ich musste September 2004 aus Altersgründen meine Kassenzulassung als Kinder- und Jugendlichenpsychotherapeutin aufgeben. Eine Umstellung auf erwachsene Privatpatienten hatte ich noch nicht angestrebt, denn im Gespräch mit Ralph schon im voraufgehenden Jahr hatte ich mich auf die Arbeit in dem von ihm so sehr gewünschten Zentrum in Deutschland eingestellt. Die äußeren Umstände waren durch ein wunderschönes, von einem Schüler liebevoll gebautes und eingerichtetes Haus im Allgäu, geschaffen. Ralph hatte dieses Haus schon durch mehrere Seminare eingeweiht. Ein „Zentrum", einen „Ort des Lernens" mit zu entwickeln mit regelmäßig während des Jahres stattfindenden Seminaren entsprach einem tiefen Wunsch in mir. Doch es bedurfte mehr des inneren und äußeren Einsatzes als unsere kleine Gruppe nebenberuflich zu leisten vermochte. Ich musste zudem bald erkennen, dass meine Vision von einem Zentrum eine Illusion war und ich mich mit meinen Vorschlägen, Ideen, Bemühungen bald wieder fühlen musste wie schon in meiner Klosterzeit, als es um die Erneuerung des Ordenslebens ging. Lag es an meiner Unfähigkeit, mich zu artikulieren, war ich zu unflexibel, zu unangepasst, zu fordernd? Oder bin ich zu realistisch?

Oder war es mein Weg, mein eigenes kleines Zentrum in meiner Praxis zu erweitern? Schon in Papenburg hatte ich ja mein „eigenes" Zentrum im Jugendhaus erschaffen mit den unterschiedlichsten Kinder- und Jugendgruppen. Dann aber plagte mich Ralphs Vorhersage: „Du wirst eine der Hauptlehrer in dem neuen Zentrum." Ich wurde zunehmend mutlos, depressiv, ja resignativ. Was würde jetzt meine Aufgabe sein? Immerhin wurde ich 70. Ein bequemes Rentnerleben zu führen, schien mir undenkbar. Meine alte Frage: „Wer bin ich, wenn ich nichts leiste?" wachte wieder bedrängend und drängend in mir auf.

In dieser doch mehr oder weniger verzweifelten Situation kam mir, wie so oft in meinem Leben, unerwartet die entscheidende Hilfe zu. Eine Freundin schickte mir ein kleines blaues Heft mit dem Titel „Unerhörtes zur Liebe", Texte aus medial übermittelten Informationen von Sandrana Nusselein, die den Geisthelfer Warumuel channelt [87]. Ich las und las, unterstrich und las weiter, 24 Seiten, nicht viel, an einem Abend zu schaffen, und ich wusste bald: Hier kommt mir ein Gruß zu von meinen beiden Lehrern. „Gott ist Licht. Gott ist Energie. Gott ist dieser Strom der vitalen Kraft. Wenn dieser vitale Strom ganz durch euren materiellen Körper fließen... kann, dann seid ihr in der Liebe." [88] Das war wörtlich Ralph, übersetzte er doch immer „love" als „Light of vital energie."(Licht vitaler Energie).

Und in dem folgenden Satz hörte ich Mrs Tweedie: „Alle Sehnsucht im Menschen wird von ihm irrtümlich in die Materie gelenkt, doch ist die einzige Sehnsucht die Sehnsucht nach dem Gebranntmarkt-Werden durch das göttliche Licht. ...nach der Vereinigung mit dem großen Licht des einzigen Meisters – mit Gott...". Noch heute, während ich dies schreibe, er-innere ich die Bewegung, die mich damals beim Lesen dieser Sätze durchfuhr.

Ich wusste sehr schnell: Zu dieser Frau, die mir so bekannte Sätze von meinen spirituellen Lehrern channelt, will ich zu einer Beratung gehen, um mehr Klarheit in meinem doch etwas verwirrten Innenleben zu finden und vielleicht auch Hinweise zu Möglichkeiten des Tuns im Außen.

48. Ein neuer Weg zu neuen Erfahrungen

Meine erste Begegnung mit Sandrana Nusselein fand im Frühjahr 2006 statt. Heute – nach fünf Jahren intensiver Arbeit mit ihr – lese ich ihre erste mediale Beratung noch einmal neu. Ich begreife jetzt mehr die zunächst ganz unerwartete Tiefe.

Damals suchte ich nach Hinweisen für meine äußere Lebensgestaltung, ich suchte neue Aufgaben und auch innere Neuausrichtung. Der Geisthelfer aber sprach an, was mein Herz am meisten bedrängte: die Beziehung zu meinem verstorbenen Lehrer Ralph. Die Loslösung von ihm war mir offensichtlich trotz bewusster Bemühungen, – und trotz aller Lernerfahrungen beim Abschied von Mrs Tweedie – noch nicht gelungen.

Warumuels Aussagen berührten mich zutiefst: „Wenn Menschenwesen einen Lehrer hatten, dann entsteht eine sehr, sehr tiefe Herzensbindung ... Jeder Mensch, der das hatte, was man einen Guru, einen spirituellen Lehrer, eine möglichst vom Ich befreite Persönlichkeit nennt, erhält von diesem Lehrer Lichtelemente, die in ihm zum Tragen kommen sollen. Der Schüler hat die Aufgabe und Verpflichtung, aus diesem Licht eine Vermehrung stattfinden zu lassen, sozusagen als das Erbe, das er seinem Lehrer schuldet.

Er hat wie ein gepflügtes Feld zu sein, das aufgebrochen daliegt und das der Lehrer nun mit dem Samen der Weisheit zu einer reichen Ernte führt. .. So kommt es also, dass eine solche Beziehung immer ein Schritt in die Zukunft sein muss. Eine Lösung von einem Lehrer fordert vom Schüler, dass er die Person des Lehrers so ablegt, wie der Lahme die Krücken abgelegt hat, als Jesus zu ihm sagte, „Gehe deiner Wege"... Ist nun die Person des Lehrers als Krücke verschwunden, dann ist es wichtig, dass sich der Schüler zu seiner ganzen Größe aufrichtet. Er soll ein Kanal sein für die Göttliche Weisheit, die durch ihn hindurch fließt."

Dies waren Hinweise, die mich in ihrer Intensität nicht nur zutiefst berührten, sondern mir auch ganz unerwartet und unausweichlich den Weg ohne den äußeren Kontakt zu meinem Beloved Teacher erhellten.

Von Anfang an erfuhr ich auch, dass dieser Geisthelfer seine spirituellen Hinweise immer durch sehr konkrete Ratschläge bzw. Übungen unterstützte: „Wir raten zu einer sehr einfachen Übung," nämlich so oft es ihr möglich ist, in der Natur auf Naturboden zu laufen und im Atemrhythmus das Mantra: „Ja, ich gehe meinen Weg" zu sprechen." Dadurch würde Stärkung, Kräftigung und „Reinigung von den alten Anhaftungen, die noch als Restbestände und schmerzhafte Erinnerungen an den Verlust des Lehrers" in der Person seien, möglich.

Zu meiner Frage nach zukünftigen Aufgaben verwies er auf die Möglichkeit, mit Lehrern zu arbeiten, „sie zu unterrichten über Spiritualität", sie einzuführen z. B. auch in das Gesetz von Ursache und Wirkung. Durch meine vielfältigen Ausbildungen und Erfahrungen in Schule, Therapie und Spiritualität sei ich dafür geeignet. Auch diesen Hinweisen folgten sehr konkrete und detaillierte Ausführungen, die jedoch – wie sich in den folgenden Jahren zeigte – trotz aller Bemühungen – zunächst nur in Ansätzen realisierbar wurden. Waren diese Möglichkeiten von der anderen Ebene zunächst nur in Raum und Zeit hineingeworfen, gleichsam als zukunftsträchtige Gedankenformen? so fragte ich mich mitunter..... Würden sie sich irgendwann in der Zukunft verwirklichen lassen?

Zur spirituellen Weiterentwicklung verwies er auf eine Arbeit an der noch verriegelten Tür in meinem Herzbereich. Dass bedeutete eine Arbeitswoche mit Sandrana. Nach einer Reihe weiterer Hinweise spürte ich, dass ich wohl tatsächlich von meinen Lehrern mit Bedacht hierher geführt worden war. Ich entschied mich, die Seminare und Entwicklungsmöglichkeiten bei Sandrana Nusselein zu nutzen und eine Arbeitswoche zu anzustreben.

Ein Seminarzyklus über die feinstofflichen Energiekörper des Menschen gab mir erste Einblicke in die Lehre des Geisthelfers Warumuel, denn erstaunlicherweise leitete er das Seminar![89] Er erklärte sehr differenziert und setzte unsere inneren Verwicklungen in Beziehung zu den Energienetzen. Alte Gedanken- und Gefühlsmuster bilden Energienetze. Diese stören und blockieren uns durch Verwicklungen im gegenwärtigen Leben, beeinträchtigen unser Verhalten, unsere Reaktionen, verursachen Störungen bis in den materiellen Körper. Warumuel wies jedoch auch Wege und Möglichkeiten auf, wie diese Verwicklungen durch tiefe innere Forschung, Erhellung und Bewusstmachung wieder aufgesucht und ent-wickelt werden können.

Das neue Thema der Feinstofflichen Netzsysteme im Energiekörper war komplex, denn alles war sehr neu für mich, nachdem ich doch seit vielen Jahren ganz der Jungschen Denk- und Erklärungsweise von Ich (mit seinen vier Funktionen) und Selbst, von Schatten, Anima und Animus verbunden gewesen war. Ich lebte ja mit all diesen Begriffen, Bildern, Symbolen und verband mit ihnen tiefe Erfahrungen. Doch langsam lernte ich, in einer ganz neuen Weise nach innen zu schauen und in mir feinstoffliche Energiesysteme zu sehen. Es erschloss sich mir eine völlig neue Welt des inneren Sehens und Erfahrens, die ich nun Schritt für Schritt erobern konnte und kann. Langsam nur tastete ich mich vor in diesen neuen Bereich, fragend, erlebend, aber auch zweifelnd und mitunter abwehrend. Doch dann begann ich nicht nur in mir selbst zu „sehen", sondern auch zu begreifen, welch wunderbare energetische Ordnung auf feinstofflicher Ebene im Menschen angelegt ist.

So konnte ich in mir erfahren und überprüfen, was Sandrana dank der Botschaften ihres Geisthelfers zu lehren vermochte, vor allem aber, welche störende Folgen es in unserem Leben haben kann, wenn „Denken und Fühlen von einander abweichen und nicht durch reflektiertes Umgehen miteinander wieder in Einklang gebracht werden."[90]

Diese Zusammenhänge erfuhr ich in Ansätzen schon in der ersten Arbeitwoche (Herbst 2006).

Ich hatte schon viele therapeutische Selbsterfahrungen erlebt, aber sie waren nicht zu vergleichen mit dem, was mir jetzt entgegen kam an inneren Bildern. Ich erfuhr symbolisch Blockaden, Abspaltungen, Beschlüsse, erlebte mir bislang unbewusste Unwilligkeiten und Verzweiflung in der Tiefe (im „tiefen Tiefenunterbewussten"). Das war schmerzhaft, erschütternd und verdeutlichte, in welchem Maß äußere Schwierigkeiten in meinem Wesen und Verhalten ihre tiefen Wurzeln hatten, die mich im Leben behindern, wenn ich sie nicht erkenne. Ich wollte sie mit Hilfe der äußeren und inneren Führung und intensiver Bewusstseins- und Charakterarbeit klären.

49. Eine Leben verändernde Begegnung und Entdeckung

Was erlebte, erfuhr, erkannte ich in einer Arbeitswoche?

Jeweils 3–4 Sunden arbeitete ich mit Sandrana Nusselein an inneren Bildern. Der Weg der inneren Bilder und die Vorgehensweise wurde zunächst vom Sandranas Geisthelfer angeleitet, doch für meine Führung war dann mein eigener Helfer zuständig, den ich mit der Zeit auch immer deutlicher in mir zu erkennen vermochte. Der vorgegebene Weg führte gewöhnlich in die feinstofflichen Speichernetze und dort an die Verhedderungen, Blockaden, Abspaltungen. Mein so in die Tiefe des Unbewussten geführtes Jetzt-Ich erlebt dann auf einmal wieder die negativen (bedrohenden, gefährlichen, widerwilligen...) Situationen, die so oder in ähnlicher Form zu diesen Störungen geführt haben. Das wirkt zwar wie Reinkarnationserfahrungen, hat aber nichts damit zu tun, denn die entstehenden Bilder, Szenen sind symbolisch zu verstehen – nicht als authentisches Wiedererleben früherer Leben. Sie sind ganz bezogen auf das jeweils anstehende Thema. Gefühle und Gedanken werden so reaktiviert, können wieder erlebt und ausgesprochen werden, was für mein bewusstes Ich im Hier und Jetzt zunächst verwirrend, mitunter fast erschreckend wirkte.

Mit Hilfe eines sehr feinen methodischen Handwerkszeugs machte mir schließlich Sandrana die Störungen in langsamen, aber befreienden Erkenntnis-Schritten bewusst, ließ sie mich erforschen und verstehen.

In Abschlussbildern am Ende der Woche konnte der innere Weg schließlich in die innere Kathedrale führen und zu Begegnungen mit den inneren Lehrern, sogar zu Sai Baba, dem indischen Avatar[91]. Am Nachmittag saß ich allein in meinem Zimmer, erinnerte schriftlich das Erfahrene und transformierte nach einer klaren Methode die aus der Vergangenheit hoch geholten blockierenden Sätze und Gefühle. So vermochte ich – entsprechend dieser Methode – in sehr individualisierter Weise konstruktive neue Programme zu entwickeln, ohne die negativen Bilder bzw. Erfahrungen weiter in mir zu verfestigen.

Belohnung waren die unerwarteten Erkenntnisschritte, Erfahrung von Befreiung und die tief berührenden Erlebnisse in den späteren Bildern.

Erfahrungen in der dritten Arbeitswoche holten eine tief verdrängte Abspaltung an die Oberfläche, die eng mit meinem inneren Weg der Sehnsucht nach dem Göttlichen zusammenhing. Sandrana hatte eine Eigenart bei mir festgestellt und vermutete dahinter ein Abspaltungsthema. Denn immer, wenn ein Thema im Seminar nicht meiner eigenen Vorstellung vom Suchen nach dem Göttlichen entsprach, war ich schnell geneigt „abzudriften". Ich flüchtete aus der gegenwärtigen Realität nach innen und konnte doch meinem Frust und meiner Enttäuschung über die „banalen" Ausführungen in der Außenwelt nicht entgehen.

Sandranas Geisthelfer nahm dieses Thema auf. Dann gab er eine konkrete Arbeitsanweisung: „ Ihr werdet den (d. hieß: meinen) Geisthelfer rufen. Der wird mit euch einen Weg gehen, der eine Treppe hinunter führt in einen Berg. Der Weg wird weit sein. Er wird um viele Ecken herum gehen – das ist das Rohrsystem der Energiebahnen, in das er hinein führt. Ihr kommt dann an eine verschlossenen Tür. Betrachtet die Tür, die Art der Verriegelung und versucht, die Tür zu öffnen."

Diese Anweisung erschien mir zunächst gar nicht ungewöhnlich, hatte ich doch schon viele Wege und Wanderungen in den Tiefen meines Unbewussten allein oder in Begleitung eines Therapeuten unternommen. Doch das, was vor mir lag, sollte sich von allem bisher Erlebten unterscheiden.

Der Weg führte mich tatsächlich zu der Tür und einem dahinter liegenden Raum.

Mit einer besonderen Methode der Fragestellung begleitete Sandrana mich in die ausgegrenzten Erfahrungsbereiche[92].

Am ersten Tag dieser speziellen dritten Arbeitswoche führte mich mein Helfer also in eine Berghöhle, dann eine endlos erscheinende Steintreppe immer tiefer in den Berg hinein. Der Weg wurde schließlich unebener und dunkler. Der vor mir hergehende Helfer erhellte ihn lediglich mit einer kleinen Öllampe. Es fehlte in dieser Tiefe meines Unbewussten also Licht, Erkenntnisfähigkeit, Klarheit.

Als ich so in gewisser Weise schon erschöpft ob der seltsamen Eindrücke mich auf eine Bank in einer Nische setzte, entdeckte ich auf einmal auf der gegenüber liegenden Seite eine kaum sichtbare, mit einer schwarzen Steinplatte zugemauerte Tür. Wann hatte ich hier etwas dauerhaft verschließen, verdrängen wollen? Was? Warum? Nur langsam begann ich zu ahnen, dass hier eine Enttäuschung verdrängt werden sollte. Eine Enttäuschung worüber und über wen? Über Gott?

Im anschließenden Gespräch mit Sandrana begann ich zu begreifen – gleichsam als Essenz kleinerer vorher gehender Erkenntnisschritte –, dass da zwei Anteile in mir lebten:

Ein Teil in mir (offensichtlich der Gefühlsteil) hat Sehnsucht, hofft, strebt, erträgt, steht durch, ist ausdauernd, müht sich, erträgt Schmerz und fühlt sich doch abgewiesen.

Ein anderer Teil in mir (das Denken) verweigert sich, wehrt alles ab, trotzt, ist enttäuscht, kritisiert alle Erfahrungen, kritisiert den Wert aller Erfahrungen, kritisiert vor allem das Streben, die Sehnsucht und ist enttäuscht, weil keine Erfüllung kommt.

Dieser Widerspruch zerreißt mich fast. Der Widerspruch schmerzt so, dass ich am liebsten nichts mehr fühle.

Die Unterscheidung zwischen den Strebungen des Fühlens und denen des Denkens enthüllte die Widersprüchlichkeit, die in mir wirkte, und zwar ohne dass ich vorher im Wachbewusstsein darum gewusst hätte.

Wozu aber dienten all meine Bemühungen bis jetzt auf dem Weg? Wohin haben sie mich geführt? Waren sie umsonst, sinnlos, bedeutungslos? So fragte ich mich verzweifelt. Oder aber dienten sie vielleicht doch der Vorbereitung, der Lebensgestaltung, der Stärkung auf dem Weg, der Entwicklung von Unterscheidungsfähigkeit?

Im Gespräch erhellte Sandrana erneut die Aussagen der Bilder, die die energetischen Zustände auf meiner inneren Leinwand entstehen ließ:

Ein unbewusster Anteil in mir verschließt sich dem Gottesbewusstsein durch altes verhärtetes Denken, durch die Weigerung, den emotionalen Teil einzubeziehen, durch eine massive Blockade, durch nicht mehr fühlen wollen, durch nicht mehr den Schmerz ertragen wollen.

Von Gott enttäuscht aber wird man durch falsche Vor-stellungen und Ziele, deren Erfüllungsweise nicht klar ist. Ich – in meinem Jetzt-Bewusstsein – musste erkennen:

Um meine (spirituellen) Wünsche wirklich begreifen, ergreifen, verwirklichen zu können, brauche ich Wissen um blockierende Hintergründe in der Tiefe meines Unbewussten, muss ich die Macht alter Gedankenformen über mich erkennen.

Als der Vormittag nach all diesem Bemühen um Begreifen, was für mich zunächst kaum zu begreifen schien, endete, war ich zutiefst erschöpft.

Am zweiten Tag führte mich mein Geisthelfer wieder zu der zugemauerten Tür. Diesmal hörte ich eine Frauenstimme hinter der

Tür klagen, jammern über ihre missliche und bedrohte Lage. Hier sprach offensichtlich ein ganz von meinem Jetzt-Bewusstsein abgespaltener Gefühlsanteil, den Sandrana nun durch ihre Fragen immer intensiver zum Sprechen heraus forderte, so dass sie sich mehr zu erkennen geben musste, wobei sie in mir sprach, ich gleichsam identisch wurde mit dieser Gestalt. Ich musste intensiver noch begreifen, dass dieser weibliche Anteil sich verletzt fühlte durch Missachtung und Banalisierung ihrer Sehnsucht nach Gott.

Das Erschreckende aber war, dass diese Gestalt mit mir verbunden schien durch einen Schlauch, der von ihrem Solarplexus zu meinem dem physischen oder dem spirituellen Herzen ging und in dem eine weißliche, klebrige Flüssigkeit zu mir hin floss. „Diese Flüssigkeit bereitet mir Schmerz, mir ist als müsse ich mich zusammen krümmen. Die Flüssigkeit lähmt das Herz und seine Bewegungen. Die Frau behindert so mein Leben. Ich hänge an ihr, weil sie ein unerlöster Anteil von mir ist." Im Bild gesprochen hieß das: dieser unerlöste Anteil ernährt sich durch meine Bewusstseins-Infusion. Mir aber gibt sie den Schmerz, die Resignation, das Zerstörerische in mein Herz.

Jetzt wurde langsam die Ursache für diese Situation deutlicher: Die Frau sitzt – so drang ihre Stimme wieder zu mir – im Loch und resigniert, weil sie getreten wird durch einen beherrschenden männlichen Teil in mir. Das bedeutete: ein wichtiger Gefühlsanteil wurde verdrängt, wie vernichtet, eingesperrt, weggesperrt durch mein männliches Denken.

Am vierten Tag endlich konnte ich die Tür öffnen, schrittweise und mühsam, da es auch um ein Erhellen der Reaktionen in mir ging, die nun nicht nur vom Intellekt verstanden – u. U. wieder vergessen werden konnten –, sondern auch bewusst werden und in Verbindung von Fühlen und Denken in der Tiefe des Unbewussten zu wirken vermochten.

351

Was ich erblickte, verwunderte mich zutiefst. In einem Gewölberaum, einer Art Krypta, lag auf einem weißen Marmoraltar – lassiv hingestreckt wie eine Lady – eine Frau, deren klagende Stimme ich vernommen hatte. Sie bat nun einerseits jammernd, sie heraus zu holen, wirkte aber andrerseits überhaupt nicht hilflos, sondern eher wie jemand, der sich bedienen lässt, zwar leblos und bleich, aber vornehm distanziert, noch immer mit mir verbunden durch den schon beschriebenen Schlauch, vor allem aber unwillig, wirklich ihren bequemen Platz zu verlassen.

Wer war diese „Lady", wie ich sie von nun an nannte? Diese „Lady" war ein alter, sehr alter unterdrückter Gefühlsanteil. Sie war widersprüchlich, wollte befreit werden, aber nichts dafür tun. Sie könne sich nicht mehr umstellen nach so langer Zeit der Unterdrückung und Flucht. Sandrana fasste sachlich die Situation zusammen: „Sie be-sitzt den Altar, sie will Beachtung, will ans „Ziel", will aber nichts (mehr) tun dafür."

An diesem Punkt erfüllte mich – mein Gegenwarts-Ich – tiefe Betroffenheit. Ich hatte nie geahnt, geschweige denn erkannt, dass sich „etwas" in mir weigerte, den „Weg" zu gehen, noch weniger, dass dieser Anteil in mir schon aufgegeben, resigniert hat, dass ein Teil in mir gleichsam die „Erleuchtung" nur durch meine Lehrer, durch ihren Beistand erringen wollte.

Dass das (Erwartungs-) Denken (an Andere, einschließlich oder besonders an die Lehrer) hinderlich sein kann auf dem Pfad, hatte ich schon von meiner geliebten Lehrerin Mrs Tweedie immer wieder gehört. Dass aber ein altes kritisierendes Gedankenmuster in mir den alten Gefühlsanteil am Leben, am Glauben, Hoffen, Vertrauen hinderte, war mir noch verschlossen geblieben.

Da waren also alte, vielleicht sogar uralte Muster in mir, die meinen spirituellen Weg heute blockierten. Erst sehr langsam begriff ich, welche Wirkung die Schlauchverbindung mit der „Lady" für mich heute bedeutet hatte. War es dieser alte Gefühlsanteil, der mich mitunter auch in die Meditation „flüchten" ließ, um dort Trost und Ermutigung zu finden? Hatte dieser Anteil bewirkt, dass ich mich immer wieder auch zu meinen Lehrern „flüchtete", um an ihrem klaren Bewusstsein Stärkung zu finden und meine mir ganz unbewusste Resignation zu überwinden?

Endlich nun konnte nach all dieser schmerzhaften und intensiven Bewusstseinsarbeit die Ablösung von diesem alten störenden, hindernden, resignativen Gefühlsanteil erfolgen. Sandrana gab mir die Anregung, mit meinem Helfer auch zeremoniell die Trennung der Verbindung durchzuführen, nachdem meine innere Einstellung sich verändert hatte. Mein eigener Helfer zeigte sich mir jetzt in einem klaren und strahlendem Weiß. Er löste zunächst den Schlauch, der mich mit ihr verband, von meinem Herzchakra, dann von ihrem Solarplexus. Die Gestalt schrie, jammerte, zappelte und fiel schließlich ganz in sich zusammen. Zurückblieb eine leere farblose Hülle auf dem Altar. Als ich näher trat, entdeckte ich ein kleines goldenes Kästchen. Ich öffnete es und fand darin auf einem roten Polster einen goldenen Schlüssel. Den ergriff mein Helfer und öffnete meine Herzenstüren. Da erblickte ich in meinem Herzraum einen strahlenden Herzdiamanten und in diesen Diamanten war Sai Babas Bild eingeprägt, sein Bild als Zeichen für den „formlosen" Gott in mir.

Diese inneren Bilder und die damit verbundenen Gefühle waren intensiv, bewegend, berührend, das Erstaunen groß: Sai Babas Bild in meinem Herzen!

50. Erfahrungen mit Sathya Sai Baba

Bevor ich zu Sandrana kam, hatte ich nur einige Male von Sathya Sai Baba, einem indischen Avatar gehört. Auch wusste ich nichts über sein Wirken weit über die Grenzen Indiens hinaus. Indien war mir zudem fremd. Sandrana jedoch kannte Sai Baba schon lange und verbrachte regelmäßig einige Wochen im Jahr in seinem Ashram, um an einem Buch über ihre Arbeit zu schreiben und den inneren Weg in seiner Gegenwart zu gehen. Seine liebevolle Gegenwart begann ich nun zunehmend auch in ihrem Haus und während der Arbeitswoche zu spüren. So entschloss ich mich, schon im Winter 2006 mit ihr nach Puttaparthi, in Babas Ashram zu reisen.

Dieser Aufenthalt in Sai Babas Ashram mit der Möglichkeit, Ihn zweimal am Tag in der großen Halle beim Darshan zu erleben, führte mich wieder einen Schritt weiter in der Bewusstwerdung meiner Beziehung zu Gott.

Schon in meiner ersten Arbeitswoche hatte ich erkennen müssen, wie sehr ich noch an die „Form" meines letzten Lehrers gebunden war. Meine Liebe zu ihm war absolut nicht nur spirituell, sondern in hohem Maß auch eine sehr persönliche. Sie kam aus meinem fühlenden Herzen, also dem persönlichen Fühlen (im Gegensatz zum spirituellen Herzen, das seinen Ort in einem neutralen, weißen Bewusstseinsstrom hat) und war entsprechend an seine Form, seine persönliche Gegenwart gebunden.

Nun aber begann ich auf einmal klarer, ganzheitlicher, zu unterscheiden, was ich bis zu dieser Zeit nur weitgehend mental in mir bewegt hatte: „Gott hat keine Form. Er ist hinter allen Namen und Formen. Kontempliere über Gott, der in deinem Herzen gegenwärtig ist."[93]

Meine Trauer über den Verlust meines Lehrers Ralph schwand langsam. Die Sehnsucht des Herzens konnte sich wie vor Jahren von Mrs Tweedie auch von seiner Form lösen und nach innen richten.

Das geschah in diesen Tagen langsam und nicht ohne Schmerzen. Ein „zufällig" gefundenes kleines Buch, in dem sich die Autorin mit einem ähnlichen Thema auseinander setzte und dabei in ihrem Herzen Führung durch Sai Baba erhielt, half mir dabei: „Nun ist es Zeit .. für dich, dich zu lösen von meiner Form und eins zu werden mit dem Formlosen."[94]

Diese Erfahrung oder besser dieses innere Wissen: „Gott ist in meinem Herzen" verwirklichte sich mehr und mehr in den kommenden Jahren. Ich wusste: Auch meine Lehrer würden in meinem Herzen leben, und es würde keine Suche im Außen mehr geben.

In den kommenden Jahren geschah dann – wieder in einer Arbeitswoche – etwas für mich sehr Unerwartetes: Plötzlich konnte ich Sai Baba nicht mehr nur als Bild, sondern lebendig in meinem Herzen erblicken. Mit dieser Erfahrung war große Freude verbunden.

In dieser Arbeitswoche geschah noch etwas anderes für mich sehr Bewegendes: Ich erinnerte auf einmal ein reales und doch überaus geheimnisvolles Ereignis während meines ersten Seminaraufenthaltes bei Mrs Tweedie in der Lüneburger Heide. Ich hatte dieses Ereignis schon lange vergessen, wohl weil es damals für mich keine weitere Bedeutung zu haben schien.

Mit einer Bekannten verbrachte ich den freien Sonntagnachmittag in der Heide. Die Bekannte fragte sich zu diesem Zeitpunkt, ob Sai Baba ihr Lehrer sei oder Mrs Tweedie. Wir saßen am Wegrand, die Sonne schien heiß vom wolkenlosen blauen Himmel, die Luft flimmerte in der Hitze. Da entdeckte ich auf einmal in der Ferne einen Radfahrer, der sich uns näherte: eine zierliche männliche Gestalt in langem orangenen Gewand. Sein Kopf war von einem dichten schwarzen Haarkranz umrahmt. Der Radfahrer fuhr zum Anfassen nah an uns vorbei. Die Bekannte erkannte bewegt, erschüttert Sai Baba. – Sai Baba in der Lüneburger Heide? So fragte ich mich erstaunt und verwirrt, wusste ich doch noch nichts von der Möglichkeit großer Meister, an mehreren Orten gleichzeitig zu sein.

Heute jedoch erkenne ich zutiefst berührt: Die Erscheinung galt auch mir, war ein Zeichen, eine Vorausdeutung. Jetzt hatte sich der Kreis geschlossen: Ich erkannte Baba dort, wo er schon lange auf mich gewartet hatte, in meinem Herzen.

Reflexion zu „Alone to the Alone"

Die Arbeit mit Sandrana Nusselein löste die Konfrontation mit den genannten Polaritätserfahrungen nicht ab, sondern führte zu einer Erfahrung von Polarität auf einer tieferen und differenzierteren Ebene, nämlich auf der feinstofflichen Ebene. Die Auseinandersetzung mit dieser Form von Polarität stellte die höchste Anforderung an mich, wenn es darum ging, sie in den einzelnen Facetten auf den unterschiedlichen Ebenen meines Unbewussten wahrzunehmen, zu erfassen und zunehmend in Klärung und Einklang zu bringen.

Es ging um die Polarität zwischen Denken und Fühlen, die zwar scheinbar leicht wahrzunehmen ist, die aber bei einer Arbeit mit der Lebens-Grundsatz-Arbeit an Blockaden und Verwicklungen in der Psyche führt, die zunächst nur mühsam aufzufinden und zu erkennen sind, die aber, wenn sie ins Bewusstsein gebracht und geklärt werden, ein neues Lebensgefühl ermöglichen, vor allem aber in ganz neuer Weise Erfahrungen des „Einklangs" mit der göttlichen Weisheit, wie sie mir in der letzten Arbeitswoche geschenkt wurden.

In dem Maß also, in dem ich mich mit dieser Polarität zwischen Denken und Fühlen auseinander setzte, erfuhr ich durch die Begegnung mit inneren Bildern und ihrer Bedeutung, dass es sich hierbei um ein Konfliktthema in mir handelte, das zu klären mir offensichtlich als ganz besondere Lebensaufgabe mitgegeben war. Hatte nicht meine Mutter schon sehr früh durch ihre Aussage: „Die Krawielitzkis (ihre Familie) sind warm und herzlich, die Lemmens (Vaters Familie) kalt und herzlos. Du bis eine Lemmen." diesen Konflikt zwischen Fühlen und Denken in mir schmerzhaft ins Bewusstsein gebracht? Und jetzt musste ich wahrnehmen, erkennen, begreifen, dass das Bild meines einseitig mentalbestimmten Vaters aus meiner Kindheit symbolisch gesehen auf einer tiefen Ebene des Unbewussten, die bis in frühere Leben zurück reicht, ein abgespaltener mentaler Anteil in mir ist und das Bild meiner Mutter ein getrennter emotionaler Aspekt und dass beide Anteile in mir immer wieder neu und intensiv auf Aussöhnung warteten.

Auf eine neue Weise begann ich nun auch zu ahnen, das ich beide Anteile, nämlich Fühlen und Denken, früh auf die Pole „Innenwelt" bzw. „Außenwelt" projiziert hatte, dass also beide Polaritätskonflikte die gleiche Wurzel haben. Ja, dass auch für die mich mein Leben lang beherrschende und behindernde Polarität „Ungestillte (spirituelle) Sehnsucht" auf der einen Seite und häufig „resigniertes Denken" auf der anderen Seite hier die Ursache zu finden ist.

So scheint mir dieser zunächst letzte Lebensabschnitt gleichsam einen Bogen zuschlagen von meiner Kindheit zu meinem jetzigen Alter und das Ringen um Selbst- und Gotteserfahrung in ein neues Bewusstseinslicht zu führen.

Ausblick

Mein Leben veränderte sich nach all diesen Entdeckungen und Erfahrungen, langsam zwar, zunächst kaum merklich, aber mit der Zeit doch spürbar.

Wie immer, wenn ich Neues erkannt, erfahren, gelernt hatte, so waren auch diesmal wieder Menschen da, mit denen ich meine neuen Erfahrungen teilen konnte und die in gewisser Weise begierig waren, auch für ihren Weg Neues zu entdecken.

Da waren einige junge Frauen, Mütter, halb so alt wie ich, und Männer, Väter, die schon mehrere, z. T. viele Jahre, zu der wöchentlichen Meditationsgruppe in meiner Wohnung kamen und sich mit Mrs Tweedie und Ralph verbunden fühlten. Sie – und auch einige andere – kamen nun zur Einzelarbeit, wie ich sie bei Sandrana zunehmend lernte. Es ging dabei zunächst um scheinbar schlichte Konflikte im Alltag, in denen man leicht die Schuld beim anderen sucht oder der ungünstigen äußeren Situation zuschiebt, zu denen der Therapeut auch einige Ratschläge zur Bewältigung geben könnte. Durch die besondere Methode des Fragenstellens (gen.:„Wurzelziehen") jedoch konnten wir bei der gemeinsamen Arbeit ausfernde Schilderungen vermeiden und stattdessen senkrecht in die Tiefe zu den eigentlichen Resonanzfeldern gehen mit der Frage: Warum regte mich diese Situation so auf? Die Transformation der negativen Aussagen und Erfahrungen und ihre schriftliche Wiederholung (z. B. bei Kränkung des Selbstwertgefühls: Ich lerne meine Fähigkeiten in der und der Situation wahrzunehmen, zu erforschen... zu verwirklichen.) kann dann im Alltag eine neue Ausrichtung ermöglichen.

Und was spürte ich an Veränderung?

Da waren keine großartigen Erfahrungen oder Gefühle, keine erhebenden Gedanken, nicht einmal mehr besondere Träume. Aber da war immer noch die „Sehnsucht", die Sehnsucht nach dem Eins-Werden mit Gott, die mich mein Leben lang begleitet hatte, stiller jetzt, feiner, bewusster, wie eine ständige unauffällige Begleiterin. Es war eine bedingungslosere Sehnsucht geworden, ohne drängende Erwartungen wie früher. Bei einem Satz von Lllewellyn Vaughanlee spürte ich: Ja, so ist es: „Longing is the sweet pain of belonging to God." (Sehnsucht ist der süße Schmerz zu Gott zu gehören.)[95]

Mrs Tweedies Satz: „Alone to the Alone" sei der Sufi-Pfad, gewann eine tiefere Bedeutung.

In einem kurzen Traum der letzten Wochen war ich nah, sehr nah mit ihr zusammen und entsprechend glücklich. Dann zog sie sich spürbar zurück, verließ mich mit dem Satz: „Was dir bleibt, ist dein Mantra und die „Lebens-Grundsatz-Arbeit". Alone to the Alone.

Gewissheit war auf einmal da: Es ging nicht mehr darum, mühsam zu glauben, zu denken, zu fühlen, Gott ist in mir, sondern es wuchs mehr und mehr eine stille, sichere Gewissheit: Er ist in mir und ich in Ihm. Diese Gewissheit ist bild- und formlos, aber licht und gegenwärtig. „Da ist nichts als das Nichts. Und das Nichts liebt dich." Diese Worte, die Mrs Tweedie vor vielen Jahren zu mir gesprochen hatte, die mir schon damals Richtung gaben, gewinnen heute eine neue Dimension. Statt weitgehend verdrängter Resignation leben heute Glaube, Hoffnung, Vertrauen in mir, in seltsamer Weise unangefochten von all dem Auf und Ab der kleinen oder größeren Alltagsschwierigkeiten und Lebens bedingten Schwankungen und Verunsicherungen.

Und vor allem: Dankbarkeit ist in mir, Dankbarkeit für ein Leben, das ich ohne das Nachforschen und Nachsinnen darüber nie als so reich empfunden hätte. Ja, ich konnte Seine Liebe aufdecken und erkennen in den vielen Phasen und Abschnitten meines Lebens.

Ein besonderer Traum kam mir zu, als ich dieses letzte Kapitel schrieb und bestätigt mich in meinen inneren Wahrnehmungen und Erfahrungen. Eigentlich war es kein Traum, sondern eine Begegnung in der Nacht mit Sathya Sai Baba. Ich stand nahe bei Ihm und Er lehnte meinen Kopf an Sein Herz. Eine Welle von Liebe, Licht und Energie durchströmte mich. Alles Denken, Fühlen schwand. Da war nur das tiefe Wissen: Ich ruhe am Herzen Gottes.

Hat mich „der Ruf von weither" in die Weite geführt?
Ja, da ist eine neue Weite, keine spektakuläre, stürmisch bewegende, sondern eine Weite, in der ich auf eine neue Weise die frühe Erinnerung meiner Kindheit wieder finde: die goldene Straße, die über das stille, leicht bewegte Meer hinführt zur leuchtenden Sonne am Horizont.

An dieser Stelle möchte ich meine Berichte, Schilderungen, Reflexionen schließen mit dem Gedicht eines anonymen Sufi-Autors, das ich in den letzten Jahren immer mehr zu lieben lernte. Es verdichtet auf wunderbare Weise meine bisherigen Erfahrungen auf diesem langen Weg zu dem „einzigen Ziel" des Lebens [96]:

„Ich rufe dich von weither,
rufe dich seit dem Anfang aller Zeiten,
rufe dich durch Jahrtausende,
seit Äonen von Jahren -
rufe und rufe ... seit jeher ...
Sie ist Teil deines Wesens meine Stimme,

Doch leise nur dringt sie zu dir,
und nur manchmal vernimmst du sie.
„Ich weiß nicht", sagst du vielleicht.
Aber irgendwo weißt du.
„Ich höre nichts", sagst du.
„Was ist es und wo?"
Doch irgendwo hörst du,
und tief in deinem Innern weißt du.
Denn ich bin, was schon immer in dir war.
Was nie enden wird in dir, bin ich.
Magst du auch sagen: „Wer ruft?"
Magst du auch denken: "Wer ist es?"
Wohin willst du laufen? Sag mir;
Kannst du vor dir selber weglaufen?

Denn ich bin das Einzige für dich;
nichts anderes gibt es.
Dein Versprechen, deine Belohnung bin ich allein -
deine Strafe, deine Sehnsucht und dein Ziel..."

Anmerkungen

Einführung

[1] Spiritueller Lehrer Dr. Ralph Jordan, Schüler von Paramahansa Yogananda, gest. 2004

[2] Mrs Irina Tweedie war meine erste spirituelle Lehrerin, gest. 1999. Ihr Buch: „Der Weg durchs Feuer", 1988.

[3] Llewellyn Vaughan-Lee, Die Zeichen Gottes, 2001, S. 44

[4] Ders. Transformation des Herzens, 1996, S. 127 u. 133

Teil 1: Kindheit und Jugend

[5] Kybalion, Heidelberg 1981

[6] Geisthelfer Warumuel, medial durchgegeben von S. Nusselein, unveröff. Tonbandaufzeichnung, Wintersdorf 2009

[7] Llewellyn Vaughan-Lee, Die Zeichen Gottes, 2001, S. 85

Teil 2: Im Kloster

[8] Josef Pieper, Muße und Kult, 1952, S. 50

[9] Dr. Med. Friedrich Freiherr v. Gagern, Selbstbesinnung und Wandlung, 1952, S. 47

[10] Peter Wust, Ungewissheit und Wagnis, 1955, S. 305

[11] Siehe: Theodor Seelbach, Lehren und Beispiele aus dem Leben des Jugendapostels im Hinblick auf sein Präventivsystem, 1956

[12] Siehe: F. u. W. Oursler, Father Flanagan of Boys Town, 1950

[13] Siehe: Makarenko, Werke, 1950

[14] Siehe: Heinz Remplein, Die seelische Entwicklung des Menschen in der Kindheit und Reifezeit, 1958

[15] Siehe: Wilhelm Heinen, Die Liebe als sittliche Grundkraft und ihre Fehlformen, 1955

[16] Herder, Lexikon der Symbole, 1978, S.46

[17] Erika J. Chopin, Aussöhnung mit dem inneren Kind, 1993, Siehe S. 26.

18 Max Hunziker, Lithographien zum Cherubinischen Wandersmann, 1964

19 Siehe: Lutz Schwäbisch/ Martin Siems, anleitung zum
sozialen lernen, 1974

20 A.Campobasso (Hrsg.), Der Meisterweg des Kybalion, 2010

Teil 3: Wieder in der „Welt"

21 Phyllis Krystal, Monkey Mind, 1995, S. 47 ff.

22 Lexikon Jungscher Grundbegriffe, hrsg. Von Helmut Hark,
1988, S.23 ff. und 150ff.

23 B.P. Schliephacke, Bildersprache der Seele, 1970, S. 56

24 C.G Jung und K. Kerenyi, Einführung in das Wesen der
Mythologie, 1980, S. 133

25 Siehe: Lucie Lentz, Jeden Tag neu beginnen, 2003

26 Siehe: Gustav Heyer, Von der Seele im Stoff, 1940

27 Siehe: Gerhard P. Zacharias, Psyche und Mysterium

28 Emma Jung/ M.-L.von Franz, Gralslegende, 1980, S. 116f.,
S. 120

29 C.G. Jung, Antwort auf Hiob, in: Zur Psychologie östlicher
und westlicher Religion, Werke Bd 11, 1971

30 Texte zum Nachdenken – Die heiligen Wasser, Hrsg. G. u.
Th. Sartory, Psalmenmeditationen aus Indien, 1980, S. 87f.

31 Siehe: Karlfried Graf Dürckheim, Der Ruf nach dem Meister,
1975

32 A. Campobasso, Kyblion, 2010, S. 28

Teil 4: Auf dem Sufi-Pfad

33 Der Sufi-Weg heute, Interviews und Informationen, Hrsg.
Bruno Martin, 1983, S. 76 f., 84

34 Irina Tweedie, Wie Phönix aus der Asche. Zitierte Stellen hier
und im Folgenden angegeben nach der 1988 erschienen
Gesamtausgabe „Der Weg durchs Feuer". S. 88, 112, 331

[35] Tweedie, Weg, S. 90

[36] Tweedie, Weg, S. 59f.

[37] Tweedie, Weg, S. 90

[38] Tweedie, Weg, S. 85

[39] Tweedie, Weg, S. 46

[40] Tweedie, Weg, S. 219

[41] Tweedie, Weg, S. 159

[42] Tweedie, Weg, S. 174

[43] Tweedie, Weg, S. 361

[44] Tweedie, Weg, S. 184 f.

[45] Tweedie, Weg, S. 246

[46] Tweedie, Weg, S. 189

[47] Tweedie, Weg, S. 197

[48] Tweedie, Weg, S. 237

[49] Lwellyn Vaughan-Lee, Transformation des Herzens, 1996, S. 127

[50] L. Vaughan-Lee, Hrsg. Die Karawane der Derwische, Frankfurt am Main, 1997, S. 39

[51] a.a. O., S. 26

[52] Sara Swiri, The Taste of Hidden Things, 1997, p. 41

[53] Herder Lexikon, Symbole, 1978, S. 118

[54] Kinder- und Hausmärchen, Ges. durch die Brüder Grimm, Manesse Verlag, o. J., S. 478 ff.

[55] Tweedie, Weg, S. 454

[56] Tweedie, Weg, S. 345

[57] I Ging, übers. v. Richard Wilhelm, 1977, Nr.5

[58] Tweedie, Weg, S.33

[59] Tweedie, Weg, S. 318

[60] Tweedie, Weg, S. 964

[61] Tweedie, Weg, S. 783

[62] Tweedie, Weg, S. 784

[63] Tweedie, Weg, S. 620

[64] Siehe: Sarah Swiri, The Taste.., p.89

[65] Siehe: S. P. Perera, Der Weg zur Göttin der Tiefe, 1987

[66] Tweedie, Weg, S. 112

[67] Tweedie, Weg, S.304

[68] Siehe: der ochs und sein hirte, zen geschichte, Übers. Von K. Tsujimura u. H. Buchner, 1988

[69] M. Joulin, Petite vie de Therese de Lisieux, p. 66, 69, übers. von Verf.

[70] Vita Sackville-West, Adler und Taube, 1997, S. 112

[71] Tweedie, Weg, S. 377

[72] Tweedie, Weg, S, 438

[73] Sukie Colgrave, Der Weg durch den Schmerz, 1988, S. 152 f..

[74] Llewellyn Vaughan-Lee, The Call And The Echo, p. 137, Übers. v. Verf.

[75] a.a.O. p. 136

[76] Siehe: A. Compobasso, Der Meisterweg des Kybalion

Teil 5: Ein universelles Christentum

[77] Siehe: Tweedie, Weg

[78] Pramahansa Yogananda, Autobiographie eines Yogi, 1979, S. 283

[79] Kybalion, o. Jg.

[80] Ralph Jordan, Naturgesetze (Forts.),1990, S. 6

[81] Sandrana I. Nusselein, Die himmlische Therapie, 2003

[82] So spricht Yogananda, S. 151, 162f.

[83] L. Vaughan-Lee, Hrsg. Die Karawane, S128

[84] Kybalion, S. 22

[85] Pramahansa Yogananda, Autobiographie, 1979, S. 283

[86] Sathya Sai Baba spricht, 1991, Bd. 2, S.63

Teil 6: Endgültig: „Alone to the Alone"

[87] Sternschnuppen 1, Medial übermittelte Informationen an Sandrana Nusselein von ihrem Geisthelfer Warumuel, 2005, S. 12

[88] a.a.O. S 8

[89] Seminar gehalten von S. Nusselein in Bern, 2006

[89] Sternschnuppen 3, Reflexion, Medial übermittelte Informationen...

[90] Siehe: Sandrana I. Nusselein, Die himmlische Therapie, 2003

[91] Avatar: „Inkarnation des formlosen Absoluten, Gott, der Gestalt annimt..." Sathya Sai Baba spricht, Bd. 2, S. 167

[92] Siehe Nusselein, Himmlische Therapie

[93] Sai Baba in: Sanathana Sarathi. p.139

[94] Irene M. Watson, Who am I really?, 2006, p. 40

[95] L. Vaughan-Lee, in: Love and Longing: The feminine Mysteries of Love, 1999

[96] L. Vaughan-Lee, Hrsg., Die Karawane der Derwische, S. 47f.

Zur Person

Christine Lemmen, Jg 36, begann ihre spirituelle Suche mit 15 Jahren, als sie zur katholischen Kirche konvertierte und mit 16 Jahren in die Kongregation der Franziskanerinnen zu Thuine eintrat.

Hier machte sie ihr Abitur, ging durch ein zweijähriges Noviziat, studierte für das Lehramt und unterrichtete schließlich 9 Jahre an einem Gymnasium der Kongregation.

Auf ihrer „Suche" gewann sie in dieser Zeit Erfahrungen mit der Zen-Meditation und in einer Analyse nach C.G.Jung. Diese Erfahrungen führten sie zum Austritt aus dem Kloster und nach Stuttgart, wo sie neben ihrer Unterrichtstätigkeit die Ausbildung zur Kinder- und Jugendlichenpsychotherapeutin machte. Viele Jahre arbeitete sie nebenberuflich und dann hauptberuflich mit Kindern, Jugendlichen und Erwachsenen in eigener Praxis.

Die Begegnungen und Schulungen mit Irina Tweedie, einer Sufi-Lehrerin, und Ralph Jordan, einem universell-christlichen Lehrer, gaben ihr schließlich die Gewissheit, angekommmen zu sein auf dem „Weg". Sie lebt heute in Stuttgart und arbeitet mit Menschen, die sich wie sie auf dem Weg wissen.